W0040539

Wolfgang Bittner

DER NEUE
WEST-OST-KONFLIKT

Inszenierung einer Krise -

Hintergründe und Strategien

zeitgeist
Print & Online

1. Auflage September 2019
© Verlag zeitgeist Print & Online, Höhr-Grenzhausen 2019
© Wolfgang Bittner 2019
Alle Rechte vorbehalten

Redaktionsschluss: Juni 2019
Übersetzungen, wenn nicht anders angegeben, durch den Autor
Satz: Hoos Mediendienstleistung, Landau
Coverdesign: Grafikfee GmbH, Bingen
Druck und Bindearbeiten: CPI books GmbH, Leck

Printed in Germany

ISBN 978-3-943007-25-1

www.zeitgeist-online.de

Keinen Krieg!

Die Deutschen wollen keinen Krieg,
glaub's mir, sie wolln in Frieden leben,
die Alten wissen noch vom »Endsieg«,
von Breslau, Berlin und Stalingrad,
vom Lied: Ich hatt' 'nen Kamerad',
von Millionen Toten, Invaliden,
von Witwen, Waisen und von Briefen,
in denen stand:
Gefallen auf dem Feld der Ehre
für Führer, Volk und Vaterland.
Sie kennen noch die Leere,
wie Stimmen nachts nach ihnen riefen
von irgendwo in »Feindesland«,
dort aus der Gräber Tiefen.

Die Russen, auch sie wolln keinen Krieg,
auch sie wolln friedlich leben,
sie brauchen weder Streit noch Sieg,
den Vätern haben sie vergeben.
Die Jungen, auch sie wolln keinen Krieg,
sie wollen keine Heuchelei,
keine Hetze, kein Hurrageschrei,
kein Morden, keine Metzelei,
keinen Krieg, sie wollen Frieden!
Glaub's mir, sie haben sich entschieden!
Und auch die Russen wollen Frieden.

Wolfgang Bittner

»Tis the times plague,
when madmen lead the blind.«
(»Das ist die Seuche unserer Zeit:
Verrückte führen Blinde.«)

Shakespeare;
Graf Gloucester in »König Lear«

»... zu allen Zeiten stellte ich fest:
Die Zeitgenossen verlegten den Krieg
in eine unbestimmte Zukunft,
während dieser sich bereits
an der Schwelle ihrer Länder befand.«

Carl von Clausewitz

Inhaltsverzeichnis

Vorbemerkung

Seit der Vereinigung der beiden deutschen Staaten im Jahre 1990 hat sich der Konflikt zwischen den USA und Russland immer mehr zugespitzt. Die NATO ist entgegen allen Versprechungen bis an die Grenzen Russlands vorgerückt, in den baltischen Staaten, in Polen, Rumänien und Bulgarien wurden Raketen, Panzerdivisionen, Artillerie und Tausende Soldaten stationiert, die NATO hielt Manöver mit bis zu 50 000 Soldaten an den russischen Grenzen ab. Russland fühlt sich dadurch bedroht, hat Gegenmaßnahmen getroffen und sich zudem verstärkt in die internationale Politik eingebracht. Das führte zu weiteren Spannungen, unter anderem in der Ukraine, in Syrien und Venezuela. Um die Einkreisungspolitik der USA abzuwehren und einer Isolation zu entgehen, hat sich das Land unter Präsident Wladimir Putin mehr und mehr der dritten Weltmacht China angenähert.

Ausgelöst durch den monopolaren Anspruch der USA in einer inzwischen multipolaren Welt, ist eine brisante, die gesamte Weltgemeinschaft gefährdende, unerträgliche Situation entstanden. Dabei ist nicht zu übersehen, dass Wladimir Putin bisher versucht hat, der westlichen Aggressionspolitik mäßigend entgegenzuwirken und ein zuträgliches Verhältnis zu Westeuropa, insbesondere zu Deutschland, zu bewahren. Auch in Deutschland gibt es starke Kräfte, eine Spaltung des Kontinents zu verhindern und sich den bevormundenden Vorgaben aus Washington zu entziehen. Das kann nicht bedeuten, die bestehenden vielfältigen politischen sowie wirtschaftlichen, kulturellen und wissenschaftlichen Verbindungen zu den Vereinigten Staaten grundsätzlich infrage zu stellen. Vielmehr muss es darum gehen, mit dem großen östlichen Nachbarn wieder ins Gespräch zu kommen, verlorenes Vertrauen zurückzugewinnen und erneut ein vernünftiges Miteinander herzustellen.

Russland, das sich bis an die Beringstraße erstreckt, ist das größte Land der Welt, und bis zum Ural ist es das größte Land Europas – das wird verdrängt und droht allmählich in Vergessenheit zu geraten. Zwischen Deutschen und Russen gab es jahrhundertelang intensive Handelsbeziehungen, kulturellen und wissenschaftlichen Austausch. Was wäre die deutsche Kultur ohne die russische Literatur, Kunst, Musik, ohne das russische Theater? Ich nenne nur die Schriftsteller und Dichter Tolstoi, Dostojewski, Tschechow, Gorki, Puschkin und Jewtuschenko, die Maler Jawlensky, Malewitsch und Repin (ich habe sofort die Wolgatreidler vor Augen), die Musiker Prokofjew, Schostakowitsch und Tschaikowski (ich höre die Nussknacker-Suite). Puschkin las Goethe, Goethe las Puschkin, bis heute wird in Russland Heinrich Heine verehrt, und Beethoven widmete Zarin Elisabeth seine Polonaise Op. 89, wofür ihm zum Dank eine großzügige Zuwendung gewährt wurde. Zar Peter I. arbeitete 1607 inkognito auf einer niederländischen Werft, um die Techniken des Schiffsbaues zu erlernen, und Albert Lortzing verfasste nach dieser historischen Episode das Libretto für seine Oper »Zar und Zimmermann«.

Kultur kann Brücken schlagen, sie überschreitet mühelos sämtliche Grenzen. Der historische Roman »Krieg und Frieden« von Leo Tolstoi, der in der Zeit der zaristischen Feudalherrschaft während der Napoleonischen Kriege spielt, ist eines der bedeutendsten Werke der Weltliteratur und wurde mehrfach verfilmt. Tschingis Aitmatow hat mit seiner Liebesgeschichte »Djamila« Millionen in aller Welt zu Tränen gerührt. Unvergessen sind die Gedichte von Jewtuschenko oder Bücher wie Scholochows »Der stille Don« und Ostrowskis »Wie der Stahl gehärtet wurde«. Kunstwerke von Kandinsky, Malewitsch und Chagall sind in Galerien in Berlin, Paris oder New York zu bewundern. Literatur und Kunst eröffnen die Möglichkeit, voneinander zu erfahren, Fremdheit zu überwinden, sich näherzukommen.

In seiner Rede vor dem Deutschen Bundestag am 25. September 2001 – das war damals noch möglich! – nannte der russische Präsident Goethe, Schiller und Kant, und er sagte, dass die Kultur immer unser gemeinsames, völkerverbindendes Gut war. Sollte das wirklich der Vergangenheit angehören? Es sieht danach aus. Obwohl nach einer Studie des forsa-Instituts für Politik und Sozialforschung 94 Prozent der Deutschen gute Beziehungen zu Russland für wichtig halten.[1] Das wird von den Berliner Politikern und ihren Medien, die sich in Verkennung ihrer Aufgabe als »staatstragend« verstehen, weitgehend ignoriert.

Über das Deutsch-Russische Jahr der kommunalen und regionalen Partnerschaften 2017/2018 wurde kaum berichtet, ebenso wenig war über das Jahr des wissenschaftlichen Austauschs 2018/2019 zu erfahren. Zur Olympiade und zur Fußballweltmeisterschaft 2018 bemühte sich Russland, ein guter Gastgeber zu sein, doch wie gewohnt berichteten die westlichen Medien – als seien sie die fünfte Kolonne Washingtons – schon vorab über Regimegegner, Doping oder die *»grausame Abschlachtung«* streunender Hunde: *»Putin lässt WM-Städte durch ›Hunde-KGB‹ säubern«,* titelte die *Bild-Zeitung*.[2]

Während der allseits beliebte amerikanische Präsident Barack Obama sieben Kriege führte, unzählige Drohnenmorde befahl und sich als Friedensnobelpreisträger feiern ließ, wurde der um Ausgleich und Annäherung bemühte russische Präsident von der Mehrzahl westlicher Politiker und den transatlantischen Medien zunehmend dämonisiert, zur Unperson erklärt und in der westlichen »Wertegemeinschaft«, die schon lange ihre Werte verraten hat, zum Synonym für das Böse an sich.

Die Diskreditierung und Diffamierung Putins kennt keine Grenzen, sie nahm groteske Formen an. *»Stoppt Putin jetzt!«,* lautete ein Spiegel-Titel, und im *Deutschlandfunk* wurde gefragt: *»Ist Putin noch zu stoppen?«,* oder wir erfuhren: *»Russland schürt den Konflikt.«* *NDR-Weltbilder* klärte uns über *»die Psyche von Wladimir Putin«* auf, der sich laut ZDF als *»der neue Zar«* fühlt und den Prinz Charles mit Hitler verglich. *»Dem Mann fehlt Menschlichkeit«,* hieß es im *Tagesspiegel*. Von *»prorussischem Mob« (Spiegel Online, Tagesschau)* in

[1]   Russland und der Westen, forsa-Umfrage im Auftrag der Wiese Consult GmbH, 7.5.2018; http://wiese-consult.com/russland-und-der-westen/
[2]   Bild, 1.2.2018, www.bild.de/politik/ausland/wladimir-putin/laesst-wm-stae dte-durch-hunde-kgb-saeubern-54653860.bild.html

der Ostukraine war die Rede, in der *Welt* erinnerte »*die Ruchlosigkeit der Putin-Propaganda erschreckend an die Hochzeiten des Stalinismus*«, die *Bild-Zeitung* schrieb über »*Moskaus Kriegshetze*«, im ZDF wurde gefragt: »*Ist die Angst vieler Menschen in den baltischen Staaten berechtigt?*«

Es ging und geht darum, Russland als Machtfaktor und Regulativ in der internationalen Politik auszuschalten und das Land den westlichen Kapitalinteressen zu unterwerfen, was allerdings nicht gelungen ist. Die westliche Propaganda ignorierend, tritt Wladimir Putin weiterhin für eine Verständigung zwischen Ost und West ein, für Abrüstung sowie einen gemeinsamen Wirtschafts- und Kulturraum von Wladiwostok bis Lissabon. Er betonte mehrmals, dass er sich ein besseres Verhältnis zu den USA wünsche und dass Russland nicht die Absicht habe, die Sowjetunion wiederherzustellen. In einem Fernsehinterview mit dem US-Sender CBS am 29. September 2015 bekräftigte er: »*Bei uns gibt es keine Obsession, dass Russland eine Supermacht sein muss.*«[3]

Der russische Präsident Wladimir Putin spricht am 25. September 2001 im Deutschen Bundestag

---

[3]   Online unter www.youtube.com/watch?v=wueGe4IbmyQ (8.11.2018)
[4]   Dazu bestürzend unreflektiert: Marc Pitzke in Spiegel Online, 3.5.2011, www.spiegel.de/politik/ausland/bin-ladens-tod-obama-verfolgte-geronimos-letztes-gefecht-live-a-760259.html; ebenso: Torsten Krauel, welt.de, 5.5.2011, www.welt.de/politik/ausland/article13345421/Was-in-Obamas-Situation-Room-verschleiert-wurde.html

Vor dem Deutschen Bundestag sagte er 2001: *»Niemand bezweifelt den großen Wert der Beziehungen Europas zu den Vereinigten Staaten. Aber ich bin der Meinung, dass Europa seinen Ruf als mächtiger und selbstständiger Mittelpunkt der Weltpolitik langfristig nur festigen wird, wenn es seine eigenen Möglichkeiten mit den russischen menschlichen, territorialen und Natur-Ressourcen sowie mit den Wirtschafts-, Kultur- und Verteidigungs-Potenzialen Russlands vereinigen wird. Die ersten Schritte in diese Richtung haben wir schon gemeinsam gemacht. Jetzt ist es an der Zeit, daran zu denken, was zu tun ist, damit das einheitliche und sichere Europa zum Vorboten einer einheitlichen und sicheren Welt wird.«*[5]

Präsident Barack Obama und enge Mitarbeiter verfolgen am 1. Mai 2011 auf dem Monitor die Ermordung Osama Bin Ladens

Aber die weiteren Schritte dahin haben die Strategen in den USA verhindert. Dem Kooperationsangebot des russischen Präsidenten steht der imperiale Anspruch der USA gegenüber, den Barack Obama – nicht als erster US-Präsident – am 28. Mai 2014 in einer Rede vor der US-Militärakademie Westpoint betonte: *»Von Europa bis Asien sind wir der Dreh- und Angelpunkt aller Allianzen, unübertrof-*

---

[5] Wortprotokoll der Rede Wladimir Putins im Deutschen Bundestag am 25.9.2001, www.bundestag.de/kulturundgeschichte/geschichte/gastredner/pu tin/putin_wort/244966

fen in der Geschichte der Nationen ... So sind und bleiben die Vereinig-
ten Staaten die einzige unverzichtbare Nation [»the one indispensable
nation«]. Dies ist für das vergangene Jahrhundert wahr gewesen und das
wird für das nächste Jahrhundert gelten.«[6]

[6]   www.whitehouse.gov/the-press-office/2014/05/28/remarks-president-uni
ted-states-military-academy-commencement-ceremony

Chaos, Kriege, Kriegsvorbereitungen

Wohin wir blicken: Konflikte, fortschreitende Verschärfung der sozialen Verhältnisse, Unruhen, Chaos, Gewalt, Kriege, zumeist verursacht von den USA oder unter deren maßgeblicher Beteiligung. Die USA haben ca. eintausend Militärstützpunkte weltweit,[7] 1999 führten sie die NATO in einen völkerrechtswidrigen Krieg gegen Jugoslawien, seit 2014 rüsten sie massiv die baltischen Staaten, Polen, Rumänien und Bulgarien gegen Russland auf, 2016 führten sie völkerrechtswidrige Kriege in Afghanistan, Syrien, Irak, Somalia, Pakistan und im Jemen, zuvor in Libyen.

Demgegenüber hat Russland zwei Militärstützpunkte in Syrien und einen in Vietnam, außerdem noch mehrere in ehemaligen Sowjetrepubliken.[8] Es unterstützt nach einem Hilfeersuchen Syriens dessen legitime Regierung gegen den vom Ausland aufgezwungenen Krieg sowie die nach Autonomie strebenden Gebiete in der Ostukraine.

Aufrüstung

Auf Drängen der USA sollen die EU-Staaten aufrüsten, weil sie angeblich von Russland bedroht werden. Deswegen wird an den russischen Grenzen von den USA und der von ihr gesteuerten NATO eine gewaltige Militärmaschinerie mit Raketenstellungen, Panzerdivisionen, Kampfflugzeugen und Tausenden Soldaten aufgebaut.

---

[7] Vgl. www.siper.ch/assets/uploads/files/diagrams/SIPER%20Grafik%20Mili taerstuetzpunkte%20von%20Russland.pdf

[8] Vgl. ebd.

Die Militärausgaben der USA im Jahr 2017 betrugen nach einem Bericht des Stockholmer Friedensforschungsinstituts Sipri 610 Milliarden Dollar.[9] Deutschlands Quote lag mit 44,3 Milliarden Dollar bei 1,2 Prozent des Bruttoinlandsprodukts und soll auf Drängen der US-Regierung auf 2 Prozent erhöht werden.

Aber den Militärausgaben der USA und der übrigen NATO-Staaten in Höhe von insgesamt etwa 900 Milliarden Dollar für das Jahr 2017 stand der Militäretat Russlands von lediglich 66,3 Milliarden Dollar gegenüber. Im Jahr 2018 erhöhten die USA ihren Etat auf 649 Milliarden, Deutschland auf 49,5 Milliarden, Russland reduzierte auf 61,4 Milliarden Dollar.[10] Die Militärausgaben der NATO-Staaten erreichten die schwindelerregende Höhe von etwa einer Billion Dollar.

Damit stellt sich unabweisbar die Frage, warum der Westen weiter aufrüstet, wenn doch die Militärausgaben der westlichen Allianz in den Jahren 2017 und 2018 mehr als dreizehn Mal höher waren als die des potenziellen Gegners. Daraus ergibt sich eine zweite Frage: Wem dient dieses Bedrohungsszenario, das der Bevölkerung vorgegaukelt und aufgeschwatzt wird? Wer profitiert davon? Doch jedenfalls nicht die Bürger in den USA und Europa, deren Staatsetats gewaltige Summen entzogen werden, die anderweitig dringend benötigt würden, zum Beispiel für die Erhaltung der Infrastruktur, für Bildung, Gesundheit, Armutsbekämpfung und so weiter. Seit dem 2014 von den USA initiierten Putsch in der Ukraine besteht akute Kriegsgefahr, das ist großen Teilen der Bevölkerung überhaupt nicht bewusst. Der Krieg in der Ostukraine kann jederzeit ausufern und sich zu einem Flächenbrand entwickeln, daran hat sich nach dem Regierungswechsel von 2017 in Washington nichts geändert. Denn die »Nebenregierung« – auch Tiefer Staat bzw. Deep State ge-

9   Vgl. Sipri Yearbook 2018, www.sipri.org/sites/default/files/2018-06/yb_18_summary_en_0.pdf. Vgl. auch ZDF-heute: Die Welt rüstet weiter auf, 2.5.2018, www.zdf.de/nachrichten/heute/sipri-bericht-weltweite-ruestungsausgaben-steigen-auf-hoechstwert-seit-kaltem-krieg-100.html

10 Vgl. statista: Ranking der 15 Länder mit den weltweit höchsten Militärausgaben im Jahr 2018, https://de.statista.com/statistik/daten/studie/157935/umfrage/laender-mit-den-hoechsten-militaerausgaben

nannt – vertritt andere Interessen als der amtierende Präsident Donald Trump, der während des Wahlkampfes und in seiner Antrittsrede am 20. Januar 2017 versprochen hatte, keine Interventionskriege mehr zu führen und sich mit Russland zu verständigen.

Trump sagte: »*Wir werden die Freundschaft und das Wohlwollen aller Nationen auf der Welt suchen, aber wir machen das in dem Wissen, dass es das Recht aller Nationen ist, ihre eigenen Interessen an die erste Stelle zu setzen ... Die Bibel lehrt uns, wie schön es ist, wenn die Völker Gottes friedlich zusammenleben.*«[11] In einem Interview mit der *New York Times* am 23. November 2016 erklärte er: »*Wäre es nicht schön, wenn wir gut mit Russland auskämen. Wäre es nicht schön, wenn wir gemeinsam gegen den Islamischen Staat vorgingen ... Wir müssen dem Wahnsinn, der sich in Syrien abspielt, ein Ende setzen.*«[12]

Aber die Europäer, allen voran die deutsche Bundeskanzlerin Angela Merkel, hielten trotz der veränderten Lage an der Aggressions- und Sanktionspolitik gegen Russland fest. Anlässlich des Abschiedsbesuchs Obamas am 18. November 2016 in Berlin, zu dem sich neben Merkel die vier europäischen Regierungschefs Theresa May (Vereinigtes Königreich), François Hollande (Frankreich), Matteo Renzi (Italien) und Mariano Rajoy (Spanien) trafen, wurde die Beibehaltung der Sanktionen gegen Russland beschlossen.[13]

Der frühere SPD-Parlamentarier und Herausgeber des einflussreichen Internetportals *NachDenkSeiten*, Albrecht Müller, schrieb dazu: »*Jetzt haben unsere famosen Zeitgenossen in Berlin Angst, Trump könnte die Bestrafung Russlands lockern ...*«[14] Wenn es noch eines Beweises bedurft hätte, dass die deutsche Regierung die Aggressionspolitik der NATO und des kriegsbereiten US-Establishments mitträgt, dann ist er mit der Berliner Erklärung der Bundeskanzlerin vom 18. November 2016 erbracht worden.

---

[11] Zit. nach www.youtube.com/watch?v=UVelzOWD1bk (21.11.2018)

[12] www.nytimes.com/2016/11/23/us/politics/trump-new-york-times-interview-transcript.html?_r=0

[13] Vgl. hierzu Zeit Online, 18.11.2016, www.zeit.de/politik/ausland/2016-11/barack-obama-treffen-eu-staatschefs-sanktionen-russland

[14] Müller: Verkehrte Welt, 18.11.2016, www.nachdenkseiten.de/?p=35898#more-35898

Die existenzgefährdende Politik der deutschen Regierung

Anstatt die Gunst der Stunde zu nutzen, sich außenpolitisch unabhängig zu machen, abzurüsten und die Sanktionen gegen Russland zu beenden, folgen die europäischen Staaten, insbesondere Deutschland, trotz der Abkühlung des Verhältnisses zu den USA weiter deren militärischen Vorgaben. Es sind – trotz allem – offensichtlich Kriegsvorbereitungen, die stattfinden. Man mag noch so zerstritten sein, hinsichtlich der Aufrüstung gegen Russland ist man sich nach wie vor einig.

Beginn der Entfremdung waren von der Regierung Trump verhängte Schutzzölle, der Rücktritt der USA vom Atomvertrag mit dem Iran und ein Eklat auf dem G7-Gipfel am 9. Juni 2018 im kanadischen La Malbaie, wo Donald Trump – inzwischen auf Linie gebracht und getreu seinem Versprechen »America first« – den Verbündeten ein Ende des freien Handels androhte, weil sie sein Land angeblich *»wie ein Sparschwein«* ausplünderten.[15] Außerdem stieß Trumps Vorschlag, Russland wieder in die G7 aufzunehmen, auf entschiedenen Widerspruch bei Bundeskanzlerin Angela Merkel, die Russland gewohnheitsmäßig für die Probleme in der Ukraine verantwortlich machte.[16]

Zwar betonen westliche Politiker gebetsmühlenartig, man dürfe »den Gesprächsfaden« zum Kreml nicht abreißen lassen, und Angela Merkel traf sich bereits wieder am 18. August 2018 zum soundsovielten Mal zu einem »Gedankenaustausch« mit dem russischen Präsidenten Wladimir Putin, aber die ständigen unversöhnlichen Äußerungen deutscher Politiker sprechen eine andere Sprache und dokumentieren die von den Hardlinern in Washington abgenötigte, für Deutschland existenzgefährdende Berliner Politik. So forderte Außenminister Heiko Maas – abweichend von der Diplomatie sei-

---

[15] Vgl. Tagesspiegel, 11.6.2018, www.tagesspiegel.de/politik/eklat-beim-g7-gipfel-trumps-tweet-erschuettert-den-westen/22668954.html
[16] Vgl. Zeit Online, 8.6.2018, www.zeit.de/politik/ausland/2018-06/kanada-g7-gipfel-angela-merkel-wiederaufnahme-russland-donald-trump

nes Vorgängers Sigmar Gabriel – in seiner Antrittsrede eine harte Haltung gegenüber Russland: »*Ein Übermaß an Verständnis gegenüber der Kreml-Politik und das Bedürfnis, gute Beziehungen zu Russland zu pflegen, herrschen in der deutschen Politik und Gesellschaft immer noch vor und überraschen stets aufs Neue. Russlands Vorgehen in der Ukraine ist in Europa seit dem Zweiten Weltkrieg beispiellos. Der Kreml hat mit der Krim einen Teil der Ukraine gewaltsam annektiert und ist zudem aktiv an einem Angriffskrieg in der Ostukraine beteiligt ... Russlands völkerrechtswidrige Annexion der Krim und die andauernde Aggression gegen die Ukraine kann man nicht hinnehmen. Die Ukraine-Krise bleibt ein Test unserer Entschlossenheit und unserer Geschlossenheit – in der Europäischen Union, aber auch mit den amerikanischen Verbündeten.*«[17] Das ist Originalton Washington.

Wie schon Merkel wandte sich Maas gegen eine Rückkehr Russlands in die G7[18] und spulte des Weiteren die üblichen Verdächtigungen und Unterstellungen ab: Das am 17. Juli 2014 abgestürzte malaysische Zivilflugzeug MH17 sei von Russland abgeschossen worden, wiederholte Hackerangriffe auf politische Einrichtungen der EU-Mitgliedsstaaten seien von Moskau gesteuert, für den Giftgasanschlag auf den britisch-russischen Doppelagenten Skripal in London seien die Russen verantwortlich. Das alles dürfe nicht ohne Folgen bleiben. Daher könne es »*keine schnelle Rückkehr zur Partnerschaft mit Russland geben*«. Dessen Verhalten sei »*aggressiv, völkerrechtswidrig und nicht hinnehmbar*«, der »*russischen Aggression*« seien »*sowohl ukrainische Bürger als auch Bürger der Europäischen Union zum Opfer gefallen*«, was eine »*geschlossene europäische Antwort*« erfordere.[19] Worthülsen und Verdrehungen des politischen Geschehens. Wie scheinheilig sich der deutsche Außenminister hier verhält wird deutlich, wenn er feststellt, »*dass Russland bisher nicht bereit zu*

---

[17] Auswärtiges Amt, 14.3.2018, www.auswaertiges-amt.de/de/newsroom/bm-maas-amtsantritt/1788184

[18] Vgl. Spiegel Online, 22.4.2018, www.spiegel.de/politik/ausland/heiko-maas-russlands-rueckkehr-zur-g7-ausgeschlossen-a-1204234.html

[19] Vgl. dazu auch einen Hetzartikel im IPG-Journal vom 30.3.2018, www.ipg-journal.de/regionen/europa/artikel/detail/schluss-mit-dem-augenzwinkern-richtung-moskau-2886

sein scheint, zur Aufklärung beizutragen«, und fordert, *»Moskau sollte Transparenz schaffen und Stellung nehmen«.* Wie soll das geschehen? Bisher sind die Daten der ukrainischen Luftüberwachung zum Flug MH17 nicht zugänglich gemacht worden. Die Verantwortung der russischen Regierung für dubiose Hackerangriffe konnte nicht nachgewiesen werden. Und im Fall Skripal hatte Russland wiederholt seine Mitwirkung an der Aufklärung angeboten, erhielt jedoch keine Informationen aus London.

Nichts war bewiesen, und dennoch verurteilte der Jurist Maas Russland unter Missachtung des Rechtsprinzips der Unschuldsvermutung »in dubio pro reo«, während er sich zugleich vollmundig auf das Grundgesetz, *»die Prinzipien des demokratischen Rechtsstaats«* sowie auf *»Glaubwürdigkeit und Verlässlichkeit«* berief. Auch hinsichtlich des 2014 in der Ukraine durchgeführten Regime Change, der darauf folgenden angeblichen Annexion der Krim und des von dem im Westen geschätzten und geförderten Kriegsherrn Petro Poroschenko geführten Bürgerkriegs in der Ukraine[20] vertritt Maas in Unkenntnis oder Verleugnung der Tatsachen die übliche antirussische Propaganda.

»Vision« von einer europäischen Armee

Obwohl der neue West-Ost-Konflikt nachweislich von den USA mit der von ihr dominierten NATO unter Gefolgschaft der westeuropäischen Staaten verursacht worden ist,[21] resümierte Maas in seiner Antrittsrede: *»… wenn Russland sich selbst immer mehr in Abgrenzung, ja teilweise Gegnerschaft zu vielen im Westen definiert, so mögen wir das bedauern. In jedem Fall aber verändert es die Realität unserer Außenpolitik.«* Damit befand sich Maas im Einklang mit der von Angela Merkel gegenüber Russland vertretenen, wenn auch immer wieder bemäntelten Aggressionspolitik.

---

[20] Vgl. Kapitel »Krieg in der Ukraine« und »Die Krimseparation von 2014«
[21] Dazu: Wolfgang Bittner: Die Eroberung Europas durch die USA, Frankfurt am Main 2017, S. 11 ff.

Die Kanzlerin warb am 13. November 2018 in einer Rede im Europäischen Parlament für eine weitere Militarisierung Europas im Rahmen der NATO: *»Wir müssen eine europäische Eingreiftruppe schaffen, mit der Europa auch am Ort des Geschehens handeln kann. Wir haben große Fortschritte bei der Ständigen Strukturierten Zusammenarbeit im militärischen Bereich erreicht … Aber wir sollten – das sage ich aufgrund der Entwicklung der letzten Jahre sehr bewusst – an der Vision arbeiten, eines Tages auch eine echte europäische Armee zu schaffen … Das ist ja keine Armee gegen die NATO – ich bitte Sie –, sondern das kann eine gute Ergänzung der NATO sein … Wenn wir unser Geld effizient einsetzen wollen und doch für viel Gleiches kämpfen, dann können wir doch in der NATO mit einer europäischen Armee gemeinsam auftreten.«*[22]

Die »Vision« von einer europäischen Armee war dem französische Präsidenten Emmanuel Macron als Antwort auf eine angebliche Bedrohung durch Russland, *»das an unseren Grenzen steht«,* erschienen. Und ebenso wie Angela Merkel forderte er in einem ersten Schritt die Schaffung einer schlagkräftigen Interventionstruppe für Kriseneinsätze – ein geschickter Schachzug, um deutsches Militär bei Frankreichs Kolonialkriegen in Afrika einsetzen zu können.[23]

Dem entsprach schon länger die ehemalige deutsche Verteidigungsministerin Ursula von der Leyen, die mit deutschen Aufklärungsflugzeugen in Syrien Krieg führte und deutsche Soldaten unter anderem nach Mali schickte. Vor dem NATO-Gipfel im Juli 2018 bekräftigte sie ihren Standpunkt, man müsse Russland im Dialog aus einer »Position der Stärke« begegnen, dann lasse sich besser mit Moskau sprechen. Der russische Verteidigungsminister Sergei Schoigu antwortete ihr: *»Nach allem, was Deutschland unserem Land angetan hat, sollten Sie noch 200 Jahre lang nichts zu diesem Thema sagen.«* Er riet den Berliner Politikern, über die jüngere Geschichte nachzu-

---

[22] www.bundeskanzlerin.de/bkin-de/aktuelles/rede-von-bundeskanzlerin-merkel-vor-dem-europaeischen-parlament-am-13-november-2018-in-strassburg-1549538

[23] Vgl. Süddeutsche Zeitung, 6.11.2018, www.sueddeutsche.de/politik/militaer-europa-verteidigung-1.4198669

denken, und empfahl: »*Fragen Sie Ihre Großväter, was es bedeutet, aus einer Position der Stärke mit Russland zu sprechen. Sie werden es Ihnen wahrscheinlich sagen können.*«[24] Das dürfte die Berliner Politikerkaste um Angela Merkel kaum beeindruckt haben. Im Mai 2019 kündigte die Bundeskanzlerin eine deutliche Erhöhung des deutschen »Wehretats« an und erklärte: »*Ich bin zutiefst davon überzeugt: Alle politischen Bemühungen zur Entspannung sind nur dann wirksam, wenn gezeigt wird, dass wir im Falle des Falles bereit sind, uns zu verteidigen.*«[25] Was »*im Falle des Falles*« für Deutschland bedeuten kann, schien der Bundeskanzlerin nicht klar zu sein.

Noch weniger beeindruckt von russischen Vorbehalten sind die US- und NATO-Strategen. Der US-Verteidigungshaushalt für 2019 wurde auf 716 Milliarden Dollar erhöht, »*die bedeutendste Investition*« in das US-Militär in der neueren Geschichte, so Donald Trump. Die zusätzlichen Mittel dienen der Modernisierung der Streitkräfte und dem Aufbau einer »Weltraumarmee«. »*Wie der Himmel, die Erde und das Meer ist der Weltraum zum Schlachtfeld geworden*«, sagte Trump und fügte mit einem Seitenhieb gegen China hinzu: »*Eine Präsenz im Weltraum reicht nicht aus, wir müssen eine Dominanz der USA im Weltraum haben.*«[26]

Militärische Dominanz zeigten die USA mit ihren NATO-Verbündeten im Oktober 2018 an den Grenzen Russlands mit dem größten Manöver seit Ende der 1990er-Jahre unter der Bezeichnung »Trident Juncture« (Dreizackiger Verbindungspunkt). 50 000 Soldaten, darunter 10 000 deutsche, übten in Skandinavien mit Tausenden Panzern, 250 Flugzeugen und 65 Schiffen, einschließlich eines US-Flugzeugträgers, den Krieg gegen Russland. In der *Frankfurter Allgemeinen* hieß es dazu: »*In drei Tagen sollen dann hoch im Norden die Roten angreifen. Darauf freuen sich hier die allermeisten, besonders*

---

[24] Zit. wie RT Deutsch, 13.8.2018, https://deutsch.rt.com/kurzclips/74411-russischer-verteidigungsminister-kontert-von-der-leyen/

[25] Zit. wie Sputnik Deutschland, 20.5.2019, https://de.sputniknews.com/politik/20190520325013430-friedensarbeit-im-besten-sinne-merkel-kuendigt-weiter-steigende-verteidigungsausgaben-an/

[26] Zit. wie Tagesschau, 14.8.2018, www.tagesschau.de/ausland/trump-verteidigungshaushalt-103.html

die von der Bundeswehr ... Die Soldaten sind froh, endlich zu zeigen, was sie können.«[27] Als wäre alles nur ein Spiel.

Kurz zuvor fand bereits das NATO-Manöver »Saber Strike« (Säbelhieb) mit 18 000 Soldaten im Baltikum statt.[28] Zeitgleich drohten die USA mit der Kündigung des INF-Vertrages[29], wonach den USA und Russland verboten ist, landgestützte Raketen und Marschflugkörper mit einer Reichweite zwischen 500 und 5500 Kilometern, die Atomsprengköpfe tragen können, zu entwickeln, zu bauen und zu stationieren. Eine insbesondere für Deutschland und Europa hochgefährliche Entwicklung, weil die geringen Vorwarnzeiten bei Fehlalarm keine Verständigung mehr zulassen und ein Einsatz dieser Raketen – ob gezielt oder versehentlich – Mitteleuropa auslöschen würde. Das Abrüstungsabkommen von 1988 hatte zur Verschrottung von etwa 2700 nuklearen Kurz- und Mittelstreckenraketen sowie zum Abzug aller taktischen Atomwaffen von US-Kriegsschiffen und zur Verringerung der in Europa gelagerten Atombomben geführt. Jetzt bezichtigte Washington Russland, entgegen dem INF-Vertrag ein neues Mittelstreckensystem zu entwickeln, was von Moskau dementiert wurde.

Deutschland ist nach wie vor Frontstaat und Brückenkopf der USA. Abgesehen von der Stationierung amerikanischer Atomraketen in Büchel/Eifel und der Drohneneinsatzzentrale in Ramstein/Pfalz wird in Ulm das neue NATO-Hauptquartier für schnelle Truppen- und Materialtransporte eingerichtet. Die bestehende »NATO-Speerspitze«, also die Very High Readiness Joint Task Force (VJTF), die NATO Response Force (NRF) und die enhanced Forward Presence (eFP), sollen für den Konfliktfall durch weitere Truppen verstärkt werden, und zwar mit zusätzlich 30 000 Soldaten, also 30 Bataillonen, 30 Flugzeugstaffeln (das sind 360 Flugzeuge) und 30 Schiffen. Deutschland hat für diese Bereitschaftstruppe eine beson-

---

[27] FAZ, 26.10.2018, www.faz.net/aktuell/politik/ausland/nato-manoever-trident-juncture-glaubwuerdige-abschreckung-15856692.html
[28] Spiegel Online, 3.6.2018, www.spiegel.de/politik/ausland/nato-manoever-saber-strike-saebelrasseln-im-baltikum-a-1210937.html
[29] INF = Intermediate-Range Nuclear Forces

dere Verantwortung übernommen. Des Weiteren ist im Gespräch, Raketenabwehrsysteme des Typs THAAD nach Deutschland zu verlegen. Hinzu kommen Pläne für Neuaufnahmen in die NATO. Etwaige Kandidaten sind Georgien, die Ukraine, Makedonien, eventuell auch Schweden, Finnland, Irland, Serbien und Moldawien.[30]

Ende 2017 wurde von 23 der 28 EU-Staaten ein europäisches Militärbündnis für »permanente strukturierte Zusammenarbeit«, das sich PESCO nennt, gegründet.[31] Unter anderem ist geplant, Westeuropa unabhängig von staatlichen Grenzen durchgängig zu machen für die schnelle Verlegung von schwerem militärischem Gerät und Soldaten an die östlichen Grenzen. Die NATO braucht neue Straßen, Brücken und Infrastrukturen, um effektiver Krieg führen zu können. Und Ex-Verteidigungsministerin von der Leyen erklärte begeistert: *»Europa muss handlungsfähiger und effizienter werden.«[32]* Was daraus folgt, scheint den Berliner Politikern noch nicht klar zu sein, nämlich eine Auflösung deutscher Souveränität, die im Übrigen durch die fortdauernde Stationierung ausländischer Truppen mit Sonderbefugnissen ohnehin nicht vollständig gegeben ist, wie sich aus dem Zusatzabkommen zum NATO-Truppenstatut von 1993 ergibt.[33]

Weiter folgt daraus die Festigung der Bindung – man kann auch sagen: der Unterwerfung – an die USA und die NATO sowie der Ausschluss Russlands aus Europa. Damit wird nicht nur der wirtschaftliche, kulturelle und wissenschaftliche Austausch zunehmend erschwert, wenn nicht verhindert, damit wird auch die Gefahr eines Krieges mit Russland virulent, wobei große Teile Europas und insbesondere Deutschland ausgelöscht würden.

---

[30] Vgl. Telepolis, 3.6.2018, www.heise.de/tp/features/Nato-draengt-auf-Beitritt-von-Georgien-zur-Osterweiterung-4063817.html

[31] Vorerst nicht dabei: Dänemark, Großbritannien, Irland, Malta, Portugal, vgl. Spiegel Online, 13.11.2017, www.spiegel.de/politik/ausland/bruessel-23-eu-staaten-gruenden-pesco-zusammenarbeit-bei-verteidigung-a-1177685.html

[32] Zit. wie Bonner General-Anzeiger, 13.11.2017, www.general-anzeiger-bonn.de/news/politik/deutschland/Auf-dem-Weg-zur-Armee-Europas-article3700549.html

[33] Mehr dazu im Kapitel »Deutschland, Kolonie der USA: In der Nachkriegszeit wurden die Weichen gestellt«

Putin gibt seine abwartende Haltung auf

Dazu hatte sich der russische Präsident Wladimir Putin in den vergangenen Jahren eher abwartend verhalten, von den »Partnern« im Westen gesprochen und mehrfach für Kooperation geworben. In seiner Rede an die Nation am 1. März 2018 sagte er jedoch – und das waren völlig neue Töne –: »*Obwohl wir die zweitgrößte Nuklearmacht geblieben sind, wollte niemand uns hören. Mit uns wollte niemand sprechen. Hören Sie uns jetzt zu!*« Und er fügte noch hinzu: »*Das ist kein Bluff.*«[34] Zuvor hatte er Videos einblenden lassen, mit denen er eine Reihe neuer, angeblich nicht abfangbarer Nuklearwaffen zeigte, die entwickelt und bereits getestet wurden, unter anderem die mehr als 200 Tonnen schwere Interkontinentalrakete Sarmat und die Hyperschallrakete Kinschal sowie einen nuklear bestückbaren Torpedo.

Rede des russischen Präsidenten an die Nation am 1. März 2018 in Moskau

Das ist die Antwort auf die von den USA ausgehende Einkreisung Russlands und die in Osteuropa stationierten US-Systeme zur Raketenabwehr, die auch offensiv genutzt werden könnten und so-

---

[34] Zit. wie Spiegel Online, 2.3.2018, www.spiegel.de/politik/ausland/russland-wahlrede-von-wladimir-putin-mit-versprechen-und-atomwaffen-a-1196057.html

mit einen Verstoß gegen den INF-Vertrag darstellen. Wie US-Militärstrategen zugeben, dient die Entwicklung neuer Waffensysteme und deren Stationierung in Europa nicht der Verteidigung, vielmehr könnte es dem Präsidenten die Entscheidung für einen atomaren Erstschlag gegen Russland erleichtern.[35]

Diese unfassbaren strategischen Überlegungen werden umso glaubwürdiger, wenn man in die unmittelbare Nachkriegszeit zurückschaut. Wie der Publizist Wolfgang Effenberger, ehemals Offizier der Bundeswehr, in seinem Buch »Europas Verhängnis 14/18 – Die Herren des Geldes greifen zur Weltmacht« schreibt, verabschiedete die NATO im Dezember 1949 den Kriegsplan »Dropshot«, *»mit dem 1957 die Sowjetunion angegriffen werden sollte«.* Effenberger führt dazu aus: *»Es sollte wie immer so aussehen, als sei der Gegner der Aggressor. Die ›Grundannahme‹, so heißt es in dem streng geheimen Papier wörtlich, sei: ›Am oder um den 1. Januar 1957 ist den Vereinigten Staaten durch einen Aggressionsakt der UdSSR und/oder ihrer Satelliten ein Krieg aufgezwungen worden.‹ Daraufhin sollten 300 Atombomben und 29 000 hochexplosive Bomben auf 200 Ziele in einhundert Städten abgeworfen werden, um 85 Prozent der industriellen Kapazität der Sowjetunion mit einem einzigen Schlag zu vernichten.«[36]* Effenberger geht davon aus, dass der Zeitpunkt auf den ursprünglich geplanten Abschlusstermin der Remilitarisierung Westdeutschlands abgestimmt gewesen sei. Der Aufbau der Bundeswehr habe sich dann wegen der Gegner einer Wiederbewaffnung Deutschlands um einige Jahre verzögert, außerdem habe die französische Nationalversammlung 1954 die Verträge über die sogenannte »Europäische Verteidigungsgemeinschaft« abgelehnt, sodass der Zeitpunkt für »Dropshot« vertagt wurde.

Nach allem kann es nicht verwundern, dass der Kremlsprecher Peskow die USA im Oktober 2018 davor warnte, nach einem Ausstieg aus dem INF-Vertrag genau die Waffensysteme zu entwickeln,

---

[35] Vgl. hierzu FAS, 5.11.2015, https://fas.org/blogs/security/2015/11/b61-12_cartwright

[36] Effenberger: Europas Verhängnis 14/18 – Die Herren des Geldes greifen zur Weltmacht, Höhr-Grenzhausen 2018, S. 75. Der Autor führt weitere Nachweise an, u. a. zu »Joint Chiefs of Staff« und Operation »Dropshot« vom 19.12.1949

die durch das Abkommen verboten werden. Die USA verletzten das Abkommen schon seit Längerem mit der Entwicklung raketenbestückter Drohnen, so Peskow. Sollten sie es kündigen, sehe sich Russland genötigt, »Maßnahmen« zu ergreifen, die seine Sicherheit garantieren. Dazu erklärte Außenminister Sergej Lawrow, Moskau sei noch immer zu einem Dialog mit Washington bereit.[37]

Auch die chinesische Regierung äußerte Besorgnis über die neuerliche Konfrontationspolitik der USA. Eine Aufkündigung des INF-Abkommens würde das strategische Gleichgewicht verletzen, so die Sprecherin des Außenministeriums Hua Chunyin. Sie wies zugleich die amerikanische Darstellung einer vermeintlichen Bedrohung der USA durch China zurück und forderte die US-Regierung zu einem vorsichtigen Umgang mit dem Vertrag auf, dessen einseitige Kündigung »viele negative Auswirkungen« haben würde.[38]

Außenminister Maas bedauerte in einer Erklärung vom 21. Oktober 2018 scheinheilig die Entwicklung, die »uns und Europa vor schwierige Fragen« stelle: »Wir haben Russland in der Vergangenheit bereits mehrfach aufgefordert, die schwerwiegenden Vorwürfe der Verletzung des INF-Vertrags auszuräumen. Bisher hat Russland dies nicht getan. Wir werben auch gegenüber den USA dafür, mögliche Konsequenzen zu bedenken.«[39]

Indem er die Fakten ignoriert, »wirbt« Maas also um die Gunst der USA, die über verbotene Waffensysteme verfügen, während er Russland »auffordert«, schwerwiegende Vorwürfe auszuräumen. Ein solches Verhalten kennzeichnet die deutsche Außenpolitik schon seit Langem und gilt auch für den amtierenden Außenminister, der die Konsequenzen seines Handelns offensichtlich nicht bedenkt. Er und andere westliche Politiker rügten den von Donald Trump am 19. Dezember 2018 angekündigten Abzug der US-Truppen aus Syrien, die dort nach dem Völkerrecht gar nicht sein dürften.[40]

[37] Vgl. Zeit Online, 22.10.2018, www.zeit.de/news/2018-10/22/inf-ausstieg-moskau-warnt-usa-vor-sicherheitsrisiko-181021-99-461066
[38] Vgl. ebd.
[39] www.auswaertiges-amt.de/de/newsroom/maas-inf-vertrag/2151668
[40] Vgl. Zeit Online, 20.12.2018, www.zeit.de/news/2018-12/20/maas-nennt-us-abzug-aus-syrien-gefahr-fuer-anti-is-kampf-181220-99-300425

Kündigung des INF-Abrüstungsvertrages

Am 1. Februar 2019 kündigten die USA schließlich erwartungsgemäß den INF-Vertrag. US-Präsident Donald Trump erklärte, Russland habe geheime Raketensysteme entwickelt, die »*eine direkte Bedrohung für unsere Partner und unsere Truppen im Ausland darstellen*«. Binnen sechs Monaten, so Trump, werde der komplette Rückzug aus dem Vertrag vollzogen, »*sollte Russland nicht zurück zur Einhaltung kommen, indem es all seine den Vertrag verletzenden Raketen, Abschussrampen und dazugehöriges Gerät zerstört*«.[41]

Auch US-Außenminister Mike Pompeo, ehemals CIA-Direktor, verbreitete die Nachricht, Russland habe Schuld an der Vertragsaufkündigung durch die USA, wodurch Millionen Europäer und Amerikaner einer großen Gefahr ausgesetzt seien. Russland sei schon im Dezember 2018 gewarnt worden und habe genügend Zeit gehabt, noch einzulenken.[42]

Die russische Regierung sah keine Veranlassung, ein sechzigtägiges Ultimatum Washingtons einzuhalten, zumal sie gegenseitige Inspektionen der Mittelstreckenraketen vorgeschlagen hatte.[43] Darauf waren die Amerikaner jedoch mit fadenscheiniger Begründung nicht eingegangen.

Am 2. Februar 2019 antwortete Wladimir Putin der US-Regierung: »*Unsere amerikanischen Partner haben angekündigt, ihre Teilnahme an dem Abkommen auszusetzen, und wir setzen unsere Teilnahme auch aus ... Wir wollen warten, bis unsere Partner reif genug sind, um mit uns einen gleichwertigen und sinnvollen Dialog über dieses wichtige Thema zu führen.*«[44] Russland wolle nicht in ein teures Wett-

---

[41] Zit. wie Süddeutsche Zeitung, 1.2.2019, www.sueddeutsche.de/politik/inf-vertrag-usa-aus-1.4312419

[42] Vgl. Süddeutsche Zeitung: Mike Pompeo: »Wir müssen jede Minute darauf konzentriert sein, unsere Feinde zu zerstören«, 14.3.2018, www.sueddeutsche.de/politik/pompeo-aussenminister-trump-1.3905206

[43] Vgl. Zeit Online: Trump und Putin können nur zerstören, 23.1.2019, www.zeit.de/politik/ausland/2019-01/inf-vertrag-usa-russland-abruestung-5vor8

[44] Zit. wie Spiegel Online, 2.2.2019, www.spiegel.de/politik/ausland/inf-abkommen-russland-steigt-auch-aus-abruestungsvertrag-aus-a-1251286.html

NATO-Generalsekretär Jens Stoltenberg, der deutsche Außenminister Heiko Maas und US-Außenminister Mike Pompeo beim NATO-Treffen am 4. Dezember 2018 in Brüssel

rüsten hineingezogen werden und neue Mittelstreckenraketen nur aufstellen, wenn Washington das tue. Außenminister Sergej Lawrow erklärte zum Vorgehen der USA, sie hätten den Vertrag schon seit 1999 verletzt, unter anderem durch die Stationierung von Raketenabwehrsystemen in Europa. Russland habe alles unternommen, um den Vertrag zu retten und den Dialog mit den USA mehrfach gesucht, aber die Amerikaner hätten *»jegliches Interesse verloren«*[45].

Dazu nahm Bundeskanzlerin Angela Merkel in gewohnt doppelzüngiger Weise Stellung: *»Russland hat den INF-Vertrag verletzt«*, sagte sie, aber sie wolle *»alles daran setzen«*, die sechsmonatige Frist nach der Kündigung für weitere Gespräche zu nutzen. Außenminister Heiko Maas schloss sich ihr sogleich an und verkündete, Moskau habe den INF-Vertrag durch Verstöße *»faktisch außer Kraft gesetzt«*[46]. Auch Merkel und Maas gingen nicht darauf ein, dass Russland eine Inspektion der beanstandeten Raketen vorgeschlagen hatte.

---

[45] Zit. wie ebd.
[46] Zit. wie Tagesspiegel, 1.2.2019, www.tagesspiegel.de/politik/abruestungsab kommen-mit-den-usa-merkel-russland-hat-den-inf-vertrag-verletzt/23936550.html

Weitaus mehr Vernunft bewies der Grünen-Politiker und Ex-Umweltminister Jürgen Trittin, der in einem Interview mit dem *Deutschlandfunk* davor warnte, neue Atomraketen zu stationieren, also in eine neue Runde des Wettrüstens einzutreten: »*Das ist alles nicht im Interesse Europas, und mich wundert ein bisschen, dass die europäischen NATO-Mitgliedsstaaten diesen einseitigen Aktionen schlicht und ergreifend einfach die Hacken zusammenschlagen und sagen, wir sind geschlossen hinter den USA ... John Bolton[47] will raus aus diesen ganzen Abkommen, er will wieder rein in ein Wettrüsten, der hat seine ganze Welt sozusagen im Kalten Krieg geprägt. Aber nichtsdestotrotz, es ist nicht in unserem Interesse, und deswegen muss man aufhören, aus so einer Logik zu agieren, ihr, die anderen, seid schuld. Das hat noch nie zu irgendeiner Form von Abrüstung geführt.*« Das waren erstaunliche Töne aus dem *Deutschlandfunk*, dem noch erstaunlichere folgten: »*Was hindert uns eigentlich daran, diese Raketenabwehr aus Osteuropa abzuziehen? ... Was hindert uns daran, endlich den Schritt zu tun, die taktischen Atomwaffen, die in Büchel lagern, also Waffen, die eigentlich nur dazu dienen, in einem konventionellen Konflikt nuklearen Selbstmord zu begehen, endlich aus Deutschland abzuziehen und den Russen zu sagen: Hört mal zu, wir sind bereit, uns an diesen beiden Stellen zu bewegen, wenn ihr die Iskander-Raketen in Kaliningrad, wenn ihr diese neuen Marschflugkörper aus Europa abzieht ... Aber man kann doch als Europäer nicht zusehen, wie getrieben von einer Politik, die ja jedes multilaterale Abkommen ablehnt in den USA, wie blind in eine neue Runde des Wettrüstens in Europa zu stolpern. Hier gibt es eine originäre europäische Verantwortung, und dieser Verantwortung kommt der Bundesaußenminister, kommt die Bundeskanzlerin nicht nach.*«[48]

---

[47] John Bolton, Trumps Sicherheitsberater, einer der »Architekten« des Irak-krieges und Vorsitzender des International Affairs Subcommittees der National Rifle Association, sagte über den Whistleblower Edward Snowden, er solle »an einer hohen Eiche aufgehängt werden«. Vgl. www.youtube.com/watch?v=6wFf6NLqDHY (3.2.2019)

[48] Deutschlandfunk: Jürgen Trittin im Gespräch mit Philipp May, »Das ist alles nicht im Interesse Europas«, 2.2.2019, www.deutschlandfunk.de/us-ausstieg-aus-inf-vertrag-das-ist-alles-nicht-im.694.de.html?dram:article_id=439996

Wiederum verdreht wurden die Fakten US-konform in der *Bild-Zeitung* unter der Headline »*Putin zündet die nächste Eskalationsstufe*«: »*Wladimir Putin heizt den Konflikt mit den USA und der Nato weiter an ... Er will nicht einmal mehr mit Washington darüber reden ... Damit will es Putin so aussehen lassen, als liege die Schuld für das Scheitern des INF-Vertrages nicht bei ihm. Aber die USA und die Nato-Länder haben bereits deutlich gemacht, wen sie für den eigentlichen Verursacher der Krise halten: nämlich Putin und seinen neuen Marschflugkörper ...*«[49]

Noch niederträchtiger erwies sich der Chefkommentator der *Welt*, Jacques Schuster: »*Die einzige Antwort auf ein solches Berserkertum ist, dem Gleichgewicht des Schreckens neue Kraft zu verleihen. Sollten Gespräche mit Moskau scheitern, bleibt dem Westen nichts anderes übrig, als die amerikanischen Atomwaffen auf europäischem Nato-Gebiet zu modernisieren und zusätzlich ebenfalls neue Mittelstreckensysteme zu errichten ... Die Kündigung des INF-Vertrags durch die Amerikaner ist der erste so unangenehme wie nötige Schritt dazu. Nicht US-Präsident Donald Trump ist dafür verantwortlich, es ist sein russischer Kollege Wladimir Putin. Seit Jahren schon stellt er die Nachkriegsordnung des Kalten Krieges infrage und setzt auf die Schwäche des Westens.*« Besonders perfide und heuchlerisch ist die Berufung auf Helmut Schmidt: »*Putin setzt darauf, dass eine solche Debatte angesichts der moskaufreundlichen Rechts- wie Linkspopulisten dieses Mal zugunsten Russlands ausgehen werde. Wichtig ist nun, ihm mit der Geschlossenheit der Volksparteien eine Helmut Schmidt würdige Antwort zu geben.*«[50]

Aus dieser wie aus vielen weiteren Stellungnahmen und Kommentaren zur Aussetzung des INF-Vertrages durch die USA und in der Folge durch Russland tritt wieder einmal schlaglichtartig die Bösartigkeit und Kriegswilligkeit westlicher Politiker und Journalisten hervor. Die westliche Politik wird zunehmend von Aggression und Aufrüstung bestimmt. Deutlich wird vor allem, dass die Bel-

[49] Bild, 2.2.2019, www.bild.de/politik/ausland/politik-ausland/inf-abruestungs vertrag-putin-zuendet-naechste-eskalationsstufe-59907166.bild.html
[50] welt.de, 1.2.2019, www.welt.de/debatte/kommentare/article188100785/INF -Vertrag-Westen-muss-Russland-eines-Besseren-belehren.html

lizisten in den USA das erreicht haben, worauf sie seit Beginn des neuen Kalten Krieges hinarbeiten: die Militarisierung und atomare Aufrüstung Westeuropas gegen Russland.

Sowohl Michail Gorbatschow als auch Wladimir Putin warnten mehrmals davor, dass es zu einem dritten Weltkrieg kommen könnte, wenn angesichts der aufgeheizten Stimmung jemand die Nerven verlöre oder einen Fehler begehe. Das aber würde das Ende der Menschheit bedeuten. Dessen ungeachtet ist statt des Abzugs von Atomwaffen aus Deutschland schon länger wieder eine atomare Bewaffnung der Bundeswehr im Rahmen der sogenannten Abschreckungspolitik der NATO im Gespräch. Mitte 2018 vertrat der Politologe Christian Hacke, ehemals Lehrender an der Universität der Bundeswehr Hamburg, die These, Landesverteidigung erfordere künftig eine *»eigene nukleare Abschreckungskapazität«,* nachdem US-Präsident Donald Trump den Schutz der NATO für Europa infrage gestellt habe. Deutschland sei sonst *»im extremen Krisenfall heute schutzlos«,* jeder potenzielle Angreifer müsse *»nuklear abgeschreckt werden«.*[51] Dem stimmte der FDP-Politiker Alexander Graf Lambsdorff im Grundsatz zu und forderte eine Diskussion darüber: *»Denn mit dem Ende des Kalten Krieges endete keineswegs das Zeitalter der Atomwaffen – man kann das bedauern, aber die Realität ist nun einmal so.«*[52]

Anfang 2019 griff der in England lehrende Politikwissenschaftler Maximilian Terhalle das Thema erneut auf und plädierte für die atomare Bewaffnung der Bundeswehr, wenn Deutschland nicht *»zur leichten Beute Russlands werden wolle«.* Deswegen müsse man *»gemeinsame Nuklearanstrengungen«* mit Frankreich in Erwägung ziehen.[53]

---

[51] Vgl. welt.de, 29.7.2018, www.welt.de/politik/deutschland/plus180136274/Eine-Nuklearmacht-Deutschland-staerkt-die-Sicherheit-des-Westens.html

[52] Zit. wie welt.de, 29.7.2018, www.welt.de/politik/article180142080/Atomdebatte-Muss-Deutschland-Nuklearmacht-werden.html

[53] Vgl. Deutschlandfunk Kultur: Maximilian Terhalle im Gespräch mit Liane von Billerbeck, 15.2.2019, www.deutschlandfunkkultur.de/deutschlands-sicherheitslage-politologe-terhalle-plaediert.1008.de.html?dram:article_id=441154

Das geschieht offensichtlich hinter verschlossenen Türen. Wie weit die Pläne des Verteidigungsministeriums zur atomaren Bewaffnung der Bundesluftwaffe bereits fortgeschritten sind, wurde Ende Januar 2019 durch einen »Prüfauftrag« bekannt, den Ursula von der Leyen erteilt hatte. Sie ließ untersuchen, welches Kampfflugzeug sich als Atomwaffenträger eignet.[54] Damit scheint der Weg in die »nukleare Teilhabe« Deutschlands beschlossene Sache zu sein. Davon geht man jedenfalls bei der Initiative »Abrüsten statt aufrüsten«, die eine Unterschriftensammlung für Abrüstung gestartet hat, aus. Nach deren Berechnungen kosten neue Atomwaffen und die Modernisierung der bestehenden Waffensysteme den Staat und damit die Steuerzahler in den nächsten zehn Jahren mindestens eine Billion Euro – Geld, das für Soziales, Bildung, Kultur, Infrastrukturmaßnahmen usw. verloren geht.[55] Aber anstatt Aufrüstung und Kriegsvorbereitungen zu thematisieren, beschäftigen sich Talkshows, Politikerdebatten und Medien mit Banalitäten und gehen damit der Existenzfrage aus dem Wege.

---

[54] Vgl. Stuttgarter Nachrichten, 31.1.2019, www.stuttgarter-nachrichten.de/inhalt.deutschland-sucht-neuen-atomwaffentraeger-entscheidung-ueber-tornado-nachfolge-rueckt-in-ferne.12b13bb4-d923-4b81-9d5a-0139ef71f9f0.html
[55] Vgl. Abrüsten statt aufrüsten, https://abruesten.jetzt/2019/04/neue-atomwaffen-in-europa-und-weitere-aufruestung-zwei-seiten-einer-extrem-kostspieligen-medaille/

Deutsche Außenpolitik

Noch Mitte 2018 schlug Außenminister Heiko Maas neue, ungewöhnliche Töne hinsichtlich einer Stärkung der europäischen Autonomie gegenüber den USA an. In einem im *Handelsblatt* am 21. August 2018 veröffentlichten Kommentar schrieb er, dass die USA und Europa seit Jahren auseinanderdriften.[56] Das war offensichtlich, damit hatte er vollkommen recht. Ebenso, wenn er weiter erklärte, dass dies keineswegs nur an Donald Trump liege, weil die Gemeinsamkeiten bei Werten und Interessen seit Längerem schon abgenommen hätten. Er kam somit zu dem Ergebnis, die Konflikte würden die Präsidentschaft Trumps überdauern, sodass es keinen Zweck habe, das auszusitzen. Er strebe ein *»neu zu vermessendes«* Verhältnis zu den USA an, in dem *»wir ein Gegengewicht bilden, wo die USA rote Linien überschreiten«*. Europa könne es nicht zulassen, dass die USA *»über unsere Köpfe hinweg zu unseren Lasten handeln«*. Deshalb sei es richtig, europäische Unternehmen rechtlich vor Sanktionen zu schützen. Weiter schrieb er, die europäische Autonomie müsse gestärkt werden, indem von den USA unabhängige Zahlungskanäle eingerichtet sowie ein Europäischer Währungsfonds und ein unabhängiges Swift-System zu schaffen seien. Außerdem forderte er, US-Internet-Konzerne müssten angemessen besteuert werden.

Alles nachvollziehbar und richtig, das und mehr sagen unabhängige Publizisten und Analysten schon lange. Der Direktor der Chinesischen Zentralbank, Zhou Xiaochuan, ist vor einigen Jahren noch viel weiter gegangen, indem er sich gegen die Vorherrschaft des

---

[56] Vgl. www.handelsblatt.com/meinung/gastbeitraege/gastkommentar-wir-lassen-nicht-zu-dass-die-usa-ueber-unsere-koepfe-hinweg-handeln/22933006.html?ticket=ST-1380349-p5cxxvfqSf7tWvhrWyac-ap3

Dollars als Weltleitwährung wandte.[57] So auch der damalige französische Präsidentschaftskandidat und Direktor des Internationalen Währungsfonds (IWF), Dominique Strauss-Kahn, den man dann unverzüglich über eine Schmuddel-Sexaffäre ein für alle Mal aus dem Verkehr zog.[58] Warum? Weil die USA bankrott wären, wenn der Dollar als Weltleitwährung wegfiele. Das werden sie niemals zulassen, solange sie die höchstgerüstete Armee und den rücksichtslosesten Geheimdienst der Welt haben. Denn sie können trotz einer immens hohen Staatsverschuldung von mehr als 22 Billionen Dollar nicht »pleitegehen« und sogar noch unbekümmert Staatsanleihen ausgeben, die jederzeit einzulösen sind, weil sie sich in der Weltleitwährung US-Dollar verschulden und – wie der ehemalige Vorsitzende der Notenbank, Alan Greenspan, einmal gesagt hat – bei Bedarf jede beliebige Menge Geld drucken können. Das hat weitgehende Auswirkungen auf die ganze Welt.

»Balancierte Partnerschaft«

Der deutsche Außenminister äußerte im *Handelsblatt* also einige sehr vernünftige Überlegungen. Doch dann kam sogleich der Schwenk: Im Rahmen der »balancierten Partnerschaft« sollen die Europäer einen Teil der Verantwortung übernehmen. Zu fragen ist: Welche Verantwortung? Interventionskriege zu führen, andere Länder zu ruinieren oder in Schutt und Asche zu bomben? Zum Beispiel terrorisieren die USA auf die brutalste Weise die Bevölkerungen in Venezuela, Syrien und im Iran durch Boykott, in der Ukraine durch einen Regierungswechsel. Aber worum ging es Heiko Maas, als er von Verantwortung sprach? Er meinte die europäische Sicherheitspolitik, konkret ging es ihm um die Erhöhung der Verteidigungsausgaben, und das entsprach auch den Forderungen von Kanzlerin Angela Merkel und Verteidigungsministerin Ursula von der

---

[57] Vgl. BIS Review 41/2009, 23.3.2009, www.bis.org/review/r090402c.pdf
[58] Dazu: Wolfgang Bittner: Die Eroberung Europas durch die USA, S. 181 ff.

Leyen[59] gemäß den Forderungen aus den USA. Maas schrieb: »*Die Kehrtwende bei den Verteidigungsausgaben ist Realität. Jetzt kommt es darauf an, Schritt für Schritt eine Europäische Sicherheits- und Verteidigungsunion aufzubauen – als Bestandteil der transatlantischen Sicherheitsordnung und als eigenes europäisches Zukunftsprojekt.*«

Das zeigt die Richtung, damit folgt Maas der Kriegspolitik der USA mit ihrem militärisch-industriellen Komplex. Obwohl die Militärausgaben der NATO-Staaten einschließlich der USA mehr als dreizehn Mal höher sind als die Russlands, soll mit zig Milliarden immer noch weiter aufgerüstet werden. Dazu passt das Militärbündnis PESCO, wonach die NATO-Truppen grenzenlos in ganz Europa bis an die russischen Grenzen – böse gesagt: bis an die künftige Ostfront – operieren können. Ein Europäisches Sicherheits- und Verteidigungsbündnis als Bestandteil der transatlantischen Sicherheitsordnung? Bekanntlich wird die NATO von den USA für ihre Zwecke instrumentalisiert. Soll das deutsche Militär dann vollkommen der Befehlsgewalt der USA ausgeliefert werden? Es handelt sich also um einen weiteren Schritt in Richtung einer »Kolonisierung« Europas.

Wenn Maas meint, das geeinte Europa könne ein Gegengewicht zu den USA bilden, ist das bei dem derzeitigen Zustand Deutschlands eine Illusion. Erstens ist das Besatzungsrecht zwar 1990 beendet worden und Deutschland wurde de jure souverän – unter wesentlicher Beteiligung Russlands, das sollte nicht vergessen werden –, ist jedoch inzwischen verdrängt. Aber die USA haben 1993 ein Zusatzabkommen zum NATO-Truppenstatut für die in Deutschland stationierten ausländischen Truppen durchgesetzt, wonach sie zum Schutz ihres Militärs alles Erforderliche unternehmen dürfen. Und dieses Erforderliche ist weit auslegbar und beinhaltet zum Beispiel die Überwachung der inländischen Kommunikation. Dass das Handy der Bundeskanzlerin abgehört wurde, war also rechtlich gedeckt, um nur ein Beispiel zu nennen.

---

[59] Mitte Juli 2019 wurde die gescheiterte Verteidigungsministerin und Atlantikerin Ursula von der Leyen von der umstrittenen CDU-Vorsitzenden Annegret Kramp-Karrenbauer in einem abstoßenden Ämtergeschacher abgelöst und mit äußerst knapper Mehrheit zur Präsidentin der EU-Kommission gewählt.

Zweitens haben die USA weitgehende Möglichkeiten der Nötigung und Erpressung gegenüber der deutschen Regierung. Wie wäre sonst die Zustimmung und Mitwirkung an den Sanktionen gegen Russland zu erklären? Die Sanktionen richten sich schließlich nicht nur gegen Russland, sondern sie schädigen in erheblichem Maße auch Deutschland. Zur Durchsetzung der Boykottmaßnahmen ist aus Washington erheblicher Druck ausgeübt worden, was der ehemalige Vizepräsident Joe Biden öffentlich zugegeben hat. Am 2. Oktober 2014 prahlte er in einer Rede an der Harvard Kennedy School in Cambridge/Massachusetts: »*Wir haben Putin vor die einfache Wahl gestellt: Respektieren Sie die Souveränität der Ukraine, oder Sie werden sich zunehmenden Konsequenzen gegenübersehen. Dadurch waren wir in der Lage, die größten entwickelten Staaten der Welt dazu zu bringen, Russland echte Kosten aufzuerlegen. Es ist wahr, dass sie [die EU] das nicht tun wollten. Aber wiederum war es die Führungsrolle Amerikas und die Tatsache, dass der Präsident der Vereinigten Staaten darauf bestanden hat, ja, Europa des Öfteren in Verlegenheit bringen musste, um es dazu zu zwingen, sich aufzuraffen und wirtschaftliche Nachteile einzustecken, um Kosten [für Russland] verursachen zu können. Und die Folgen waren eine massive Kapitalflucht aus Russland, ein regelrechtes Einfrieren von ausländischen Direktinvestitionen, der Rubel auf einem historischen Tiefststand gegenüber dem Dollar und die russische Wirtschaft an der Kippe zu einer Rezession.*«[60]

Merkel und Macron

Absurd, dass die Sanktionen gegen Russland von der EU immer noch beibehalten werden. Und der Schulterschluss mit Frankreich, den Maas propagierte, zeugte von ebenso ausgeprägter Kurzsichtigkeit. Der französische Präsident Macron tritt schlau für eine gemeinsame EU-Verteidigungs- und Finanzpolitik ein – zulasten Deutsch-

---

[60] Zit. wie newscan, Zeitdokument: Wir zwangen die EU zu Sanktionen gegen Russland, 5.1.2015, www.youtube.com/watch?v=JLO7uKVarB8 (25.1.2019)

lands.[61] Er beteuert ständig die Freundschaft mit Deutschland, ebenso wie Frau Merkel mit Frankreich, wo ein gutnachbarliches Verhältnis durchaus genügen würde. Zugleich wurde am 11. und 12. November 2018 das Ende des Ersten Weltkriegs im Beisein von 60 Staats- und Regierungschefs, darunter US-Präsident Donald Trump, mit großen Auftritten, unter anderem einer Zeremonie am Triumphbogen, gefeiert – und damit Deutschland vor Augen geführt, dass es schon 1918 vor den USA, England und Frankreich am Boden lag. Was ist von Macrons angeblicher Freundschaft oder Kooperation zu halten, wenn so etwas passiert und er zudem eine von Putin angeregte Zusammenkunft mit Trump in Paris verhinderte?[62]

Der französische Präsident und die britische Premierministerin Theresa May gedachten mit einer Kranzniederlegung auf dem Soldatenfriedhof von Thiepval der Opfer ihrer Länder während des Krieges gegen das Deutsche Reich,[63] wohingegen Macron mit der deutschen Kanzlerin Angela Merkel den Platz im Wald von Compiègne aufsuchte, wo am 11. November 1918 der Waffenstillstand unterzeichnet wurde, der zu dem erzwungenen, für Deutschland beschämenden und ruinösen Versailler Vertrag führte.[64] Das ging weit hinter die Politik von de Gaulle, Mitterand und Helmut Kohl zurück, zeugte davon, dass Macron nicht zu trauen ist und Angela Merkels Geschichtsverständnis offensichtlich den falschen Vorgaben der Siegermächte des Zweiten Weltkriegs entspricht.[65] Dasselbe trifft auf Bundespräsident Frank-Walter Steinmeier zu, der gemeinsam mit dem britischen Thronfolger Prinz Charles an den Feiern

---

[61] Vgl. Zeit Online: Macron wirbt für seine Reformpläne, 17.4.2018, www.zeit.de/politik/ausland/2018-04/eu-reform-emmanuel-macron-frankreich-parlament-reaktionen-deutschland

[62] Vgl. Sputnik Deutschland: Aus diesem Grund fand Putin-Trump-Treffen in Paris nicht statt, 11.11.2018, https://de.sputniknews.com/politik/20181111322927381-putin-trump-treffen-paris-kreml/

[63] Vgl. Tagesspiegel, 9.11.2018, www.tagesspiegel.de/politik/britisch-franzoesisches-weltkriegsgedenken-freundlichkeiten-vor-dem-brexit-finale/23601856.html

[64] Vgl. Tagesschau: Am Ort der »allerletzten Versöhnung«, 10.11.2018

[65] Dazu das Kapitel »Britisch-amerikanische und französische Imperialpolitik und Erster Weltkrieg«

der Briten teilnahm und am Ehrenmal in London einen Kranz niederlegte, wobei er *»für die Ehre«* dankte, *»Seite an Seite der Opfer zu gedenken«.*[66]

Der ehemalige Parlamentarier Willy Wimmer[67] kommentierte: *»Fast scheint es so, dass 100 Jahre nach der Jahrhundertkatastrophe zwar Platz für die Erinnerung ist, doch ein Schleier die schicksalhaften Ereignisse noch immer kaschieren soll. Angeblich rutschten die europäischen Staaten ja schlafwandlerisch in den Ersten Weltkrieg, doch neuere Forschungen und freigegebenes Archivmaterial belegen, dass sie von bestimmten Kräften geradezu hineinorchestriert wurden. Ziel war die Ausschaltung Deutschlands und Österreich-Ungarns; es galt, zwei in jeder Hinsicht prosperierende Staaten möglichst von der Landkarte zu tilgen. Über die Waffenruhe am 8. November 1918, den Waffenstillstand am 11. November 1918, Versailles und später Hitler sollte weitaus mehr gelingen. Einen Weltkrieg weiter, der zur bedingungslosen deutschen Kapitulation und der fast vollständigen Vernichtung der Substanz der Sowjetunion geführt hatte, steht die Koalition der Kriegswilligen erneut an den Grenzen Russlands – Deutschland als Spielball mittendrin.«*[68]

Es erweist sich, dass im offiziellen Deutschland 74 Jahre nach dem Zweiten Weltkrieg immer noch nicht die historische Gemengelage begriffen worden ist. Und in Richtung USA wird nach dem von Donald Trump eingeleiteten globalpolitischen Schwenk einerseits mehr Abstand gefordert – aber natürlich nicht zu viel –, andererseits wird nach wie vor gegen Russland zu Felde gezogen,

---

[66] Vgl. Deutschlandfunk: Steinmeier gedenkt zusammen mit Prinz Charles, 11.11.2018

[67] Willy Wimmer, war 33 Jahre lang Abgeordneter der CDU im Deutschen Bundestag, von 1988 bis 1992 Parlamentarischer Staatssekretär im Bundesministerium der Verteidigung und von 1994 bis 2000 Vizepräsident der Parlamentarischen Versammlung der KSZE/OSZE – ein ausgewiesener Experte für außen- und sicherheitspolitische Fragen. Als solcher führte er Gespräche und Verhandlungen auf Regierungsebene in verschiedenen Ländern. 1999 wandte er sich entschieden gegen den völkerrechtswidrigen Angriffskrieg auf Jugoslawien.

[68] Willy Wimmer: Deutschland vor der Bewährung: erneuter »Rammbock« gegen Russland oder Lernen aus der Geschichte?, https://zeitgeist-online.de/exklusivonline/dossiers-und-analysen/1072-deutschland-vor-der-bewaehrung-erneuter-rammbock-gegen-russland-oder-lernen-aus-der-geschichte.html

anstatt gerade da mit neuen politischen Vorstellungen anzusetzen und Skepsis auch gegenüber den NATO-Verbündeten England und Frankreich walten zu lassen. Hier wird deutlich, wie unreflektiert und konfus deutsche Außenpolitik – in Abhängigkeit von den USA – betrieben wird. Das war Berliner Politik 2018. Die alles entscheidende Frage bleibt, ob und gegebenenfalls wie sich Deutschland aus der Umklammerung durch die Siegermächte des Zweiten Weltkriegs, insbesondere der USA, befreien kann, aus dieser Zwangslage, die ihren Anfang 1945 genommen hat, als die Weichen gestellt wurden. Dazu findet sich in der deutschen Politik nach wie vor kein überzeugender Ansatz.

Europas Unabhängigkeit

Gäbe es nicht grundlegende Vorbehalte gegen die Merkel'sche und Macron'sche Politik, könnten ihre Freundschaftsbekundungen im Sommer und Herbst 2018 ein neuer Anstoß für eine intensivere Kooperation zwischen Deutschland und Frankreich sowie auf gesamteuropäischer Ebene sein und damit der Versuch, aus der Vormundschaft der USA auszubrechen. Der französische Staatspräsident hielt am 18. November 2018 eine bemerkenswerte Rede im Deutschen Bundestag, in der er sagte: »*Europa und in dessen Mitte das deutsch-französische Paar hat die Pflicht, die Welt nicht ins Chaos abdriften zu lassen und sie auf dem Weg des Friedens zu begleiten. Deshalb muss Europa stärker werden. Deshalb muss Europa mehr Souveränität erlangen. Denn Europa kann seiner Rolle nicht gerecht werden, wenn es selbst zum Spielball der Mächte wird, wenn es nicht mehr Verantwortung für seine Verteidigung und für seine Sicherheit übernimmt und sich auf der Weltbühne mit einer untergeordneten Rolle zufrieden gibt. Es gibt heute zu viele Mächte, die uns aus dem Spiel drängen möchten und dazu unsere öffentliche Debatte und unsere offene Demokratie angreifen und uns gegeneinander ausspielen. In dieser Welt, die wir sehr ernst nehmen müssen, bleibt unsere Stärke, unsere wahre Stärke die Einheit ... Wenn wir unseren Mitbürgern versichern wollen, dass wir sie gegen die neuen Gefahren schützen und selbst über unsere Zukunft entscheiden können, dann brauchen wir als Europäer mehr Souveränität.«*[69]

Mit diesen Äußerungen ließ Macron – wie immer man im Einzelnen dazu stehen mag – eine Vision für ein von den USA unabhängiges Europa aufscheinen. Allerdings ist zu bezweifeln, dass Europa überhaupt – und nach seiner mehrfach geäußerten Meinung – von Russland bedroht wird. Insofern bräuchte es zwar mehr Souveränität, um seine Belange zu regeln, aber es bräuchte nicht mehr, sondern viel weniger Geld für das Militär auszugeben, um der *»Verantwortung für seine Verteidigung und für seine Sicherheit«* nachzukommen. Unklar bleibt zudem, wie das Verhältnis zu den USA künftig gestaltet werden sollte. Es bleibt überhaupt alles im Vagen.

Auch wenn die Freundschaftsversprechen von Merkel und Macron grundsätzlich zu begrüßen sind und ihre Pläne einer größeren »Souveränität« Europas in die richtige Richtung weisen, sind doch Zweifel angebracht, ob und inwieweit eine politische, militärische und wirtschaftliche Unabhängigkeit durchsetzbar ist. Mehrmals schon hat Macron derartige Bekundungen nach massiver Kritik durch Donald Trump wieder relativiert.[70] Und dass er zeitgleich zu seiner berührenden Rede im Deutschen Bundestag mehrere tausend Polizisten in Paris mit Knüppeln, Pfefferspray und Wasserwerfern auf Hunderttausende Demonstranten (»Gelbwesten«) losließ, die, unterstützt von drei Viertel der Bevölkerung, gegen den »Präsidenten der Reichen« und unsoziale Maßnahmen der Regierung protestierten, weist ihn als beinharten, interessengeleiteten Machtpolitiker aus.[71]

---

[69]   Franz. Botschaft: Rede von Staatspräsident Emmanuel Macron anlässlich der Gedenkstunde zum Volkstrauertag, Berlin, Deutscher Bundestag, 18.11.2018, www.bundestag.de/resource/blob/580034/08acc4cada11d97943a64a985d850 377/kw46_volkstrauertag_gedenkrede_macron-data.pdf

[70]   Vgl. Zeit Online: Trump nennt Macrons Vorschlag einer Europa-Armee »beleidigend«, 10.11.2018, www.zeit.de/politik/ausland/2018-11/gedenken-weltkrieg-donald-trump-emanuel-macron-armee-paris

[71]   Tagesschau: »Gelbwesten« randalieren in Paris, 25.11.2018. Vgl. auch: RT Deutsch: Paris versinkt im puren Chaos: »Gelbwesten« bringen Wut der Bürger auf die Straßen, 26.11.2018, www.youtube.com/watch?v=kk3LLHyYSyM

Die entscheidende Frage bleibt, ob den Bekundungen Taten folgen und wie dieses von Zentrifugalkräften zerrüttete Europa, wäre es dann unabhängiger, wieder zusammengeführt und künftig gestaltet werden sollte. Dabei mit einer europäischen Armee beginnen zu wollen, zeugt davon, wie verkorkst die Situation ist. Im Rahmen der NATO würde eine solche Armee letztlich den US-Militärs unterstehen, die dann uneingeschränkten Zugriff auf europäische Kampfeinheiten für ihre Interventionskriege hätten. Und außerhalb der NATO würde, nachdem die Briten aus der EU ausgeschieden sind, die Atommacht Frankreich dominieren.

Aber es erscheint von vornherein falsch, um der Selbstständigkeit Europas willen das Hauptaugenmerk auf das Projekt einer europäischen Armee zu richten. Es geht um viel Wesentlicheres, nämlich um eine Neubesinnung und Neuordnung Europas. Und das lässt sich nicht in der neoliberalen Diktatur, mit der es die Bevölkerung zu tun hat, durchsetzen, nicht mit diesem Brüsseler Wasserkopf und den dort die Politik mitgestaltenden US-Netzwerken und etwa 12 000 Lobbyvertretungen, nicht mit der herrschenden Aufrüstungshysterie, der wirtschaftlichen und militärischen Interventionspolitik und der Austeritätsvorgabe, die ärmere Länder in den Ruin treibt.

Deutsch-französischer Freundschaftsvertrag vom 22. Januar 2019: Der militärische Aspekt dominiert

Ob der am 22. Januar von Angela Merkel und Emmanuel Macron unterzeichnete Freundschaftsvertrag zwischen Deutschland und Frankreich, abgesehen von dem militärischen Komplex über bereits bestehende Vereinbarungen hinausweist, ist zu bezweifeln. Begrüßenswert ist zunächst die Beteuerung, den Prozess einer nachhaltigen Entwicklung der globalen Gesundheit und des Klima- und Umweltschutzes zu stärken (Kapitel 5), sowie Ideen zu Bildung, Kultur, Diplomatie und erweitertem Jugendaustausch. Ebenfalls positiv zu werten sind Vereinbarungen über eine grenzüberschreitende

Zusammenarbeit (Kapitel 4) und die Übereinkunft, den »*Erwerb der Partnersprache*« in Schulen und Universitäten zu fördern (Kapitel 3, Artikel 10).[72] Die Ergebnisse bleiben abzuwarten. Was den Jugendaustausch angeht, hat der französische Staat seine Zuwendungen an Städte und Gemeinden drastisch gekürzt, sodass sie ihren Eigenanteil, den sie ergänzend zur Ko-Finanzierung durch das deutsch-französische Jugendwerk leisten müssen, oftmals nicht mehr aufzubringen vermögen.

Das Hauptaugenmerk in dem Vertrag liegt jedoch auf einer gemeinsamen Sicherheits- und Verteidigungspolitik (das wird schon in Artikel 1 betont), verstärkter Aufrüstung und einem Führungsanspruch beider Staaten innerhalb der EU. In Artikel 4 Absatz 1 sichern sich die Partner »*im Falle eines bewaffneten Angriffs auf ihre Hoheitsgebiete jede in ihrer Macht stehende Hilfe und Unterstützung*« zu, »*dies schließt militärische Mittel ein*«. Im *Handelsblatt* hieß es: »*Am stärksten geht Deutschland im verteidigungspolitischen Kapitel des Aachener Vertrages auf Frankreich zu ... Laut Vertragstext wollen beide Länder eine gemeinsame strategische Kultur entwickeln, vor allem mit Blick auf gemeinsame militärische Einsätze. Das Neue daran: Die Bundesregierung will künftig zuerst mit Frankreich voranschreiten und dann die anderen Europäer einbinden. Bisher hatte Berlin stets nur solche Projekte vorantreiben wollen, bei denen alle Europäer mitgehen. Frankreich hielt dies schon immer für unrealistisch.*«[73]

Die Informationsstelle Militarisierung kommentierte den militärischen Aspekt wie folgt: »*Impulse sollen vor allem in der ›Gemeinsamen Sicherheits- und Verteidigungspolitik‹ (GSVP) gegeben werden, so hat es bei näherer Betrachtung des Vertrages zumindest den Anschein, da das Kapitel ›Frieden, Sicherheit und Entwicklung‹ im Vertragswerk beträchtlichen Raum einnimmt. Vordergründig wird dabei auf eine Intensivierung der Rüstungszusammenarbeit gedrängt, tatsächlich geht es*

---

[72] Bundesregierung, sog. Aachener Vertrag vom 22.1.2019, www.bundesregie rung.de/resource/blob/997532/1570126/c720a7f2e1a0128050baaa6a16b76 0f7/2019-01-19-vertrag-von-aachen-data.pdf

[73] Handelsblatt, 21.1.2019, www.handelsblatt.com/politik/deutschland/aache ner-vertrag-deutschland-kommt-beim-thema-verteidigung-frankreich-entge gen/23891428.html

aber vor allem um den Anspruch, der fortschreitenden Militarisierung Europas ein deutsch-französisches Gesicht zu verpassen. Neben diesem übergeordneten Ziel ist vor allem das deutsche Zugeständnis, auf eine Harmonisierung der Rüstungsexportregeln hinarbeiten zu wollen, sowie die französische Unterstützung für einen ständigen deutschen Sitz im UN-Sicherheitsrat bemerkenswert.«[74]

Scharfe Kritik übte der tschechische Ex-Präsident Václav Klaus, der die Vereinbarungen einen *»Geheimvertrag über den faktischen Zusammenschluss Frankreichs und Deutschlands«* nannte, wozu die Bürger nicht befragt worden seien.[75] Sputnik Deutschland sah in dem Aachener Vertrag *»Kriegsvorbereitungen«: »Der deutsche Widerwille gegen einen erneuten Krieg, gegen einen Krieg gegen Russland, soll gebrochen werden.«[76]*

Die abrüstungspolitische Sprecherin der Linksfraktion im Deutschen Bundestag, Sevim Dagdelen, hält den Vertrag für eine *»bizarre Mischung aus Aufrüstung und Kriegsvorbereitung sowie neoliberaler und autoritärer Orientierung«[77],* und der europapolitische Sprecher der Linksfraktion, Andrej Hunko, erklärte: *»Der Aachener Vertrag setzt leider völlig falsche Akzente. An zentralen Stellen besiegelt er eine weiter forcierte Aufrüstung und könnte die Kontrolle von Rüstungsexporten aus Deutschland aufweichen. Der Hauptfokus des Vertrags liegt auf gemeinsamen Militärprojekten, der Stärkung der Rüstungsindustrie und auf gemeinsamen militärischen Interventionen.«[78]*

Während Konrad Adenauer und Charles de Gaulle noch Visionen hatten und in dem Vertrag vom 22. Januar 1963 über die deutsch-französische Zusammenarbeit (Élysée-Vertrag) Perspektiven

---

[74] Informationsstelle Militarisierung, 22.1.2019, www.imi-online.de/2019/01/22/aachener-militaervertrag-deutsch-franzoesische-fuehrungsansprueche/

[75] Vgl. Spiegel Online, 22.1.2019, www.spiegel.de/politik/ausland/vertrag-von-aachen-vaclav-klaus-kritisiert-geheimvertrag-zwischen-deutschland-und-frankreich-a-1249354.html

[76] Sputnik Deutschland, 23.1.2019, https://de.sputniknews.com/kommentare/20190123323687112-eu-eskalation-gegen-russland-kommentar/

[77] Telepolis, 21.1.2019, www.heise.de/tp/features/Nein-zum-Aachener-Aufrustungsvertrag-4283180.html

[78] Junge Welt, 23.1.2019, www.jungewelt.de/artikel/347732.andrej-hunko-zum-aachener-vertrag-neoliberales-mantra.html

aufzeigten, haben Angela Merkel und Emmanuel Macron eher einen Militärvertrag abgeschlossen, der den Wünschen aus Frankreich sehr entgegenkommt und offensichtlich nicht im Einklang mit dem »Gemeinschaftswerk Europäische Union« steht. Im Wesentlichen geht es um Aufrüstung statt um Völkerverständigung. Im Vergleich dazu waren Adenauer und de Gaulle, ebenso wie in der Nachfolge Helmut Schmidt und Valéry Giscard d'Estaing oder auch Helmut Kohl und François Mitterand, mit ihren in die Zukunft weisenden Ideen für Europa und die EU wahre europäische Titanen.

Wünschenswert wäre ein geeintes Europa der Nationalstaaten, und zwar unter Einbeziehung Russlands. Erstes Ziel müsste daher sein, die Sanktionen aufzuheben, aus der NATO auszutreten (was unter Charles de Gaulle schon einmal geschehen ist[79]) und die Militäretats so weit wie möglich zu reduzieren, um mehr Mittel für sinnvolle Investitionen zur Verfügung zu haben. Doch dem stehen Politiker wie Macron und Merkel, die sich als militante Vertreter des Neoliberalismus und einer von den USA vorgegebenen Aggressionspolitik gegenüber Russland erwiesen haben, im Wege.[80] Insofern ist in dieser EU, wie sie sich heute darstellt und in der die Regeln ohnehin nicht mehr beachtet werden, das Chaos vorprogrammiert.

Wenn Angela Merkel und Annegret Kramp-Karrenbauer im Ernst den Bau eines Flugzeugträgers vorschlagen, *»um der globalen Rolle der Europäischen Union als Sicherheits- und Friedensmacht Ausdruck zu verleihen«[81]*, stellt sich die Frage nach ihrer geistigen Gesundheit. Im *Hamburger Abendblatt* hieß es zu den Dimensionen, auf die sich die beiden Damen einzulassen gewillt waren: *»Die Träger der amerikanischen Nimitz-Klasse sind über 300 Meter lang und haben*

---

[79] 1966 hatte sich Frankreich aus der Kommandostruktur der NATO zurückgezogen, weil Charles de Gaulle die Souveränität Frankreichs durch die USA beeinträchtigt sah. 2009 revidierte Nicolas Sarkozy diesen Schritt, und Frankreich wurde wieder Vollmitglied.

[80] Vgl Deutsche Welle: Merkel und Macron für Russland-Sanktionen, 21.6.2017, www.dw.com/de/merkel-und-macron-f%C3%BCr-russland-sanktio nen/a-39351339

[81] Annegret Kramp-Karrenbauer, cdu.de, 9.3.2019, www.cdu.de/artikel/euro pa-richtig-machen-getting-europe-right. Vgl. auch Welt am Sonntag, 10.3.2019

einen Tiefgang von bis zu zwölf Metern. Das letzte Schiff dieser Klasse kostete 6,3 Milliarden US-Dollar, jeder Tag auf See schlägt mit rund 2,5 Millionen Dollar zu Buche.«[82]

Dominant bleiben letztlich die USA. Zwar sind sie ebenso wenig wie die Europäer einer äußeren Kriegsgefahr ausgesetzt – die jedoch der Bevölkerung zur Rechtfertigung der gewaltigen Militärausgaben vorgegaukelt wird –, aber eine Eindämmung ihrer Militär- und Ausbeutungspolitik würde den Hyperreichtum ihrer Eliten in erheblichem Maße gefährden. Bei Regierungswechseln dürfte sich zunächst nichts an der Ausrichtung amerikanischer wie deutscher Außenpolitik ändern, jedenfalls nichts zum Positiven. Die Einflussnahme aus Washington ist erst einmal festgeschrieben und damit sowohl die Vormundschaft über Deutschland als auch die Aggression gegen Russland.

---

[82] Hamburger Abendblatt, 14.3.2019, www.abendblatt.de/politik/article2166 42235/Angela-Merkel-will-Flugzeugtraeger-fuer-Bundeswehr-Marine-Militaer-Experte-faellt-hartes-Urteil.html

Der Einfluss der US- und NATO-Netzwerke

Atlantik-Brücke, Münchner Sicherheitskonferenz, Atlantic Council usw.

Wenn man die Mitwirkung Deutschlands an den Kriegen der USA und ihrer NATO, die Aggressionspolitik gegen Russland, die Einmischung in die inneren Angelegenheiten anderer Staaten oder auch die verbotenen Waffenexporte in Krisenregionen, zum Beispiel nach Saudi-Arabien, das den Jemen in die Steinzeit zurückbombt, vor Augen hat, ist die permanente Berufung deutscher Politiker und ihrer Medien auf eine »westliche Wertegemeinschaft« eine einzige Farce.

Albrecht Müller schrieb zu dem westlichen Anspruch, Recht und Moral immer auf seiner Seite zu haben: *»Wir, der Westen unter Beteiligung von Deutschland, führen Kriege im Nahen Osten und in Afrika und zerstören die Lebensgrundlagen vieler Völker. Wir zetteln wie in Syrien Bürgerkriege an, um Regime Changes nach unserem Gusto zu erreichen. Und dann bedienen wir uns bei den gut ausgebildeten Menschen dieser Völker, insbesondere auch bei der Jugend. Das ist infam, das ist unfassbar und ein Beleg dafür, dass diese unsere Gemeinschaft jedenfalls keine Werte hat.«*[83]

Vor allem die Willfährigkeit der deutschen Regierung gegenüber den Vorgaben aus den USA ist verhängnisvoll und zeigt eindrucksvoll, dass Deutschland nach wie vor unter Kuratel steht.[84] Bereits seit dem Ende des Zweiten Weltkriegs haben das US-Außenministe-

---

[83] NachDenkSeiten, 17.8.2018, www.nachdenkseiten.de/?p=45538#more-45538
[84] Dazu das Kapitel »Deutschland, Kolonie der USA: In der Nachkriegszeit wurden die Weichen gestellt«

rium, geheimdienstliche Organisationen sowie sonstige interessierte Kreise aus den USA die Welt und insbesondere den Frontstaat Deutschland mit ihren Thinktanks und Nichtregierungsorganisationen überzogen.[85] Dazu gehören Atlantik-Brücke, Münchner Sicherheitskonferenz, European Council on Foreign Relations, Aspen Institut, Goldman Sachs Foundation, The American Interest, Atlantic Council, Deutsche Gesellschaft für Auswärtige Politik, Rockefeller Foundation, German Marshall Fund (GMF), Atlantische Initiative – insgesamt weit über hundert Organisationen. Mit diesen Netzwerken nehmen die USA Einfluss auf die Politik.[86] Das wird jedoch in den Medien, deren leitende Redakteure ebenso wie namhafte Politiker gern solchen Netzwerken angehören, nicht thematisiert.

Der Atlantik-Brücke gehören zum Beispiel folgende Politiker an: Angela Merkel (CDU), Friedrich Merz (CDU), Friedbert Pflüger (CDU), Sigmar Gabriel (SPD), Karsten Voigt (SPD), Christian Lindner (FDP), Alexander Graf Lambsdorff (FDP), Philipp Rösler (FDP), Omid Nouripour (Bündnis 90/Die Grünen), Stefan Liebich (Die Linke) oder Wolfgang Ischinger (Münchner Sicherheitskonferenz). Hinzu kommen aus den Medien u. a. Claus Kleber (Moderator und Leiter der ZDF-Nachrichtenredaktion), Kai Diekmann (ehemaliger Chefredakteur für *Bild* und *Bild am Sonntag),* Josef Joffe (Herausgeber der *Zeit),* Stefan Kornelius (Leiter Außenpolitik der *Süddeutschen Zeitung),* Jan Fleischhauer *(Der Spiegel)* und Michael Hüther (Direktor des Instituts der deutschen Wirtschaft).

Weitere Mitglieder US- und NATO-naher Netzwerke sind Klaus-Dieter Frankenberger (Leiter Außenpolitik der *Frankfurter Allgemeinen Zeitung),* Michael Stürmer (Chefkorrespondent der *Welt),* Theo Sommer (ehemaliger Herausgeber und Chefredakteur

---

[85] Vgl. Jens Berger: Einflussnahme aus Russland, Einflussnahme aus den USA, 8.9.2018, www.nachdenkseiten.de/?p=39981; sowie: 100 Think Tanks, www.nachdenkseiten.de/upload/pdf/NDS_ThinkTanks_vSept2017.pdf

[86] Vgl. Uwe Krüger: Meinungsmacht. Der Einfluss von Eliten auf Leitmedien und Alpha-Journalisten – eine kritische Netzwerkanalyse, Köln 2013, sowie Hermann Ploppa (u.a. zu Netzwerken wie Bilderberger und Trilaterale Kommission sowie zu einflussreichen »Netzwerkern« in Politik, Medien, Wirtschaft, Kultur und Wissenschaft): Die Macher hinter den Kulissen, Frankfurt am Main 2014

der *Zeit),* Ulrich Wickert (ehemaliger Moderator der *ARD-Tages-themen),* Wolfgang Schäuble (CDU), Ursula von der Leyen (CDU), Norbert Röttgen (CDU), Ruprecht Polenz (CDU), David McAllister (CDU), Kurt Biedenkopf (CDU), Eckart von Klaeden (CDU), Edmund Stoiber (CSU), Klaus von Dohnanyi (SPD), Hans-Ulrich Klose (SPD), Walter Momper (SPD), Joschka Fischer (Bündnis 90/Die Grünen) und Cem Özdemir (Bündnis 90/Die Grünen). Hinzu kommen Vertreter aus Wirtschaft, Wissenschaft und Kultur.

Es sind einflussreiche Gesellschaften, die in die Politik und das öffentliche Leben eingreifen, dafür wurden sie gegründet.[87] Wer sich konform verhält, hat gute Chancen, gefördert zu werden, wer sich sperrt oder ausschert, kann Probleme bekommen, in seiner Karriere behindert und von den Medien boykottiert werden. So können Shootingstars entstehen oder auch namhafte Persönlichkeiten ins Abseits geschickt werden.

Der Wirtschaftsjournalist Norbert Häring schrieb im April 2018 nach der Berliner Regierungsbildung über ein solches Netzwerk: *»Der Atlantic Council, ein eminent wichtiger Lobby- und Politikberatungsverein in Washington, hat eine Studie herausgebracht, in der er Politiker verschiedener Parteien, einschließlich Sigmar Gabriel, zu Putins Fünfter Kolonne erklärt und Medien, Geheimdienste und Zivilgesellschaft zur Hatz auf diese auffordert. Martin Schulz hat offenbar mächtige Unterstützer bei seinem erstaunlichen Wunsch, nicht nur Außenminister, sondern – statt Gabriel – auch SPD-Kanzlerkandidat zu werden.«*[88]

Bekannte Persönlichkeiten im Atlantic Council[89], einer weltweit operierenden Organisation mit Hunderten von Mitgliedern und Mitarbeitern, sind unter anderem der Leiter der Münchner Sicherheitskonferenz Wolfgang Ischinger, der Vorstandsvorsitzende

---

[87] Vgl. Jens Berger: Integrity Initiative – NATO-Propaganda auch in Deutschland, 7.1.2019, www.nachdenkseiten.de/?p=48281
[88] Norbert Häring: Von Gabriel über Schulz zu Maas: Der Atlantic Council hat gewonnen, 9.4.2018, http://norberthaering.de/de/27-german/news/970-gabriel-maas (5.11.2018)
[89] Vgl. www.atlanticcouncil.org/about/international-advisory-board (10.11.2018). Vgl. auch Swiss Propaganda Research: Der Atlantic Council, Neue Rheinische Zeitung Online, 14.11.2018, www.nrhz.de/flyer/beitrag.php?id=25386

Medien in Deutschland

COUNCIL on FOREIGN RELATIONS

BILDERBERG MEETINGS

ATLA

ProSiebenSat.1 Media SE · **Hubert Burda Media** · **axel springer** · **BERTELSMANN** · G+J · **DIE ZEIT**

ProSieben · Sat.1 · kabel eins · SIXX

FOCUS · HUFF POST · BUNTE

Bild · DIE WELT · WELT am SONNTAG · N24

RTL · n-tv · VOX · BMG · Penguin Random House

stern · Capital · manager · DER SPIEGEL

ZEIT ONLINE · DIE ZEIT Krieg und Lüge

Anmerkungen: A: Arte ist eine Kooperation zwischen ARD, ZDF und France Télévisions; **B:** Gruner+Jahr gehört zu Bertelsmann; **C:** Corporate Partner der Atlantik-Brücke; **E:** Ehemaliges Mitglied der Atlantik-Brücke oder der Trilateralen Kommission; **F:** Unterzeichner eines Offenen Briefs der »Mitglieder und Freunde« der Atlantik-Brücke zum Irak-Krieg 2003; **G:** Gast; **H:** Die Verlagsgruppe Handelsblatt und *Die Zeit* gehören zu Holtzbrinck Publishing; **P:** Phoenix ist eine Kooperation zwischen ARD und ZDF; **R:** Redner, Referent oder Moderator an einem Anlass der Atlantik-Brücke; **S:** Der Spiegel ist zu 50.5% im Besitz der Mitarbeiter. G+J besitzt eine Sperrminorität von 25.5%; **T:** 3Sat ist eine Kooperation zwischen ARD, ZDF, SRF und ORF; **V:** Erhielt 2008 den *Vernon A. Walters Award* der Atlantik-Brücke für »Verdienste um die deutsch-amerikanischen Beziehungen«; **Y:** Atlantik-Brücke *Young Leader*; **Leerer Pfeil/gestrichelte Linie:** indirekte, informelle, teilweise oder ehemalige Beziehung.

Alle Angaben basieren auf Jahresberichten, Mitglieder- und Teilnehmerlisten und ähnlichen Publikationen. Auflistung der Verlage, Medien und Journalisten nicht abschließend. Alle Angaben ohne Gewähr.

V1.1 © 2017 Swiss Propaganda Research

54

ransatlantik-Netzwerk

NATO / OTAN

THE TRILATERAL COMMISSION

ÜCKE

| 15 R 16 | 17 F 18 F | 19 R 20 | 21 R | 22 | 23 |

ZDF · holtzbrinck Publishing Group · Verlagsgruppe Handelsblatt H · FUNKE MEDIEN GRUPPE · Süddeutsche Zeitung · Frankfurter Allgemeine

DER TAGESSPIEGEL · Handelsblatt · WAZ · SZ.de · Frankfurter Allgemeine FAZ.NET

FISCHER · Wirtschafts Woche · Hamburger Abendblatt · Süddeutsche Zeitung · Frankfurter Allgemeine

rowohlt · ONLINE H · Berliner Morgenpost

Droemer Knaur*

arte

Personen: 1: Thomas Ebeling, VV ProSiebenSat.1 Media; 2: Hubert Burda, Verleger Hubert Burda Media; 3: Paul-Bernhard Kallen, VV Hubert Burda Media; 4: Friede Springer, Verlegerin Axel Springer; 5: Mathias Döpfner, VV Axel Springer; 6: Thomas Rabe, VV Bertelsmann; 7: Liz Mohn, Aufsichtsrätin Bertelsmann; 8: Julia Jäkel, VV Gruner+Jahr; 9: Theo Sommer, ehem. CR und Herausgeber Die Zeit; 10: Matthias Naß, ehem. stv. CR und internationaler Korrespondent Die Zeit; 11: Josef Joffe, Herausgeber Die Zeit; 12: Jörg Schönenborn, Fernsehdirektor WDR; 13: Tom Buhrow, Intendant WDR; 14: Ulrich Wilhelm, Intendant BR; 15: Peter Frey, CR ZDF; 16: Elmar Theveßen, Leiter Aktuelles und stv. CR ZDF; 17: Dieter von Holtzbrinck, Verleger DvH Medien; 18: Stefan von Holtzbrinck, Verleger Holtzbrinck Publishing Group; 19: Gabor Steingart, VV Verlagsgruppe Handelsblatt; 20: Sven Afhüppe, CR Handelsblatt; 21: Jörg Quoos, CR Funke Zentralredaktion, ehem. CR Focus; 22: Stefan Kornelius, Leiter Außenpolitik Süddeutsche Zeitung; 23: Klaus-Dieter Frankenberger, Leiter Außenpolitik FAZ; Weitere Mitglieder der Atlantik-Brücke: 24: Kai Diekmann, ehem. CR der BILD; 25: Ingo Zamperoni, Moderator Tagesthemen; 26: Tina Hassel, Leiterin ARD-Hauptstadtstudio und ehem. Auslandschefin WDR; 27: Thomas Roth, ehem. Moderator Tagesthemen, Studioleiter New York und Moskau; 28: Georg Mascolo, Leiter Rechercheverbund NDR/WDR/SZ, ehem. CR Der Spiegel; 29: Claus Kleber, Moderator ZDF heute-journal; 30: Theo Koll, ehem. Leiter ZDF Hauptredaktion Außenpolitik und Moderator Auslandsjournal. CR: Chefredakteur; VV: Vorstandsvorsitzender.

55

der Airbus SE Thomas Enders und der Medienunternehmer Rupert Murdoch. Zum Vorstand gehört *»die Crème de la Crème der Neokonservativen und Kriegsverbrecher«*, wie der Journalist Jonathan Sigrist schreibt.[90] Er nennt Henry Kissinger, Condoleezza Rice, Frank Carlucci, James A. Baker, George P. Shultz, James Woolsey, Leon Panetta, Colin Powell und Robert Gates und bezeichnet den Council als die *»inoffizielle Propaganda-Abteilung der NATO«*, einen Thinktank, *»der maßgeblich von der NATO, von Waffenproduzenten, Öl-Monarchien des Mittleren Ostens, Milliardären und verschiedenen Zweigen des US-Militärs finanziert wird«*. Zu den Unterstützern, die offen genannt werden, gehören Krauss-Maffei Wegmann, Bertelsmann Stiftung, Airbus Group, Lockheed Martin, Chevron, Blackrock, Bank of America, Coca Cola, ExxonMobil, Shell, Europäische Union u. a.[91] Widersacher und politische Gegner werden herabgewürdigt und diffamiert. Norbert Häring schreibt: *»Das Cover der Atlantic-Council-Veröffentlichung zierte ein Foto von Gerhard Schröder mit schwarzem Balken über den Augen. Als pro-russische Schlüsselakteure in Deutschland wurden aus dem SPD-Lager zuvorderst aufgeführt, Sigmar Gabriel und Gerhard Schröder, aus dem CDU-Lager Ronald Pofalla und aus dem Unternehmenslager Wolfgang Büchel und Klaus Mangold.«*[92]

Wer nicht spurt, hat schlechte Karten: *»Für keinen der Genannten lief es ab da karriere- und PR-mäßig gut. Bahn-Vorstand Pofalla scheiterte im folgenden Frühjahr mit der Ambition, Bahnchef Grube nachzufolgen, aufgrund mangelnden Rückhalts bei CDU und SPD«*, wie es in der Presse hieß.[93] Linde-Chef Büchele kam kurz darauf seinem Rauswurf durch Rücktritt zuvor.[94] *»Vorher hatte er seinen Platz auf der Schwarzen Liste des Atlantic Council gerechtfertigt«*, so Nor-

[90] Zit. wie KenFM, 10.11.2018, https://kenfm.de/facebook-als-waffe/
[91] Vgl. Lobbypedia: Atlantic Council, https://lobbypedia.de/wiki/Atlantic_Council (7.1.2019)
[92] Häring, a.a.O.
[93] Der Spiegel, 18.3.2017, www.spiegel.de/spiegel/print/d-150112461.html
[94] Vgl. Handelsblatt, 7.12.2016, www.handelsblatt.com/unternehmen/industrie/praxair-zusammenschluss-linde-startet-fusion-neu-buechele-geht-so-fort/14946664.html?ticket=ST-5744427-jcXJVvtVmpCc2GWVaeJU-ap3

bert Häring, »*indem er in einem Gastkommentar im Handelsblatt am 21. 11. 2018 unter dem Titel ›Zeit für Alternativen‹ die Aufhebung der Sanktionen gegen Russland forderte. Zeitgleich mit der Veröffentlichung der Liste der russischen Einflussagenten steckte jemand der Presse, dass TUI-Aufsichtsratschef Mangold EU-Kommissar Günther Oettinger im Privatjet zu einem Treffen mit Viktor Orbán in Budapest mitgenommen hatte. Ein Jahr später kam Mangold in einem Tagesschau-Bericht zu den Paradise-Leaks auf unangenehme Weise groß heraus. Schröder und er bekamen die beiden längsten Einträge. Bei Mangold war das Vergehen, dass er Geschäfte mit dem russischen Milliardär Berezovsky gemacht hatte, der schon seit 2013 tot war.*«[95]

So ist erklärlich, dass politische Berichte, insbesondere über Russland, Syrien, Nordkorea, den Iran oder Venezuela, zu einzelnen Themen in fast allen Medien identisch sind. Man kann sich des Eindrucks nicht erwehren, dass sie von dubiosen Service-Agenturen verbreitet und ungeprüft übernommen werden. George W. Bush hat 2002 das Schlagwort von der »Achse des Bösen« geprägt, unter Clinton und Obama wurde Russland zum Feind und Putin der Aggressor, vor dem sich die Welt fürchten müsse. Nicht nur in Deutschland haben die sogenannten Qualitätsmedien seit Langem ihre Bedeutung als vierte Gewalt im Staat verloren. Insofern ist zu begrüßen, dass die alternativen Medien immer mehr an Zuspruch gewinnen.

Es ist schon lange an der Zeit, das deutsch-amerikanische Verhältnis neu zu bewerten. Der Zweite Weltkrieg liegt 74 Jahre zurück, und 1990 wurde bei der Vereinigung der beiden deutschen Staaten das Besatzungsrecht aufgehoben. Deutschland wurde mit dem Zwei-plus-Vier-Vertrag de jure souverän, de facto blieb es das Einfluss- und Interessengebiet der USA. Dass deutsche Regierungspolitiker erst jetzt auf die Idee kommen, die Partnerschaft mit den USA »*neu zu vermessen*«, wie Bundesaußenminister Heiko Maas am 21. August 2018 im *Handelsblatt* verkündete, muss allerdings verwundern. Das ist offensichtlich nur möglich, weil Präsident Donald Trump in den

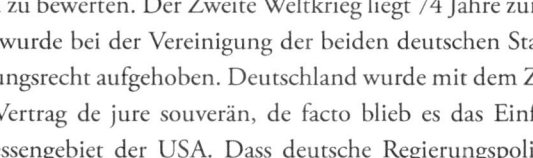

95 Häring, a.a.O.

Augen der Anti-Trump-Koalition, zu der die deutsche Regierung mit Angela Merkel gehört, eine Unperson ist. Deswegen ist es kein Antiamerikanismus mehr, wenn der US-Präsident kritisiert wird und, sozusagen hinterhergeschoben, deutsche Interessen angemeldet werden. Womöglich pro forma, denn die Vorstellungen von Maas wie auch anderer Politiker seiner Couleur sind in vielerlei Hinsicht unreflektiert, wenn nicht sogar Camouflage, Tarnung für anderes. Unter offensichtlicher Einflussnahme des militärisch-industriellen Komplexes und anderer interessierter Kreise ist Aufrüstung angesagt.

Britische und NATO-Einflussnahme

Dass auch die Briten – in Zusammenarbeit mit den USA und der NATO – ihre Tentakel in die Redaktionen auf dem europäischen Festland, insbesondere nach Deutschland, ausstrecken, wurde durch geleakte Dokumente zu einer »Integrity Initiative« deutlich. Dabei handelt es sich um eine Zweigstelle des britischen Thinktanks »Institut for Statecraft«, »*maßgeblich finanziert vom britischen Außenministerium und der NATO, geleitet von Personen aus dem engeren Umfeld der NATO, des britischen Militärs und der britischen Geheimdienste*«[96]. Wen wundert es, dass dazu kein Wort in den deutschen sogenannten Qualitätsmedien zu finden ist? Allerdings haben russische Nachrichtenagenturen und der Redakteur der *NachDenkSeiten*, Jens Berger, den Fall recherchiert. Berger ist zu dem kaum noch überraschenden Ergebnis gekommen: »*Offiziell soll es darum gehen, ›russische Desinformationen‹ zu kontern. Eigentlich – das legen die internen Papiere nahe – geht es jedoch eher darum, die Lufthoheit in der Propagandaschlacht zu behalten und die NATO-Sichtweise zur vorherrschenden Meinung zu machen, um – in den Worten von Piers Robinson – die ›antirussische außenpolitische Agenda westlicher Regierungen zu promo-*

---

[96] Jens Berger: Integrity Initiative – NATO-Propaganda auch in Deutschland, 7.1.2019, www.nachdenkseiten.de/?p=48281, vgl. auch Sputnik Deutschland, 7.1.2019, https://de.sputniknews.com/politik/20190107323518373-integrity-initiative-einfluss-eu/

ten‹. Man könnte auch von einem Infokrieg sprechen, dessen Krieger in Denkfabriken, Universitätsinstituten und Redaktionsbüros sitzen.«[97]

Was Berger über den »*Kopf der deutschen Zelle (German Cluster)*«, einen Politikwissenschaftler namens Hannes Adomeit, schreibt, vermittelt – als Spotlight – einen exemplarischen Einblick hinter die Kulissen der Netzwerkszene: »*Bereits kurz nach seiner Promotion an der Columbia University im Jahre 1972 verbrachte er den Rest des kalten Krieges als Experte für ›Sowjetstudien‹ an britischen, kanadischen und deutschen Instituten im näheren Umfeld des militärischen Sektors, wie beispielsweise der RAND Corporation in Santa Monica. Nach 1989 unterrichtete Adomeit unter anderem an der Tufts University, die zu jener Zeit auch als Rekrutierungspool der CIA bekannt war, in Harvard und zuletzt in Warschau an der europäischen Eliteschmiede ›College of Europe‹. Seit letztem Jahr ist der nunmehr 77-jährige Adomeit auf dem Papier ›Non-Resident Fellow‹ des Instituts für Sicherheitspolitik der Universität Kiel (ISPK). Das ISPK gehört zwar zur Christian-Albrechts-Universität zu Kiel, wird jedoch in einem nicht unwesentlichen Umfang vom Bundesverteidigungsministerium ›querfinanziert‹ und hat sich in letzter Zeit auch verstärkt als Ansprechpartner für die Medien positioniert. Die Linie des ISPK ist dabei klar – pro Militär, pro Rüstung, pro NATO, pro USA und Großbritannien.*« Als »Führungsoffizier« der deutschen Zelle identifizierte Berger den Briten Harold Elletson, der früher unter anderem »*als Agent des britischen Auslandsgeheimdienstes MI6 in Osteuropa und auf dem Balkan tätig war*«.[98]

Der britische Medienwissenschaftler Piers Robinson, der an der Auswertung der geleakten Dokumente beteiligt war, hat in einem Interview Einzelheiten bestätigt: »*Die Integrity Initiative behauptet, gegen ›Russlands Desinformation‹ angehen zu wollen. Aber: Aus den Dokumenten, die bisher an die Öffentlichkeit gelangt sind, ist klar ersichtlich, dass die Initiative und ihre Mutterorganisation, das Institute*

---

[97] Berger a.a.O. Vgl. auch Hannes Adomeit: Putins Paukenschläge. Wie Russland sich vom »strategischen Partner« zum Risikofaktor wandelt, IP – Die Zeitschrift, 1.2.2008, https://zeitschrift-ip.dgap.org/de/ip-die-zeitschrift/archiv/jahrgang-2008/februar/putins-paukenschl%C3%A4ge

[98] Berger, a.a.O.

for Statecraft, auch versuchen, sowohl Pro-Nato-Sichtweisen als auch eine anti-russische Agenda und die außenpolitische Agenda vieler westlicher Regierungen zu promoten. Dies geschieht durch die Kooptation von Journalisten und Akademikern. Sie haben beträchtliche Summen zu ihrer Verfügung.« Zu den Hintermännern der Mutterorganisation und deren Absichten sagt Robinson: »*Das Institute for Statecraft wurde 2006 von Chris Donnelly und Dan Lafayeedney als ein Non-Profit-Unternehmen gegründet. Es wurde 2009 als eine schottische Wohltätigkeitsorganisation registriert. Donnelly wurde 2015 zum Ehren-Oberst in der Specialist Group Military Intelligence Army Reserve benannt ... Auf seiner Webseite ist zu lesen, dass es eine unabhängige Organisation ist, die ›zur Belebung der Praxis der Staatskunst (Statecraft) dient, um die Regierungsführung zu verbessern und die nationale Sicherheit zu erhöhen‹.*«[99]

Wie unverschämt und selbstsicher die Beteiligten Bedenken gegenüber sind, zeigte eine Reaktion des Leiters des ISPK, Prof. Joachim Krause, der laut Berger zum Umfeld der Integrity Initiative zählt. Er ließ verlauten, es handele sich um eine russische Desinformationskampagne gegen ein wissenschaftliches Projekt zur Analyse russischer Desinformationspolitik. Das geleakte Papier von Adomeit, in dem er schilderte, mit welchen Personen und Institutionen die Integrity Initiative in Deutschland kooperieren könne, sei »*von RIA Novosti und Sputnik sowie von den einschlägig bekannten, sehr weit links stehenden Webseiten ›NachDenkSeiten‹ und ›Telepolis‹ aufgegriffen und zu einer angeblichen anti-russischen Geheimdienstverschwörung stilisiert*« worden. An der Kampagne wirkten – so Krause – unter anderem »*einschlägig bekannte Verschwörungstheoretiker*« und Personen aus der politischen Linken mit, »*die meist der Bewegung ›Aufstehen‹ von Sahra Wagenknecht nahestehen*«.[100]

Berger, der weitere Hintergrundinformationen veröffentlichte, hielt Krause vor, er habe schon vor Jahren mit Nachdruck gegen das Verbot militärischer Forschung an deutschen Universitäten oppo-

---

[99] NachDenkSeiten, 7.1.2019, www.nachdenkseiten.de/?p=48278
[100] ISPK, 9.1.2019, www.ispk.uni-kiel.de/de/news-archiv/2019/downloads-2019/190109_AntwortJK.pdf

niert. Der Journalist kritisierte die Intransparenz der Finanzierung des Instituts und von Projekten und nannte fragwürdige Projektpartner aus dem militärischen Bereich. Er resümierte: »*Wenn man sich den ganzen Vorgang noch einmal nachdenklich anschaut, dann fällt vor allem auch auf, dass die NATO und die zuständigen Ministerien zumindest in Großbritannien und in Deutschland Institutionen unterstützen, die mit der ursprünglichen sicherheitspolitischen Konzeption der Entspannung und der gemeinsamen Sicherheit in Europa nichts und gar nichts mehr zu tun haben.*«[101]

Zur Finanzierung der zahlreichen Netzwerke schrieb Berger: »*Eine Recherche der NachDenkSeiten aus 2017 ergab, dass alleine die 100 größten Thinktanks der USA auf ein jährliches Budget von mehr als 5,4 Milliarden US-Dollar bei einem Stiftungsvermögen von mehr als 40 Milliarden US-Dollar zurückgreifen können. In bestimmten Fachrichtungen (z. B. Orientalistik, Osteuropawissenschaften, Sinologie) sind solche Denkfabriken aus dem unmittelbaren Umfeld des militärisch-industriellen Sektors sicherlich der mit großem Abstand wichtigste Arbeitgeber für Akademiker.*« Berger fügte noch hinzu: »*Problematisch ist hier natürlich, dass die Geldgeber bestimmen, in welche Richtung die Forschung geht.*«[102] Genau dazu, zur Lenkung und Beeinflussung von Wissenschaftlern, Journalisten und Politikern, werden diese Netzwerke gegründet, und welchen enormen Einfluss sie ausüben, zeigt sich tagtäglich in der Berliner Politik und in den regierungskonformen Medien.

---

[101] Jens Berger: Streitfall: Militärische Forschung an deutschen Unis, 11.1.2019, www.nachdenkseiten.de/?p=48371
[102] Jens Berger: Integrity Initiative – NATO-Propaganda auch in Deutschland, a.a.O.

Offene NATO-Propaganda im öffentlich-rechtlichen Fernsehen

Wie dreist und unverantwortlich antirussische Propaganda betrieben wird, wurde am 4. April 2019 wieder einmal im *ZDF-heute-journal* demonstriert, als Moderator Claus Kleber, Kuratoriumsmitglied der Atlantik-Brücke, aus Anlass des 70. Jahrestages der NATO-Gründung die Sendung mit den Worten begann: »*Guten Abend. Zu Wasser und zu Luft sind heute Nacht amerikanische, deutsche und andere europäische Verbündete unterwegs nach Estland, um die russischen Verbände zurückzuschlagen, die sich dort wie vor einigen Jahren auf der Krim festgesetzt haben.*«

Einen Moment lang mag Millionen Zuschauern das Herz stillgestanden haben – ist das doch die Meldung, vor der viele Menschen seit Jahren schon Angst haben. Aber es war »nur« ein verspäteter Aprilscherz, abstoßend und typisch für die bodenlose Arroganz dieser Art Nachrichtenübermittler, die offenbar jeglichen moralischen Maßstab für ihre journalistische Arbeit verloren haben. Kleber korrigierte: »*Keine Sorge, das ist nicht so. Das ist nur eine Vision. Aber eine realistische. So etwa müsste nämlich im Ernstfall die Antwort der NATO aussehen auf einen Angriff auf das Territorium eines ihrer Mitgliedsstaaten. Und sei er so klein wie Estland. Wenn das infrage gestellt scheint, würde die Abschreckung brüchig, die seit 70 Jahren den Frieden in Europa sichert. Das Problem ist heute, dass der Bestand des Bündnisses zu seinem 70. Geburtstag brüchiger erscheint als jemals in seiner Geschichte. Einer bisher beispiellos erfolgreichen Geschichte.*«

Der Moderator interviewte dann den NATO-Korrespondenten des ZDF, Stefan Leifert, der von den NATO-Feierlichkeiten live aus Washington berichtete und während der Rede von Generalsekretär Stoltenberg über das »*Bündnis der kollektiven Selbstverteidigung*« Tränen in den Augen einzelner Teilnehmer gesehen haben wollte.[103] Leifert verwies auf Stimmen, nach denen Deutschland es sich mit

---

[103] Zur »Selbstfeier« der NATO siehe Kapitel »Die Interventions- und Sanktionspolitik der USA – Imperialer Anspruch«

seiner »Zurückhaltung« bei den Verteidigungsausgaben zu bequem gemacht habe, und er ging auf die wiederholten Forderungen Donald Trumps nach einer drastischen Erhöhung des deutschen Militäretats ein.

In die »Berichterstattung« Klebers wurde beiläufig ein Gefecht eingespielt, mit dem eine russische Invasion auf der Krim suggeriert werden sollte, wo bekanntlich etwa 20 000 Soldaten legal auf dem Flottenstützpunkt Russlands in Sewastopol stationiert waren, wo aber während der Sezession kein einziger Schuss gefallen ist. Der unabhängige Journalist Tobias Riegel kommentierte am 8. April 2019 in den *NachDenkSeiten: »Dass die betreffenden Redakteure die Tragweite der eigenen Handlung mutmaßlich nicht begriffen und sie möglicherweise als eine gerechtfertigte Verteidigung von ›Werten‹ empfunden haben, wirft ein niederschmetterndes Bild auf den Zustand und die historische Verantwortlichkeit einer wichtigen deutschen Nachrichtenredaktion. Pressekodex? Presserat? Programmauftrag? Haben diese Instanzen noch Bedeutung für das ZDF?«[104]*

Zu den wenigen Medien, die zu der skandalösen ZDF-Sendung Stellung nahmen, gehörte der von den sogenannten Qualitätsmedien als »Propagandakanal Putins« denunzierte Sender RT Deutsch, wo das Geschehen durchaus treffend analysiert wurde: *»Der folgende Filmbeitrag und das Korrespondentengespräch mit dem NATO-Korrespondenten des ZDF, Stefan Leifert, verdeutlichte dann, wozu das martialisch vorgetragene Horrorszenario in Klebers Moderation diente: der moralischen Einordnung der angeblich zu niedrigen deutschen Rüstungsausgaben. Diese stellten, so geht die verquere transatlantische Logik, die NATO, ihre Abschreckung gegen Russland und damit den Frieden in Europa in Frage.«[105]*

Der Vorsitzende des Ausschusses für Informationspolitik beim Föderationsrat im russischen Parlament, Alexej Puschkow, schrieb auf seinem Twitter-Account: *»Russland ist nicht in Estland einmar-*

---

[104] Vgl. Tobias Riegel: Das ZDF beginnt den Dritten Weltkrieg – als »Scherz«, um für die NATO zu trommeln, 8.4.2019, www.nachdenkseiten.de/?p=50764

[105] RT Deutsch, 6.4.2019, https://deutsch.rt.com/meinung/86853-claus-kleber-wenn-ein-kalter-krieger-heisslaeuft/

schiert. Und es wird nicht einmarschieren. Und da Russland keine aggressiven Pläne hat, müssen sie erfunden werden. Das ist gerade der Sinn der Informationsprovokation des ZDF.«[106] Der Pressesprecher der russischen Botschaft in den USA, Nikolai Lachonin, fragte zu Recht, ob Kleber ein Idiot sei.[107]

Aber Kleber ließ es mit einem einmaligen Kriegsszenario nicht bewenden. Am 5. April 2019 legte er im *heute-journal* nach: *»Guten Abend. Wir müssen über Krieg reden. Es ist nämlich Krieg, man merkt es nur nicht. Moderne Kriege brauchen im Idealfall keine Panzer und Bomben mehr. Sie schaffen es, die Gesellschaft, die öffentliche Diskussion und die Entscheidungsprozesse einer anderen Macht so zu unterwandern, dass die gefügig wird. Es gibt von der Brexit-Entscheidung über Wahlen in Europa bis zur US-Präsidentschaft deutliche Hinweise darauf, dass russische Operative dort mitgemischt haben ...«* – die üblichen unbewiesenen Unterstellungen.[108]

Nach der Satzung des ZDF soll in den Angeboten der Anstalt *»ein objektiver Überblick über das Weltgeschehen, insbesondere ein umfassendes Bild der deutschen Wirklichkeit, vermittelt werden«*. Dabei

Das ZDF meldet am 4. April 2019 den Dritten Weltkrieg – als »Scherz«

---

[106] Zit. wie Sputnik Deutschland, 7.4.2019, https://de.sputniknews.com/politik/20190407324615651-zdf-russland-invasion-estland/
[107] Vgl. ebd.
[108] Zur unterstellten Einflussnahme Russlands auf Wahlen in Europa und den USA siehe Kapitel »Russland am Pranger – Angebliche Hackerangriffe Russlands«

hat die Anstalt »*die kulturelle Vielfalt Deutschlands*« angemessen dar-
zustellen und »*die Würde des Menschen zu achten und zu schützen*«.
Sie soll »*dazu beitragen, die Achtung vor Leben, Freiheit und körperli-
cher Unversehrtheit, vor Glauben und Meinung anderer und auch vor
Kultur und Umwelt zu stärken ...*«[109]

Der ehemalige Parlamentarier und Weggefährte Willy Brandts,
Albrecht Müller, ist im April 2019 der Ansicht: »*Wir rutschen ab in
Richtung Krieg, auch weil ehedem kritische Medien beim Feindbildauf-
bau mitmachen und die kritische Intelligenz ausfällt.*«[110]

---

[109] Satzung der gemeinnützigen Anstalt des öffentlichen Rechts »ZWEITES
DEUTSCHES FERNSEHEN« vom 2. April 1962 in der Fassung vom 11. Dezember 2015, www.zdf.de/assets/zdf-satzung-100-original
[110] NachDenkSeiten, 8.4.2019, www.nachdenkseiten.de/?p=50777

Fake News und Kriegspropaganda

Kampagnenpolitik

Westliche Politiker und Medien lassen kaum eine Gelegenheit aus, Russland zu diffamieren und dessen Präsidenten Wladimir Putin zu demütigen. Als am 17. Juli 2014 ein malaysisches Verkehrsflugzeug (Flug MH17) mit 298 Passagieren über der Ostukraine abstürzte, wurde umgehend der russische Präsident dafür verantwortlich gemacht. Noch am selben Tag erklärte das Kiewer Außenministerium, die Maschine sei mit einer russischen Rakete des Systems BUK abgeschossen worden. Daraufhin gab es im Westen einen Sturm der Entrüstung und des Hasses gegen Russland, noch bevor irgendeine Untersuchung stattgefunden hatte und obwohl bekannt war, dass auch die Ukraine über das BUK-Raketensystem verfügte. Präsident Poroschenko, der in der Ostukraine Krieg gegen seine eigenen Landsleute führte, sprach von einem *»terroristischen Akt«,* für den er Wladimir Putin verantwortlich machte. Und der ehemalige Boxer Vitali Klitschko, inzwischen Bürgermeister von Kiew, forderte, Putin müsse *»endlich zur Verantwortung gezogen werden«[111].* Die Sanktionen gegen Russland wurden verschärft, aber die Suche nach den Schuldigen der Tragödie hat trotz langwieriger Untersuchungen bis dato zu keinem endgültigen Ergebnis geführt. Offen bleibt nach wie vor die Frage, warum Wladimir Putin ein Verkehrsflugzeug abschießen lassen sollte.

---

[111] Zit. wie Die Welt, 17.7.2014, www.welt.de/vermischtes/weltgeschehen/arti cle130275239/Passagierflieger-ueber-Ukraine-offenbar-abgeschossen.html

Bereits im März 2014 waren erste Sanktionen gegen Russland wegen des bevorstehenden Referendums über den Status der Krim verhängt worden. Nachdem sich die Autonome Republik Krim dann der Russischen Föderation angeschlossen hatte, wurde der Kampfbegriff »Annexion« geprägt: Russland habe sich die Krim völkerrechtswidrig angeeignet, hieß es. Dass es sich bei der Separation der Krim von der Kiewer Ukraine um eine friedlich verlaufene Abspaltung, eine völkerrechtlich legitime Sezession, handelte, wird bis heute umgedeutet.[112] Ebenso scheint der von langer Hand vorbereitete Putsch in der Ukraine, bei dem allein in Kiew und Odessa mehr als hundert Menschen zu Tode kamen, für westliche Politiker und Journalisten nicht stattgefunden zu haben.[113] Die Polemik gegen Russland beginnt mit der angeblichen Annexion der Krim. Ignoriert wird alles, was vorangegangen ist und von den USA und der EU zielgerichtet verursacht wurde.

Die Denunziation nahm unglaubliche Ausmaße an. Ein aus 287 weiß angestrichenen Lastwagen bestehender russischer Konvoi sollte im August 2014 Lebensmittel in die umkämpfte Ostukraine bringen, wo die Bevölkerung hungerte. Doch die Kiewer Regierung verhinderte tagelang mit fadenscheiniger Begründung die Weiterfahrt, obwohl die Lastwagen durchsucht werden konnten. Angeblich sollten Waffen für die Aufständischen transportiert werden. Der Kriegsherr Poroschenko protestierte gegen eine »russische Invasion« und verlangte militärischen Beistand von der NATO. Mit den Beratern der USA im Rücken betrieb er eine hasserfüllte Kriegspropaganda gegen Russland. Dass sein Land als Erstes in einem solchen Krieg untergehen würde, war ihm offenbar egal.

---

[112] Dazu das Kapitel »Die Krim-Separation von 2014«
[113] Dazu Wolfgang Bittner: Die Eroberung Europas durch die USA, S. 17 ff.

Der Fall Babtschenko

Im Mai 2018 gab es einen erneuten Anlass für eine Hetzkampagne gegen Russland, die allerdings nur sehr kurze Zeit anhielt. Die Weltöffentlichkeit erfuhr von einem »feigen Mord« an dem »Kreml-kritischen« russischen Journalisten Arkadi Babtschenko, der seit zwei Jahren im »ukrainischen Exil« in Kiew lebte. Was dann geschah, war typisch: Unverzüglich wurde Russland verdächtigt, obwohl es keinerlei Beweise gab. Die deutsche Regierung verurteilte bereits tags darauf das Verbrechen, Bundespräsident Steinmeier forderte bei einem Besuch in Kiew eine »umfassende Aufklärung«, Außenminister Maas zeigte sich »entsetzt über die Ermordung«, und ein Sprecher des Auswärtigen Amtes verlangte, die Umstände des »feigen und hinterhältigen Mordes« müssten untersucht und rasch aufgeklärt werden.[114] Ähnlich äußerten sich EU und Europarat.

In der *Frankfurter Allgemeinen* hieß es, Steinmeiers Reise in die Ukraine werde von dem Mord an dem Journalisten überschattet; der Bundespräsident habe sich über die brutale Art und Weise, mit der diese Tat verübt worden sei, erschüttert gezeigt. Weiter wurde berichtet, der Journalist habe als prominenter Kritiker der russischen Militäraktivitäten im Osten der Ukraine und in Syrien gegolten. Die ukrainische Regierung habe keinen Zweifel daran gelassen, dass »der russische Präsident Wladimir Putin und sein Regime« für die Ermordung Babtschenkos verantwortlich seien, Putin »ziele auf diejenigen, die sich von Moskau nicht einschüchtern ließen«.[115]

Aus dem Nachrichtenmagazin *Focus* waren zu Herzen gehende Einzelheiten zu erfahren: »Die Nachbarn stehen im Dunkeln vor dem zehnstöckigen Wohnblock, sie sehen sich betreten an, schütteln den Kopf, können es immer noch nicht glauben. Viele haben Tränen in den Au-

---

[114] Vgl. Frankfurter Rundschau, 30.5.2018, www.fr.de/politik/bundesregierung-verurteilt-ermordung-fordert-aufklaerung-10980441.html, sowie Deutschlandfunk: Steinmeier und Maas fordern rasche Aufklärung, 30.5.2018, www.deutschlandfunk.de/journalistenmord-steinmeier-und-maas-fordern-rasche.1939.de.html?drn:news_id=887884

[115] FAZ, 30.5.2018, www.faz.net/aktuell/politik/ausland/steinmeier-erschuetert-ueber-brutalen-mord-in-kiew-15614975.html

gen, einige weinen laut ... Fernsehteams machen Aufnahmen von dem Treppenhaus, in dem der Mörder auf den Journalisten gewartet hat. Der Zugang zur Wohnung ist abgesperrt, dort oben im fünften Stock sitzt die Frau von Babtschenko und erzählt der Polizei von dem Vorfall. Sie hatte nur Schüsse gehört, war herausgelaufen und fand ihren Mann blutend im Treppenhaus. Auf dem Weg ins Krankenhaus ist der 41-jährige Journalist dann gestern Abend gestorben.« Festgestellt wurde: Der Mord an Babtschenko verdeutliche *»die russisch-ukrainische Feindschaft«*, das sorge *»für weitere Spannung zwischen Kiew und Moskau«.*[116]

Bei dem für seine russlandfeindliche Berichterstattung bekannten Berliner *Tagesspiegel* wusste man Genaueres: Der Kreml-Kritiker sei von einem Einkauf zurückgekehrt, als ihn der im Treppenhaus wartende Todesschütze mit drei Schüssen in den Rücken niederstreckte. *»Seine Frau fand den 41-Jährigen am Eingang ihrer gemeinsamen Wohnung in Kiew. Sie hatte zuvor die Schüsse aus dem Badezimmer gehört.«*[117] Dazu schrieb der ukrainische Ministerpräsident Groisman, *»Russlands totalitäre Maschinerie«* habe Babtschenko seine Ehrlichkeit und Prinzipientreue nicht verziehen. Und für die »entsetzten« Journalistenkollegen bei ATR war der Fall ohnehin klar: Russland ist für den Mord verantwortlich.[118] Den Gipfel der Perfidie leistete sich allerdings der Deutsche Journalistenverband, der schon öfter mit antirussischen Tiraden in Erscheinung getreten war, mit der Empfehlung: *»... spätestens jetzt sollten die EU-Staaten ernsthaft über einen Boykott der WM 2018 nachdenken.«*[119]

Und dann der Knall: die Auferstehung Babtschenkos am 30. Mai 2018! Keine Ermordung, es sei eine Geheimdienstaktion gewesen, in die Präsident Poroschenko wahrscheinlich eingeweiht war, so

---

[116] Focus, 30.5.2018, www.focus.de/politik/ausland/tod-von-arkadi-babtschen ko-ukraine-steinmeier-erschuettert-ueber-mord-an-russischem-journalisten_id_ 9009854.html

[117] Tagesspiegel, 30.5.2018, www.tagesspiegel.de/politik/toter-kremlkritiker-der -mord-an-arkadi-babtschenko-verdeutlicht-die-russisch-ukrainische-feind schaft/22623110.html

[118] Vgl. ebd.

[119] www.facebook.com/fabio.d.masi/photos/a.212327882300252.1073741835 .210239532509087/813909382142096/?type=3&theater (14.12.2018)

hieß es lakonisch.[120] Der Kriegsherr versäumte nicht, dem Journalisten dafür zu danken, dass er »*gemeinsam mit den ukrainischen Sicherheitsdiensten*« ein Szenario verhindert habe, »*das auf die Destabilisierung der Lage in der Ukraine abzielt*« habe. Babtschenko verriet in einem Interview mit dem US-Fernsehender CNN, augenscheinlich amüsiert, der Geheimdienst habe für die Aktion Schweineblut verwendet.[121] Keine Einsicht in die Ungeheuerlichkeit einer solchen politischen Inszenierung der ukrainischen Regierung, deren Geheimdienst Babtschenko angeblich fürsorglich vor einem aus Russland zu erwartenden Mordanschlag schützen wollte und

Von den Toten auferstanden: der angeblich ermordete Journalist Arkadi Babtschenko

weiterhin schützen werde. Keine Entschuldigung der Medien für mangelnde Recherche, Fehlinformation und die Vorverurteilung. Wenn es gegen Russland geht, ist das nicht nötig.

Krieg in Syrien

Auch das Eingreifen Russlands in den Krieg in Syrien Ende September 2015 wurde mit Hetze und Diffamierungen begleitet. Dass sich Russland – von der legitimen syrischen Regierung um Hilfe ersucht – als einziger Kombattant rechtmäßig auf dem Territorium des

---

[120] Vgl. Tagesspiegel, 31.5.2018, www.tagesspiegel.de/politik/der-fall-arkadi-babtschenko-ein-inszenierter-mord-und-seine-folgen/22630630.html, sowie Tagesschau, 30.5.2018
[121] Vgl. Spiegel Online, 31.5.2018, www.spiegel.de/politik/ausland/ukraine-arkadi-babtschenko-der-perfekte-mord-der-keiner-war-a-1210485.html

souveränen Staates Syrien befand, wurde geflissentlich übergangen. Im August 2016 forderten Angela Merkel und Frank-Walter Steinmeier eine längere Waffenruhe für die umkämpfte Stadt Aleppo und wandten sich an Russland, »*die menschenverachtende Gewalt*« in Syrien zu beenden.[122] Wie gewohnt, verschwiegen sie die eigentlichen Verursacher der Gewalt. Merkel sprach von einer grauenvollen Lage in Aleppo und warf dem Kreml Zynismus vor.[123]

Das war wieder Wasser auf die Mühlen der Atlantiker-Medien. In der *Süddeutschen Zeitung* schrieb Stefan Kornelius, Leiter des außenpolitischen Ressorts und Mitglied der Atlantik-Brücke: »*In Aleppo wird die Welt Zeuge von Verbrechen an der Menschlichkeit unter massiver russischer Mitwirkung. Moskau befeuert eine militärische Auseinandersetzung, die Assoziationen an die Trümmerschlachten des Zweiten Weltkriegs auslöst. Deswegen sind die öffentliche Mahnung und die Forderung nach einem Waffenstillstand das Mindeste, was man Russland antun kann. Die Welt soll wissen, dass es vor allem in Moskaus Macht liegt, die humanitäre Katastrophe zu verhindern ... Mahnende Worte reichen freilich nie aus, um eine Kriegspartei zur Einsicht zu bewegen.*«[124] Also: Krieg gegen Russland?

Dem stand der Mitherausgeber der *FAZ*, Berthold Kohler, Putin-Hasser und Teilnehmer der Münchner Sicherheitskonferenz 2009 und 2010, in nichts nach, wenn er kommentierte: »*Auch das Elend der Zivilbevölkerung Aleppos bringt Moskau nicht von seinem Kurs ab, dessen Ziel die Stabilisierung des Regimes seines Verbündeten Assad ist. Selbst dem deutschen Außenminister sicherte der Kreml daher keine längeren Feuerpausen für die belagerte Stadt zu.*« Der »*Zynismus*« Moskaus zeige sich nicht nur in Syrien, auch im Ukraine-Konflikt seien »*die Erklärungen des Kremls durchtränkt von Lüge, Hohn und Spott*«.

Kohler meinte, der Westen gehe nicht hart genug gegen Russland vor, denn Putin könne beispielsweise den Konflikt in der Ukraine

---

[122] Vgl. Die Bundesregierung, 21.8.2018, www.bundesregierung.de/Content/DE/Artikel/2016/08/2016-08-15-syrien-aleppo.html

[123] Vgl. Welt, 23.8.2018, www.welt.de/politik/ausland/article157814301/Merkel-nennt-Lage-in-Aleppo-grauenvoll.html

[124] Süddeutsche Zeitung, 15.8.2016, www.sueddeutsche.de/politik/kaempfe-um-aleppo-syrien-krieg-obama-muss-den-ersten-schritt-machen-1.3121155

»mit einem Fingerschnippen beenden, wenn er wollte«; aber er wolle nicht, »weil dieser Stellungskrieg seinen Interessen dient«. Dem russischen Präsidenten sei, »anders als dem Westen, nicht daran gelegen, dass die Ukraine zu einer stabilen und prosperierenden Demokratie wird«. Solange dieser fundamentale Interessengegensatz bestehe, werde »kein Abkommen der Welt für anhaltende Ruhe, gar Frieden im Osten der Ukraine sorgen können«.[125] Also: Krieg gegen Russland?

Bei *Spiegel Online* war zu lesen: »*Die Ruinen und die Toten von Aleppo sind eine Schande für die Welt. Die zweigeteilte, zerstörte Stadt ist ein erschütterndes Symbol für die Schrecken dieses Kriegs ... syrisch-russische Bomben treffen derweil Krankenhäuser, Hunderttausende Zivilisten sind bedroht. Laut Schätzungen sind bis zu 400 000 Menschen gestorben.*«[126] *Spiegel Online* ging der Frage nach: »*Was kann man jetzt eigentlich noch tun? Wir zeigen, wie Syrien vor dem Krieg aussah – und was heute aus den Städten geworden ist. Nahost-Redakteur Christoph Sydow beschreibt in einer Analyse, wie sich der Westen durch seine abwartende Haltung in eine ohnmächtige Position gebracht hat ...*«[127] Also: Russland hat Schuld, dass aus Syrien ein Trümmerfeld wurde?

Dem entsprach die ARD-Berichterstattung. Anlässlich der Verhandlungen Außenminister Steinmeiers mit dem russischen Außenminister Lawrow in Jekaterinburg über die Konflikte in der Ukraine und in Syrien kommentierte der russophobe Moderator Thomas Roth[128] in den *Tagesthemen,* Reden sei besser als Schießen, »*aber das muss man auch wollen*«. Dabei kam er auf die Erschießung der russischen Zarenfamilie 1918 durch »*Lenins Bolschewisten*« in Jekaterinburg zu sprechen, wo sich die Russen »*schon einmal zum Schießen*

[125] FAZ, 15.8.2016, www.faz.net/aktuell/politik/ausland/abgeblitzter-aussen minister-der-zynismus-des-kremls-14389508.html

[126] Spiegel Online, 11.8.2016, www.spiegel.de/politik/ausland/news-des-tages-die-lage-am-donnerstag-a-1107077.html

[127] Vgl. ebd.

[128] Entlarvend, mit welcher Dreistigkeit Roth am 29. August 2008 ein Interview mit Putin führte, das entgegen den Absprachen von etwa 30 auf 9 Minuten gekürzt und verstümmelt wurde. Vgl. www.youtube.com/watch?v=AePmkBVtPNE (15.12.2018)

und nicht zum Reden entschlossen haben«.[129] Anschließend durfte seine Lieblingskorrespondentin Golineh Atai wie gewohnt ihre tendenziös verzerrten Vorstellungen zu Russland verbreiten, diesmal über russische Propaganda wegen *»angeblicher Sabotageversuche«* Kiews auf der Krim.[130]

Auch *Die Welt* trommelte und zeigte das Foto eines verletzten Jungen aus Aleppo.[131] Berichtet wurde unter anderem von *»bewegenden Aufnahmen«* syrischer *»Oppositionsaktivisten«,* die jetzt offenbar von den Russen entgegen dem Gebot der Menschlichkeit bombardiert wurden. Zwar wurde in Syrien schon länger terrorisiert und seit September 2014 von den USA und einzelnen Golfstaaten gebombt, aber in den westlichen Medien herrschte die Meinung vor, die syrische Bevölkerung leide erst seit dem Eintritt Russlands (Ende September 2015) in den dortigen Krieg. Die Argumente des russischen Außenministers Lawrow, der IS würde einen längeren Waffenstillstand in Aleppo für den Nachschub von Kämpfern und Waffen nutzen (wie schon geschehen), wurden weitgehend ignoriert.

Die Ursachen und die Verursacher der Konflikte blieben ungenannt. Dass die USA den Orient von Afghanistan und dem Irak bis nach Libyen und Syrien in Brand gesetzt haben, wird ebenso verschwiegen wie die Tatsache, dass in der Ukraine jahrelang subversiv auf den Regierungswechsel hingearbeitet wurde, der dann während der Maidan-Revolte mit dem vom Westen unterstützten gewaltsamen Putsch in Kiew stattfand. Nachdem dort der gewählte Präsident Wiktor Janukowytsch gestürzt und die US-Marionetten Jazenjuk und Poroschenko eingesetzt worden waren, die Mitte 2014 den mörderischen Bürgerkrieg gegen ihre Landsleute in der Ostukraine begannen, stützte Russland den rechtmäßigen Präsidenten Baschar al-Assad, um das Gleiche in Syrien zu verhindern.

---

[129] Tagesthemen, 15.8.2016, vgl. auch World Socialist Web Site, 17.8.16, www.wsws.org/de/articles/2016/08/17/krie-a17.html

[130] Tagesthemen, 15.8.2016. Vgl. Focus Online, 11.8.2016, www.focus.de/politik/ausland/ukraine-krise/ukraine-krise-zuspitzung-auf-der-krim-journalist-vor-ort-erklaert-wie-akut-die-gefahr-ist_id_5816911.html

[131] welt.de, 18.8.2016, www.welt.de/politik/ausland/article157731815/Die-Aufnahmen-verdeutlichen-die-Schrecken-des-Buergerkriegs.html

Bezeichnend war dann die Berichterstattung und die Reaktion westlicher Politiker auf die Belagerung und Zerstörung der von dem IS besetzten irakischen Großstadt Mossul durch die westliche Allianz. Hierbei spielten humanitäre Gesichtspunkte auf einmal keine Rolle mehr. Der Journalist und Sachbuchautor Jürgen Todenhöfer[132] schrieb dazu: »*Wer, wie fast alle unsere Politiker, von der ›Befreiung‹ Mossuls spricht, lügt. Die sunnitischen Städte im Irak werden nicht befreit, sondern zerstört. In Schutt und Asche gelegt. Die geflohenen Einwohner verlieren alles. Hab und Gut, oft ihre Familien, alles. Und niemand im Westen protestiert. Sind wir Vasallen, Knechte der USA oder ein stolzes, freies Land?*« Er fügte hinzu: »*Wie bei all ihren Kriegen töten die US-Bomben die Falschen. Und züchten dadurch neuen Terror ... Wir werden die amerikanische Bombenstrategie mit Jahrzehnten des Terrorismus bezahlen.*«[133]

Von August bis Oktober 2016 kamen bei den US-geführten Angriffen auf sunnitisch-irakische Städte etwa 65 000 Zivilisten um. Es waren völkerrechtswidrige Kriegshandlungen ohne UN-Mandat. Dennoch setzte sofort vehementer Widerspruch nicht nur der US-amerikanischen Militärs ein, als Donald Trump am 27. Dezember 2018 während eines Truppenbesuchs im Irak die Rolle der USA als »Weltpolizist« für beendet erklärte, einen Truppenabzug aus Syrien ankündigte und damit eine seiner anfänglichen Versprechungen erfüllen wollte. Der Vorsitzende des Auswärtigen Ausschusses im Deutschen Bundestag, Norbert Röttgen, äußerte sich besorgt über den außenpolitischen Kurs der Vereinigten Staaten und vertrat die von anderen Politikern geteilte Auffassung, die USA seien als Weltordnungsmacht nicht ersetzbar, die Welt würde dadurch »*unsicherer, instabiler und egoistischer*«, die USA seien »*der Garant für Stabilität, Ausgleich und Diplomatie*« gewesen.[134] Zugleich trat der Putin-Kritiker Röttgen,

---

[132] Der gelernte Jurist Jürgen Todenhöfer war von 1972 bis 1990 CDU-Bundestagsabgeordneter. Er veröffentlichte u.a. die Bücher »Feindbild Islam. Zehn Thesen gegen den Hass« (2011) und »Du sollst nicht töten. Mein Traum vom Frieden« (2013)

[133] Zit. wie Sputnik Deutschland, 24.10.2016, https://de.sputniknews.com/panorama/20161024313082582-todenhoefer-mossul-bombardierung-usa-terror/

[134] Zeit Online, 28.12.2018, www.zeit.de/politik/deutschland/2018-12/donald-trump-usa-weltpolizist-norbert-roettgen-sorge

der Vorstandsmitglied der Atlantik-Brücke ist, erneut für höhere Rüstungsausgaben ein und warnte vor Russland und China.

Dass gerade die USA aus egoistischem und geostrategischem Interesse weite Gebiete der Welt verwüstet haben, scheint Röttgen fremd zu sein. Ebenso dem Redaktionsleiter für Außenpolitik der *Frankfurter Allgemeinen Zeitung*, Klaus-Dieter Frankenberger, der kommentierte: »*Nicht wenige Amerikaner werden es genauso sehen wie ihr Präsident: Sollen doch die anderen die Knochen hinhalten, vor allem im Nahen und Mittleren Osten, dem freudlosen Dauerkrisenschauplatz der Welt.*«[135] Zu fragen wäre, wer diesen »*freudlosen Dauerkrisenschauplatz*« zu verantworten hat. Wie gewohnt, natürlich die Russen und Baschar al-Assad, denn Frankenberger ist Mitglied in mehreren US-Netzwerken wie der Atlantischen Initiative und dem German Marshall Fund of the United States und betreibt mit anderen Anchorjournalisten schon des Längeren eine US-konforme antirussische Meinungsbildung in Deutschland.

Das trifft auch auf ARD-aktuell mit der *Tagesschau* und den *Tagesthemen* zu, die seit 2006 Chefredakteur Kai Gniffke verantwortet. Auf *tagesschau.de* hieß es »staatstragend«: »*Die Entscheidung Trumps löste heftigen Widerspruch und Besorgnis bei den westlichen Verbündeten aus. Bundesaußenminister Heiko Maas kritisierte die US-Entscheidung zum Abzug der Truppen aus Syrien scharf.*«[136] Kein Wort darüber, dass die westlichen Verbündeten einschließlich Deutschland in Syrien einen völkerrechtwidrigen Krieg führen, wie auch in den sogenannten Qualitätsmedien unterschlagen wurde, dass der Deutsche Bundestag am 4. Dezember 2018 mit großer Mehrheit die illegale Beteiligung am Syrien-Krieg beschlossen hatte. Keine Kritik, keine Diskussion.

Die Berichterstattung über Syrien – ebenso über die Ukraine – ist eine Schande für den westlichen Journalismus. Die Tatsachen werden unterdrückt, verdreht und umgelogen. Angeblich ist Russland der Aggressor, Wladimir Putin der Leibhaftige. Drohungen, Hetze und Lügen sowie von den USA mit fadenscheiniger Begründung

---

[135] FAZ, 28.12.2018, www.faz.net/aktuell/politik/trumps-praesidentschaft/donald-trump-amerika-will-nicht-mehr-weltpolizist-sein-15961567.html
[136] Tagesschau, 20.12.2018

durchgesetzte Wirtschaftssanktionen, die nicht nur Russland, sondern in bedenklichem Maße auch die EU-Staaten treffen. US-Militärstützpunkte auf syrischem Territorium, Tausende Soldaten, Panzerbataillone, Kampfjets, Raketen- und Radarstellungen an den russischen Grenzen. Es entsteht der Eindruck von einer verantwortungslosen, kriegslüsternen Meute, der es allein darum geht – jenseits der ideologischen Systemfrage –, wirtschaftliche und militärstrategische Interessen durchzusetzen, und die dabei über Leichen geht. Kritiker werden diskreditiert, boykottiert und isoliert.

Der Fall Skripal

Ein weiterer Anlass für eine Hetzkampagne gegen Russland und Wladimir Putin war der Giftgasanschlag auf den britisch-russischen Ex-Doppelagenten Sergej Skripal am 4. März 2018 in Salisbury. Da das verwendete Nervengas Nowitschok in der ehemaligen Sowjetunion hergestellt worden war, erfolgte sofort eine Vorverurteilung Russlands, obwohl bekannt ist, dass dieses Gift nach dem Ende der Sowjetunion auch in den Besitz anderer Ländern gelangte.[137] Die britische Premierministerin Theresa May erklärte, offenbar hellsichtig, »*höchstwahrscheinlich*« sei Russland für das Attentat auf den Skripal und seine Tochter verantwortlich. Das habe eine Analyse des verwendeten Gifts, eines russischen Nervenkampfstoffes, ergeben. Und prompt wurde Mays Unterstellung von fast allen westlichen Medien übernommen. Es wurde vermutet und angeklagt, obwohl nichts bewiesen war. Als Theresa May Russland dann noch ein Ultimatum stellte, war die Täuschung perfekt und die bislang im Recht aller zivilisierten Staaten geltende Unschuldsvermutung – in dubio pro reo – wurde in ihr Gegenteil verkehrt.

In der *New York Times* hieß es unter der Überschrift »*Wladimir Putins toxischer Arm*«: »*Die britische Premierministerin Theresa May*

---

[137] Nowitschok wurde in einer Chemieanlage in Nukus/Usbekistan hergestellt. Nach der Unabhängigkeit Usbekistans von der Sowjetunion waren 1999 US-amerikanische Spezialisten an der Dekontamination der Anlage beteiligt.

gab das Ende eines Rätsels bekannt, das genau genommen kein Rätsel war ... Der ›willkürliche und rücksichtslose‹ Angriff auf Mr. Skripal war so entsetzlich, furchterregend und öffentlich wie möglich inszeniert worden. Er hatte eindeutig den Segen von Präsident Wladimir Putin.«[138]

Bei *welt.de* war zu erfahren: »*Die Nato hat sich sehr besorgt über die Vergiftung des Ex-Spions Sergej Skripal und seiner Tochter gezeigt. ›Der Einsatz von jeglichem Nervengas ist vollkommen inakzeptabel‹, teilte Nato-Generalsekretär Jens Stoltenberg mit. US-Außenminister Rex Tillerson warf Russland unverzüglich eine Beteiligung an dem Fall vor.«[139]* An anderer Stelle meldete *welt.de*: »*Deutsche Außenpolitiker fast aller Fraktionen verurteilten den Nervengift-Angriff scharf.*« So der stellvertretende SPD-Fraktionsvorsitzende Rolf Mützenich und der Grünen-Außenexperte Omid Nouripour, Mitglied der Atlantik-Brücke, der den Giftanschlag als einen »*Angriff auf ein EU-Mitglied*« ansah, »*der einer europäischen Antwort bedürfe*«. Nouripour: »*Deswegen müssen die Außenminister der EU schnell zusammenkommen, um sich auf eine gemeinsame Linie zu verständigen.*« Der FDP-Außenexperte Alexander Graf Lambsdorff möchte »*Großbritannien bitten, uns zu sagen, was es von seinen Verbündeten erwartet*«.[140] Im *Deutschlandfunk* war sofort zu hören: »*Die EU-Kommission hat Großbritannien im Fall des vergifteten Doppelagenten Unterstützung zugesagt.*«[141]

Dann mutmaßte auch US-Präsident Donald Trump allein aufgrund der Anschuldigungen aus London: »*It looks, like the Russians were behind it.*«[142] Die größte Niedertracht gegenüber Russland leisteten sich die erklärten vier »Anführer der freien Welt« Angela Merkel, Donald Trump, Emmanuel Macron und Theresa May, die eine ungewöhnlich scharfe Erklärung abgaben: »*Wir, die Staats- und Re-*

---

[138] The New York Times, 12.3.2018, www.nytimes.com/2018/03/12/opinion/russia-spy-poison-britain.html

[139] welt.de, 13.3.2018, www.welt.de/politik/ausland/article174487897/Attentat-mit-Nowitschok-Nato-sehr-besorgt-wegen-Anschlag-auf-Ex-Agenten-in-England.html

[140] Zit. wie welt.de, 13.3.2018, www.welt.de/politik/ausland/article174493635/Sergej-Lawrow-Russland-weigert-sich-auf-Mays-Ultimatum-zu-antworten.html

[141] Deutschlandfunk, 13.3.2018

[142] Zit. nach www.youtube.com/watch?v=1Y3atYCBx6E (11.2.2019)

gierungschefs von Frankreich, Deutschland, den Vereinigten Staaten und dem Vereinigten Königreich, sind entsetzt über den Anschlag, der am 4. März 2018 im englischen Salisbury auf Sergej und Julia Skripal verübt wurde … Das Vereinigte Königreich hat seinen Partnern gegenüber im Detail dargelegt, dass Russland mit hoher Wahrscheinlichkeit die Verantwortung für diesen Anschlag trägt. Wir teilen die Einschätzung des Vereinigten Königreichs, dass es keine plausible alternative Erklärung gibt, und stellen fest, dass Russlands Weigerung, auf die berechtigten Fragen der Regierung des Vereinigten Königreichs einzugehen, einen zusätzlichen Anhaltspunkt für seine Verantwortlichkeit ergibt. Wir rufen Russland auf, zu allen Fragen Stellung zu nehmen, die mit dem Anschlag in Salisbury verbunden sind. Russland sollte insbesondere das Novichok-Programm voll umfänglich gegenüber der Organisation für das Verbot chemischer Waffen (OVCW) offen legen. Unsere Besorgnisse werden angesichts früherer Fälle verantwortungslosen russischen Verhaltens auf weiteren Feldern verstärkt. Wir rufen Russland dazu auf, seiner Verantwortung als Mitglied des UN-Sicherheitsrates gerecht zu werden, den internationalen Frieden und die internationale Sicherheit aufrecht zu erhalten.«[143]

Es war ein widerwärtiges Spiel mit dem Feuer, das sich die Propagandisten, die sich Politiker oder Journalisten nennen, im Namen der Bevölkerung ihrer Länder erlaubten. Putin, Putin, Putin – angeblich ist er an allem schuld, soll sogar persönlich den Befehl erteilt haben, den Doppelagenten zu vergiften. Einen logischen Grund dafür konnten die selbsternannten Richter nicht nennen. Die Beschuldigungen waren an Absurdität und Perfidie nicht mehr zu überbieten. Kaum Gegenstimmen, die sogenannten Qualitätsmedien waren – nicht erst in diesem Fall – nahezu auf ganzer Linie zu Sprachrohren einer verlogenen und kriegshetzerischen Politik verkommen. Ob Russland wirklich hinter dem Giftgasanschlag steckte – was letztlich nicht ausgeschlossen werden konnte –, spielte überhaupt keine Rolle mehr, Russland sollte schuldig sein und wurde für schuldig erklärt.

---

[143] RP Online, Erklärung von Merkel, Trump, Macron und May im Wortlaut, 15.3.2018, https://rp-online.de/politik/ausland/anschlag-auf-sergej-skripal-erklaerung-von-merkel-trump-macron-und-may-im-wortlaut_aid-20634149

Nur wenige Lichtblicke, aber es gab sie immerhin: Ex-Staats-sekretär Willy Wimmer schrieb: *»Das übliche Spiel gegen Russland, diesmal vor der Fußball-Weltmeisterschaft, soll aufgezogen werden. Am besten direkt vor der russischen Präsidentschaftswahl in wenigen Tagen … Theresa May besitzt noch die Unverfrorenheit, die EU und die NATO bei ausbleibenden Beweisen zu Salisbury ins Spiel zu bringen. So macht man im westlichen Szenario Kriegsvorbereitung, aber löst keine Kriminalfälle.«*[144]

Der Herausgeber der *NachDenkSeiten*, Albrecht Müller war der Ansicht: *»Wer diesen Anschlag verübt hat, ist ungewiss. Es ist alles möglich. Das kann von Russen verursacht sein. Dahinter können offizielle Stellen in Russland stecken. Es kann von westlichen Geheimdiensten arrangiert worden sein, um den Russen einen Mord unterjubeln zu können. Die britische Premierministerin versucht nun die Ursache dadurch festzuklopfen, dass sie von Russland ›Erklärungen‹ verlangt. Damit ist für die Zuschauer vom heute Journal zugleich die Verantwortung für den Nervengift-Anschlag festgeklopft. Man bräuchte ja keine ›Erklärungen‹, wenn nicht sicher sei, dass die Russen dahinterstecken usw.«*[145]

Auch der Journalist und Drehbuchautor Dirk Pohlmann, der schon mehrfach Geheimdienstoperationen untersucht hat, meinte, es sei *»nicht nur journalistische Pflicht, angesichts der Flut an unbewiesenen Anschuldigungen gegen Russland sehr gründlich und kritisch zu ermitteln und zu berichten«*, darüber hinaus sei die Frage zu stellen, wem dieser neue Kalte Krieg nütze. Pohlmann kommt in seinem höchst informativen Artikel zu dem Schluss: *»Es riecht nach psychologischer Kriegsführung und der Nutzung der westlichen Medien als Täuschungsinstrument. Es sind Methoden, die die westlichen Geheimdienste anders als die Russen virtuos beherrschen, auch wenn die dazulernen. Nach Jahrzehnten von False Flag Angriffen, vom Zaun gebrochenen Angriffskriegen und zusammengelogenen Regime Changes muss man nicht nur an den Absichten der führenden Politiker des ›Freien Westens‹ zwei-*

---

[144] Cashkurs, 13.3.2018, www.cashkurs.com/wirtschaftsfacts/beitrag/theresa-may-und-die-lizenz-zur-randale/
[145] NachDenkSeiten, 13.3.2018, www.nachdenkseiten.de/?p=42899

feln, man muss auch dem Führungspersonal der westlichen Medien die Frage stellen, ob sie wirklich unfähig sind, jemals dazuzulernen, oder wer in den Medien sehr genau weiß, was er tut.«[146]

Dass die Propagandisten des »freien Westens« genau wissen, was sie tun, beweisen die Reaktionen auf Mordanschläge, die auf unliebsame Persönlichkeiten wie Fidel Castro, Hugo Chávez oder Nicolás Maduro verübt wurden: Ignoranz, Häme, Verschleierung, Lügen.[147]

Der russische Außenminister Sergej Lawrow erklärte zum Fall Skripal, die Unterstellung, Russland habe den Auftrag zur Vergiftung des Doppelagenten erteilt, sei unsinnig. Zur Aufklärung des Anschlags sei man zu einer Zusammenarbeit bereit, fordere allerdings den *»kompletten Zugang zu den Ermittlungen und den Nervengiftproben«.*[148] Eine vernünftige und deeskalierende Reaktion, worauf die westliche Antirussland-Allianz nicht eingegangen ist. Stattdessen wurden die Sanktionen gegen Russland verlängert und auf Betreiben Englands noch verschärft. Insbesondere Premierministerin Theresa May tat sich mit geradezu hysterischen Ausfällen hervor und erreichte die Ausweisung russischer Diplomaten aus mehr als zwanzig Staaten, allein 23 aus Großbritannien und 60 aus den USA.[149] Albrecht Müller konstatierte: *»So etwas geschieht nicht ungeplant und dahinter steckt eine wohldurchdachte Strategie der Meinungsmache.«*[150] Ein weiterer Schritt in Richtung Abgrund.

Im Oktober 2018 erhielt die Kampagne neuen Zündstoff, als in den Medien Fotos von zwei Russen gezeigt wurden, die sich zur Zeit des Giftgasanschlags in Salisbury aufgehalten hatten, nach ihren Bekundungen als Touristen. Es seien Mitarbeiter des Geheimdienstes, wurde berichtet, und das dubiose NATO-affine Recherchenetzwerk

---

[146] KenFM, 13.3.2018, https://kenfm.de/tagesdosis-13-3-2018-giftgasmorde-und-neuer-kalter-krieg/

[147] Dazu das Kapitel »Ein Machtkampf um den ganzen Kontinent«

[148] Zeit Online, 13.3.2018, www.zeit.de/politik/ausland/2018-03/sergej-skripal-nervengift-proben-zugang-moskau

[149] Tagesschau, 27.3.2018

[150] NachDenkSeiten, 13.3.2018, www.nachdenkseiten.de/?p=42899

Bellingcat[151] berief sich auf fragwürdige Ergebnisse einer Gesichtserkennungsmethode. Doch die britische Polizei ging wohlweislich nicht darauf ein. Auch das Bewegungsprofil der beiden verdächtigten Russen führte zu keinem verwertbaren Ergebnis. Und dass in ihrem Hotelzimmer Spuren von Nowitschok gefunden wurden, weist eher auf geheimdienstliche Manipulationen hin.[152] Zudem ist bemerkenswert, dass Russland keine Einsicht in die Untersuchungsergebnisse erhielt und eine Befragung Skripals und seiner Tochter unterbunden wurde. Aber weiterhin sollten in Umkehrung der Beweislast nicht die Briten Beweise für die Schuld Russlands liefern, sondern Russland sollte seine Unschuld beweisen.

Politisches Kalkül und False-Flag-Operationen

Schaut man sich dagegen den Fall des in Istanbul ermordeten saudischen Journalisten Jamal Kashoggi an, sticht die unterschiedliche Reaktion westlicher Politiker und Medien auf derartige Verbrechen überdeutlich hervor. Der Kritiker des saudischen Königshauses war am 2. Oktober 2018 ins Konsulat Saudi-Arabiens gegangen, um Papiere für seine bevorstehende Hochzeit zu holen. Dort wurde er gefoltert, umgebracht, zerstückelt und »entsorgt« – ein ungeheuerlicher Vorfall.[153]

Man müsse die Untersuchungen abwarten, hieß es zunächst beschwichtigend. Dann lieferte die türkische Regierung Beweise für den Mord und nannte den mutmaßlichen Auftraggeber, den saudischen Kronprinzen Mohammed bin Salman. Aber es erfolgten

---

[151] Der Gründer des Netzwerkes, Eliot Higgins, ist Mitarbeiter des Thinktanks Atlantic Council und macht keinen Hehl daraus, dass Bellingcat im Wesentlichen Russlands »Lügen« untersucht. Vgl. RT Deutsch, 26.9.2018, https://deutsch.rt.com/international/76655-neue-details-im-britischen-agententhriller-bilderbuch-agenten-identitaet/

[152] Vgl. Telepolis, 10.10.2018, www.heise.de/tp/features/Kaum-belastendes-Material-gegen-vermeintliche-Skripal-Attentaeter-4188007.html

[153] Vgl. Neue Zürcher Zeitung, 11.11.2018, www.nzz.ch/international/fall-khashoggi-die-ereignisse-im-chronologischen-ueberblick-ld.1428258

keine Sanktionen, keine Ausweisung von Diplomaten, lediglich die Ankündigung kurzfristiger Einstellung von Waffenlieferungen, die ohnehin gar nicht nach Saudi-Arabien hätten gehen dürfen. Der Kronprinz, der den Jemen bombardieren und extremistische Gruppen in Syrien mit Waffen versorgen lässt, durfte sich unbehelligt auf dem G20-Gipfel in Buenos Aires zeigen. Präsident Donald Trump stärkte ihm sogar den Rücken.[154]

Es ist bekannt, dass die Saudis Killerkommandos in die ganze Welt schicken.[155] Doch wen kümmert das? Die Geschäfte mit dem ölreichen Land sind wichtiger als die Humanität, die sonst ständig beschworen wird, wenn es ins Kalkül passt. Das trifft ebenso auf die Morde an missliebigen Politikern und Journalisten in der Ukraine zu.[156] Wer das Geld hat, hat die Medien, und wer die Medien hat, besitzt die Deutungshoheit und damit die Macht, über Gut und Böse zu entscheiden, gegebenenfalls Morde zu verschleiern oder Krieg zu führen. Geheimdienste intrigieren, zündeln, morden und führen verdeckte Operationen (False Flags) durch, die unbeteiligten Dritten angelastet werden können. Dadurch werden Schuldzuweisungen konstruiert, Verwirrung gestiftet und nach dem Prinzip divide et impera Konfrontationen, zum Beispiel zwischen Ethnien und politischen Gegnern, verursacht. Es entsteht der Eindruck, es in Politik und Gesellschaft überall mit Wahnsinnigen und Verbrechern zu tun zu haben, denen jegliche ethisch-moralischen Wertvorstellungen abhandengekommen sind.

Da Geheimdienste inzwischen über IT-Spezialisten verfügen, die Hackerangriffe unter beliebigen Adressanten durchzuführen in der Lage sind, lässt sich nicht mehr mit Bestimmtheit feststellen, wer der echte Angreifer ist. So soll beispielsweise die CIA Viren und Hacks als Programme der russischen IT-Firma Kaspersky Lab getarnt haben, wie die Enthüllungsplattform *WikiLeaks* berichtet

[154] Vgl. Handelsblatt, 21.11.2018, www.handelsblatt.com/meinung/kommentare/kommentar-trump-staerkt-bin-salman-und-offenbart-so-seine-grosse-schwaeche/23659196.html?ticket=ST-488114-cd6zHvpKpmiN9ETmpZ60-ap3
[155] Vgl. KenFM, 18.11.2018, https://kenfm.de/enthuellt-saudi-arabiens-2-milliarden-dollar-mordauftrag-teil-ii/
[156] Vgl. Wolfgang Bittner: Die Eroberung Europas durch die USA, S. 122

hat.[157] Insofern lässt sich auch nicht mit Bestimmtheit sagen, wer Fehlinformationen streut oder Wahlen beeinflusst. Dennoch wird Russland ständig an den Pranger gestellt, auch wenn jegliche Beweise fehlen. In einigen Fällen ließ sich allerdings nachweisen, dass die Beschuldigungen falsch waren. Widerlegt wurde zum Beispiel eine 2016 verbreitete Panikmeldung, russische Hacker seien in den Computer eines Stromversorgers im US-Bundesstaat Vermont eingedrungen. Ebenso falsch war die Behauptung, »die Russen« hätten einen Router der Deutschen Telekom gehackt und Hunderttausende Telefonanschlüsse lahmgelegt.[158] Zahlreiche weitere »Vermutungen« ließen sich nicht verifizieren.

Ein Skandal erster Ordnung, in dem die Spuren nicht nach Russland, sondern zu Obamas Schreibtisch und zur CIA führten, bahnte sich Anfang März 2017 an. Mehrere Medien berichteten, dass die CIA eine »*Hackereinheit*« im US-Generalkonsulat in Frankfurt am Main unterhalte. US-Agenten organisierten von dort aus nach dokumentierten Angaben von *WikiLeaks* Abhöraktionen in Europa, Afrika und im Nahen Osten. »*Eine der Abhörtechniken: Ein Fernseher übernimmt die Funktion einer Wanze.*«[159] Auch Telefone und Smartphones können von den »Fachleuten« problemlos gehackt werden. Die Geheimdienste investieren in die technologische Aufrüstung, und sie machen unter Missachtung der Gesetze alles, was technisch möglich ist. 5000 Mitarbeiter soll die Spionageeinheit in den USA umfassen, von denen eine größere Anzahl in Frankfurt am Main aktiv ist.

Ebenfalls Anfang 2017 berichteten *NDR, WDR* und *Süddeutsche Zeitung,* der Bundesnachrichtendienst und das Bundesamt für Verfassungsschutz hätten auf Veranlassung der Kanzlerin etwa ein Jahr lang vergeblich nach Beweisen geforscht, dass die russische Regierung versucht, die öffentliche Meinung in Deutschland zu manipulieren. Für gesteuerte Propaganda aus Russland ließen sich keine Be-

---

[157] Vgl. Sputnik Deutschland, 9.11.2018, https://de.sputniknews.com/politik/20171109318230133-cia-viren-hacks-kaspersky-lab-wikileaks/
[158] Dazu das Kapitel »Angebliche Hackerangriffe Russlands«
[159] Tagesschau, 7.3.2017, vgl. auch Stern/AFP, 7.3.2017, www.stern.de/news/wikileaks--cia-hacker-operieren-vom-us-konsulat-in-frankfurt-aus--7358850.html, sowie WikiLeaks, 7.3.2017, https://wikileaks.org/ciav7p1/ (31.12.2018)

weise finden.[160] Doch es gab keine Entwarnung. Stattdessen ordnete das Kanzleramt an, weiter zu ermitteln.[161]

Wenn also den Russen unterstellt wird, die US-Wahlen von 2016 beeinflusst zu haben, ist das reine Spekulation. Tatsache ist dagegen, dass die USA 1996 die Wiederwahl von Boris Jelzin[162] oder 2014 den Regime Change in Kiew[163] nicht nur beeinflusst, sondern durchgesetzt haben. Insofern sind die Vorwürfe US-amerikanischer Politiker Theaterdonner zur Verschleierung bestimmter Interessen. Das gilt ebenso für geheimdienstlich initiierte Ereignisse, aus denen sich dann die beabsichtigten Folgen, zum Beispiel mit Medienunterstützung die Indoktrination ganzer Bevölkerungen (z. B. Schweden 1982)[164] oder internationale Konflikte (Salisbury 2018) ergeben. Dass nicht allein aus den USA, sondern auch aus Großbritannien oder Deutschland ein Informationskrieg geführt wird, wurde durch ein Leak der Hackergruppe Anonymous belegt.[165]

Feindpropaganda auf allen Kanälen. Da kam das Treffen von Trump und Putin am 16. Juli 2018 in Helsinki äußerst ungelegen, und dementsprechend wurde von den Medien berichtet. Jens Berger, Redakteur der *NachDenkSeiten,* schrieb dazu: *»Die zwei mächtigsten Männer der Welt treffen sich, sprechen unter vier Augen über einige der drängendsten Themen der Gegenwart, verständigen sich in vielen Punkten und läuten damit vielleicht sogar eine Tauphase im neuen Kalten Krieg ein. Da sollte man doch eigentlich meinen, dass die Kommentare zumindest verhalten positiv ausfallen. Eine Übersicht über die Reak-*

[160] Vgl. Silicon, 7.2.2018, www.silicon.de/41640354/bnd-findet-keine-bewei se-fuer-fake-news-und-haelt-untersuchungbericht-zurueck

[161] Vgl. Tagesschau, 6.2.2017, www.tagesschau.de/inland/deutsche-geheimdienste-russland-101.html, sowie Zeit Online, 7.2.2017, www.zeit.de/politik/deutschland/ 2017-02/bnd-russland-desinformationskampagne-wladimir-putin-geheimdienste

[162] Dazu: Michael Kramer: »Rescuing Boris. The secret Story of how four U.S. Advisers used Polls, Focus Groups, negative Ads and all the other techniques of American Campaigning to help Boris Yeltsin win", Time, 15.7.1996, http:// content.time.com/time/subscriber/article/0,33009,984833-1,00.html

[163] Vgl. der Freitag, 22.4.2014, www.freitag.de/autoren/hans-springstein/5-mil liarden-dollar-fuer-den-staatsstreich

[164] Dazu: Wolfgang Bittner: Die Eroberung Europas durch die USA, S. 181-187. Vgl. auch: Arte Doku, 6.5.2015, www.youtube.com/watch?v=r98lEzIlp8k

[165] Vgl. NachDenkSeiten, 20.12.2018, www.nachdenkseiten.de/?p=47955

tionen auf das gestrige Gipfeltreffen in Helsinki zeigt jedoch, wie naiv heutzutage der Gedanke an konstruktive, vielleicht sogar im Ansatz objektive, Journalisten ist. In den Leitartikeln des heutigen Tages wird der Gipfel mit einer massiven, kaum mehr fassbaren Aggressivität kritisiert. Die Schreibtischkrieger gieren nach Konfrontation und lehnen den Dialog ab. Der Zustand der Medien ist einfach nur noch erbärmlich.«[166]

Vielfach berufen sich Politiker und Journalisten auch auf Propagandisten wie die Syrische Beobachtungsstelle für Menschenrechte, die Weißhelme (White Helmets)[167] oder Bellingcat. Die von dort gelieferten fragwürdigen, zum Teil falschen Informationen werden dann unhinterfragt weiterverbreitet, wodurch politische Entscheidungen interessengeleitet manipuliert werden können und der Öffentlichkeit ein falscher Eindruck vermittelt wird. Das trifft besonders auf eine Vielzahl von Berichten und Sendungen zu, in denen Russland unterstellt wird, die »friedliche europäische Sicherheitsarchitektur« beseitigt zu haben.

Eine weitere Stufe der Eskalation

Drohungen und Warnungen

Als sei es ein Spaß, drohte US-Präsident Donald Trump in den Auseinandersetzungen mit Nordkorea im Januar 2018, er habe einen roten Knopf, der viel größer, mächtiger und funktionstüchtiger sei als der von Staatschef Kim Jong-un.[168] Nachdem die umfangreichen Waffenverkäufe an Südkorea und Japan aufgrund der angeblichen Bedrohung erfolgt waren, durfte Trump sich dann als Friedensapostel aufspielen. Aber nicht lange. Im April 2018 – kurz vor einem Angriff der USA, Englands und Frankreichs auf das mit Russland verbündete Syrien – richtete er per Twitter eine ungeheuerliche Drohung an die Russische Föderation: »*Mach dich bereit, Russland. Denn die Raketen werden kommen: schön, neu und smart!*«[169] Am 14. April 2018 wurde die Drohung als Vergeltung für einen mutmaßlich vorgetäuschten Giftgasangriff der syrischen Armee auf Terroreinheiten in der Stadt Duma wahrgemacht: Mehr als 100 Raketen wurden unter Missachtung des Völkerrechts auf den souveränen Staat Syrien abgefeuert.[170]

Der Raketenangriff sollte als »Strafmaßnahme« wegen des angeblichen Giftgaseinsatzes der syrischen Armee in Duma gelten. Bereits

---

[168] Vgl. welt.de, 3.1.2018, www.welt.de/debatte/kommentare/article1721463 95/Donald-Trump-hat-gar-keinen-roten-Knopf.html

[169] Zit. wie welt.de, 11.4.2018, www.welt.de/politik/ausland/article175356369/ Donald-Trump-kuendigt-Raketenangriff-auf-Syrien-an-warnt-Russland-auf-Twitter.html

[170] Vgl. Tagesschau, 14.4.2018, www.tagesschau.de/ausland/syrien-luftangriffe-faq-101.html

zuvor wurde behauptet, Syrien habe bei der Belagerung von Idlib Giftgas eingesetzt. Dazu hatten ehemalige hochrangige Mitarbeiter der US-Geheimdienste Präsident Donald Trump in einem offenen Brief eindringlich aufgefordert, seine Anschuldigungen gegen die syrische Regierung zu überdenken und den gefährlichen Konfrontationskurs gegenüber Russland zu beenden. Die Offiziere der Vereinigung »Veteran Intelligence Professionals for Sanity«[171] stellten klar: »1. *Wir schreiben, um Ihnen eine eindeutige Warnung vor der Gefahr durch bewaffnete Feindseligkeiten gegenüber Russland auszusprechen – die Gefahr besteht, dass eine Eskalation zum Atomkrieg führen kann. Die Bedrohung ist nach dem Vergeltungsschlag auf Syrien gewachsen. Denn Sie behaupteten, dass es einen Chemiewaffenangriff am 4. April auf syrische Zivilisten gegeben haben soll. 2. Unsere Kontakte bei der US-Armee in der Gegend haben uns gesagt, dass dies nicht der Fall war. Es gab keinen ›Angriff‹ mit chemischen Waffen‹ durch Syrien. Stattdessen bombardierte ein syrisches Flugzeug ein al-Kaida Munitionsdepot in Syrien. Dieses erwies sich als voll mit schädlichen Chemikalien. Ein starker Wind wehte diese chemisch beladene Wolke über ein nahe gelegenes Dorf. Viele Leute starben. 3. Dies bestätigen die russische und die syrische Regierung, was wichtiger ist, als das, was Sie zu glauben scheinen.«*[172]

Schon im Februar 2018 hatte Trump angekündigt, die Atomwaffen der USA umfassend zu modernisieren. Alle strategischen Systeme sollten ersetzt und Gefechtsköpfe mit geringerer Zerstörungskraft bereitgestellt werden, um die atomare Abschreckung zu verstärken und damit der angeblichen Bedrohung durch Russland, China, Nordkorea und Iran zu begegnen.[173] Allerdings verfügte das US-Militär bereits über eine größere Anzahl sogenannter Mini-Nukes, wie man diese menschheitsgefährdenden Atombomben nennt.

---

[171] Dazu gehören u. a. Ray McGovern, William Binney, Larry Johnson, Elizabeth Murray und Kirk Wiebe.

[172] Zit. wie RT Deutsch, 12.4.2017, https://deutsch.rt.com/international/49078-ehemalige-offiziere-us-geheimdienste-trump/

[173] Vgl. FAZ/AFP/dpa, 3.2.2018, www.faz.net/aktuell/politik/trumps-praesidentschaft/mini-nukes-amerika-will-mehr-kleine-atombomben-15430483.html

Auf der 54. Münchner Sicherheitskonferenz, einem Thinktank, der US-Interessen vertritt, warnten namhafte Politiker vor einem Krieg mit Russland. Wir stehen am Abgrund, hieß es. Vor Beginn erklärte der Vorsitzende, Wolfgang Ischinger: »*Wir haben noch nie seit dem Ende der Sowjetunion eine so hohe Gefahr auch einer militärischen Konfrontation von Großmächten gehabt.*«[174] Verteidigungsministerin von der Leyen war sich mit US-Verteidigungsminister James Mattis hinsichtlich der »Abwehrbereitschaft« gegen Russland einig. Während Mattis die deutsche Führungsrolle in Europa hervorhob, betonte von der Leyen die Bedeutung der NATO als »Wertegemeinschaft« und den Willen der deutschen Regierung, weiter aufzurüsten.[175] Im *Deutschlandfunk* hieß es am 18. Februar 2018: »*Gibt es also noch ein Zurück vom Abgrund? Am Ende musste Ischinger einräumen, dass das Fragezeichen dort wohl zu Recht steht.*«

Dennoch keine Deeskalation, die Warnung verhallte ungehört. Im Oktober 2018 hielten die USA mit der NATO in Norwegen an der russischen Grenze ein Manöver mit 50 000 Soldaten ab. Zugleich verlautete, dass Donald Trump den Atomwaffensperrvertrag kündigen wolle. Die Bundesregierung, die darin eine ernste Gefahr für Westeuropa sieht, protestierte, während sich die Briten der Kritik Trumps anschlossen, wonach Russland die Kündigung zu verantworten habe.[176] Kremlsprecher Peskow kündigte für den Fall der Kündigung Konsequenzen an.

Auf der Jahrespressekonferenz in Moskau am 20. Dezember 2018 hat Wladimir Putin dann vor der Gefahr eines Atomkrieges gewarnt, die aber von den Menschen kaum wahrgenommen werde. »*Das scheint etwas Unmögliches oder auch Unwichtiges zu sein*«, sagte er und

---

[174] Zit. wie Zeit Online, 16.2.2018, www.zeit.de/politik/ausland/2018-02/wolf gang-ischinger-macht-konstellationen-kriegsgefahr-muenchener-sicherheits konferenz

[175] Vgl. Bundesministerium der Verteidigung: Rede der Bundesministerin der Verteidigung Dr. Ursula von der Leyen auf der 54. Münchner Sicherheitskonferenz am 16. Februar 2018, www.bmvg.de/resource/blob/22178/909a56e9af7501 819eba0563f9724109/20180216-download-eroeffnungsrede-deutsch-data.pdf

[176] Vgl. Spiegel Online, 21.10.2018, www.spiegel.de/politik/ausland/deutsch land-ist-entsetzt-ueber-us-plaene-zu-inf-ausstieg-a-1234346.html

fügte hinzu: »*Wenn so etwas passiert, dann kann es zum Untergang der ganzen Zivilisation oder auch des ganzen Planeten führen.*«[177] Ziel der russischen Außenpolitik sei, günstige wirtschaftliche und soziale Bedingungen für das Land zu schaffen, Fortschritt zu sichern und als gleichberechtigter Partner in der Welt anerkannt zu werden. Den USA warf er vor, durch den Austritt aus bestehenden Verträgen das Gleichgewicht der Kräfte und das System der nuklearen Rüstungskontrolle verletzt zu haben. Aufgrund geringer Vorwarnzeiten und unkalkulierbarer Situationen könne es sehr leicht zu einer globalen Katastrophe kommen. Seine Warnung stieß jedoch im Westen auf taube Ohren.

Wie die *Frankfurter Allgemeine* berichtete, drohte die NATO-Botschafterin der USA, Kay Bailey Hutchison, Russland mit der Zerstörung verbotener Marschflugkörpersysteme, wenn deren Entwicklung nicht gestoppt werde. Amerika zöge zwar eine diplomatische Lösung vor, sagte Hutchison, sei aber auch bereit, einen Militärschlag in Erwägung zu ziehen.[178] Die russische Außenamtssprecherin Maria Sacharowa dementierte, dass Russland verbotene Raketensysteme entwickle, und antwortete: »*Es entsteht der Eindruck, dass Menschen, die solche Verkündigungen machen, nicht das Maß ihrer Verantwortung und die Gefahr der aggressiven Rhetorik begreifen. Wer beauftragte diese Frau mit solchen Äußerungen? Das amerikanische Volk? Sind die Einwohner der USA sich im Klaren darüber, dass die aus ihren Taschen bezahlten so genannten Diplomaten sich aggressiv und destruktiv benehmen?*«[179] Der INF-Vertrag, unterzeichnet am 8. Dezember 1987, in Kraft getreten am 1. Juni 1988, wurde am 2. August 2019 außer Kraft gesetzt.

---

[177] Zit. nach RT Deutsch: Große Pressekonferenz von Wladimir Putin (mit deutscher Simultanübersetzung), www.youtube.com/watch?v=oWGYU4sSncU
[178] Vgl. FAZ/Reuters/shüs/dpa, 2.10.2018, www.faz.net/aktuell/politik/trumps-praesidentschaft/amerikanische-nato-botschafterin-droht-russland-mit-mili taerschlag-15818460.html
[179] Zit. wie Sputnik Deutschland, 3.10.2018, https://de.sputniknews.com/zei tungen/20181003322516248-raketenangriff-inf-waffen-entwicklung/

Zwischenfall am Asowschen Meer

Ende November 2018 erreichte der Kalte Krieg gegen Russland eine weitere Eskalationsstufe. Vor der Meerenge von Kertsch zwischen Schwarzem und Asowschem Meer hatte die russische Küstenwache drei Militärschiffe der ukrainischen Marine aufgebracht. Sie hatten die russische Seegrenze in Richtung Asowsches Meer überquert, waren nach russischer Darstellung in eine gesperrte Zone eingedrungen und hatten sich entgegen den Bestimmungen des Vertrags von 2003 über freie Navigation im Bereich der Straße von Kertsch nicht zur Durchfahrt angemeldet. Wie es weiter hieß, setzten sie ihre Fahrt unter Missachtung von Warnungen der russischen Seite fort, reagierten auch nicht auf die Aufforderung, beizudrehen, unternahmen vielmehr *»gefährliche Manöver«*. Daraufhin eröffnete ein russisches Kriegsschiff das Feuer, nahm die Mannschaften gefangen und setzte die Schiffe im Hafen von Kertsch fest.[180]

Wladimir Putin nahm dazu wie folgt Stellung: *»Was die Vorfälle im Schwarzen Meer betrifft, war das natürlich eine Provokation. Eine Provokation, die von der derzeitigen Regierung am Vorabend der Präsidentschaftswahlen in der Ukraine im März nächsten Jahres organisiert wurde. Das Rating des derzeitigen Präsidenten liegt, wenn ich mich nicht irre, irgendwo an fünfter Stelle. Es ist möglich, dass er nicht einmal in den zweiten Wahlgang kommen wird, und deshalb musste [von der ukrainischen Regierung] etwas getan werden, um die Situation zu eskalieren und unüberwindbare Hindernisse für seine Konkurrenten zu schaffen, vor allem für die Opposition.«*[181]

Der ukrainische Präsident Petro Poroschenko meldete sich unmittelbar nach dem Zwischenfall mit dem ihn kennzeichnenden Theaterdonner auf der Weltbühne zurück und verlangte gemäß dem

---

[180] So die russische Darstellung des Vorfalls, vgl. Sputnik Deutschland, 26.11. 2018, https://de.sputniknews.com/politik/20181126323092318-kertsch-russ land-ukraine/, vgl. auch Telepolis, 26.11.2018, www.heise.de/tp/features/Uk raine-will-nach-Zwischenfall-an-der-Strasse-von-Kertsch-Kriegsrecht-verhaen gen-4232567.html

[181] Zit. wie Sputnik Deutschland, 28.11.2018, https://de.sputniknews.com/ politik/20181128323114863-putin-kertsch-eskalation/

UN-Seerechtsabkommen friedliche Durchfahrt ins Asowsche Meer. Er verhängte mit Billigung des Parlaments in den an Russland angrenzenden Gebieten der Ukraine für 30 Tage das Kriegsrecht. Außerdem wurde russischen Männern im Alter zwischen 16 und 60 Jahren die Einreise in die Ukraine verboten. Poroschenko rief die NATO dazu auf, Kriegsschiffe ins Asowsche Meer zu verlegen, der Kommandeur der ukrainischen Marine forderte die Sperrung des Bosporus für russische Schiffe, und NATO-Generalsekretär Jens Stoltenberg sagte der Ukraine – in Überschreitung seiner Befugnisse – die Unterstützung der Militärallianz im Konfliktfall mit Russland zu.[182]

Damit nicht genug. Der ukrainische Botschafter in Berlin, Andrij Melnyk, verstieg sich zu der Forderung, Deutschland solle militärisch in den Konflikt eingreifen.[183] Zuvor hatte bereits der einflussreiche Parlamentsabgeordnete und ehemalige Vizekommandeur des nationalistischen Asow-Regiments, Igor Mossijtschuk, vor der Werchowna Rada eine Sprengung der über die Straße von Kertsch neu gebauten Brücke, die das Festland mit der Krim verbindet, angeregt.[184]

Gleiche Töne kamen vom Atlantic Council, einem der kriegstreiberischen US-Netzwerke. Auf dessen Ukraine-Blog schrieb der Russland-Experte Stephen Blank: *»Die Ukraine sollte in Betracht ziehen, mit einer Spezialoperation die Brücke zu unterbrechen, die Moskau über die Straße von Kertsch gebaut hat, um die Krim mit Russland zu verbinden. Aber das ist nicht alles. Die Ukraine sollte die USA und Nato einladen, eine Flotte bewaffneter Schiffe nach Mariupol zu senden, der größten Stadt am Asowschen Meer, und Russland veranlassen zu schießen oder die Nato davon abzuhalten, ihr Recht auszuüben, ukrainische Häfen zu besuchen. Diese Schiffe sollten bewaffnet sein und*

---

[182] Vgl. welt.de, 29.11.2018, www.welt.de/politik/ausland/article184647686/ Strasse-von-Kertsch-Kiewer-Marinechef-fordert-Bosporus-Sperrung-fuer-rus sische-Schiffe.html

[183] Vgl. Bild, 26.11.2018, www.bild.de/politik/ausland/politik-ausland/ukra ine-botschafter-in-berlin-deutschland-soll-kriegsschiffe-schicken-58649012. bild.html

[184] Vgl. YouTube: Ukraine ruft auf, Brücke über die Straße von Kertsch zu sprengen! Mad Madursklix, 13.12.2018, www.youtube.com/watch?v=-T9I229WJcA (5.1.2019)

über Luftunterstützung verfügen, aber sie sollten instruiert sein, nicht zu schießen, solange sie nicht selbst beschossen würden.«[185] Insofern war es durchaus verständlich, dass die russische Küstenwache auf eine Kontrolle der ukrainischen Kriegsschiffe, die sich der Brücke von Kertsch näherten, bestand.

Die Krim-Brücke - wichtige neue Verbindung zum russischen Festland

Wieder einmal war nichts aufgeklärt, geschweige denn eine Seerechtsverletzung Russlands bewiesen, als wegen des Zwischenfalls ein Sturm der Entrüstung gegen Russland losbrach. Die vielgesehene ARD-Talkshow *Anne Will,* in die noch nie vernünftig argumentierende Publizisten wie der Ex-Staatssekretär Willy Wimmer oder Willy Brandts Wahlkampfleiter und Planungschef Albrecht Müller eingeladen worden sind, artete beispielsweise am 2. Dezember 2018 – nicht zum ersten Mal – in eine Hetzsendung gegen Russland und Wladimir Putin aus. Ein Transatlantiker namens Christoph Freiherr Marschall von Bieberstein, Redakteur beim Berliner *Tagesspiegel,* und Annegret Kramp-Karrenbauer, seinerzeit CDU-Generalsekretä-

[185] Vgl. Atlantic Council, 26.11.18, www.atlanticcouncil.org/blogs/ukraine alert/russia-s-provocations-in-the-sea-of-azov-what-should-be-done, sowie Norbert Haering, 4.12.2018, http://norberthaering.de/de/27-german/news/1078-atlantic-council-krim

rin und potenzielle Kanzlerkandidatin, bezichtigten mit Unterstützung der Moderatorin Anne Will Russland eines völkerrechtswidrigen Angriffs auf drei ukrainische Militärschiffe in der Straße von Kertsch, spulten die Litanei der angeblichen russischen Verbrechen herunter und forderten schärfere Sanktionen.

In solchen Sendungen werden aus Vermutungen und Unterstellungen Fakten. Freiherr Marschall von Bieberstein erklärte, man habe es bei Putin »*mit einem notorischen Rechtsbrecher zu tun*«, die Ukraine sei »*das Opfer*« und man müsse dem mit aller Macht entgegentreten. Das heiße, die Sanktionen zu verschärfen und weitere Maßnahmen zu ergreifen, zum Beispiel den Bau der Gasleitung Nord Stream 2 einzustellen. Zum Zwischenfall an der Straße von Kertsch sagte er: »*Das ist ein kriegerischer Akt, was dort passiert ist.*«

Frau Kramp-Karrenbauer vertrat dazu die Auffassung, nach dem »Angriff« auf die ukrainischen Schiffe in der Straße von Kertsch sollten russische Schiffe, die aus Häfen am Asowschen Meer kommen, europäische Häfen nicht mehr anlaufen dürfen. Sie sei der festen Überzeugung, dass Wladimir Putin den Konflikt in der Ukraine so lange weiterführen werde, wie er nicht »*an einen harten Punkt stößt*«, und diese Position sei noch nicht erreicht, man müsse also mehr Druck auf Putin ausüben.

So auch Kramp-Karrenbauers Mentorin Angela Merkel, die in einer Rede bei der Eröffnung des 3. Deutsch-Ukrainischen Wirtschaftsforums in Berlin heftig gegen Wladimir Putin und Russland polemisierte, ohne die Fakten in den Blick zu nehmen.[186] Sie und Emmanuel Macron warfen Russland dann in einer gemeinsamen Erklärung Menschenrechtsverletzungen auf der Krim und eine Eskalation der Spannungen am Asowschen Meer vor.[187] Der russische Außenminister Sergej Lawrow bedauerte diese Aussage und bekräftigte die Absicht Russlands, »*seine Souveränität weiterhin stark zu verteidigen und jegliche Provokationsversuche zu unterbinden*«.[188]

---

[186] Vgl. www.youtube.com/watch?v=BtaZjWp1l8U (20.12.2018)
[187] Vgl. Sputnik Deutschland, 29.12.2018, https://de.sputniknews.com/politik/20181229323443554-merkel-macron-vorwuerfe-russlands-aussenministerium/
[188] Zit. wie ebd.

Als einer der wenigen deutschen Politiker kritisierte der ehemalige Außenminister Sigmar Gabriel mit scharfen Worten die Forderung des ukrainischen Präsidenten Petro Poroschenko, Deutschland solle Kriegsschiffe ins Asowsche Meer schicken. Gabriel: »*Wahnsinn! Und jetzt will die CDU-Kandidatin für die Nachfolge von Angela Merkel die deutschen Häfen für russische Schiffe aus dem Asowschen Meer sperren. Gibt es eigentlich nur noch Hitzköpfe in der Politik?*«[189] Vermittlung, Deeskalation und ein kühler Kopf seien gefragt, Deutschland solle sich nicht in einen Krieg mit Russland hineinziehen lassen, vielmehr seinen Sitz im UN-Sicherheitsrat dafür nutzen, »*ein UN-Blauhelm-Mandat für die Ostukraine voranzutreiben*«[190].

Auch die ehemalige Russland-Korrespondentin der ARD, Gabriele Krone-Schmalz, plädierte für mehr Nachdenklichkeit und Zurückhaltung, die jedoch überlagert würden »*von der Haltung: Wie lange will sich der Westen das russische Verhalten noch bieten lassen? Reagiert der Westen zu lasch mit Blick auf Russland?*« Äußerungen im *Presseclub* der ARD am 2. Dezember 2018, wonach man eine militärische Operation nicht ausschließen dürfe, empfand die Journalistin »*als unverhohlene Kriegshetze*«. Ihren Kolleginnen und Kollegen schrieb sie ins Stammbuch: »*Aufgabe von Journalisten ist die kritische Beobachtung, aber nicht nur die einer Seite. Wer sich von vornherein zum Richter aufschwingt, sollte den Beruf wechseln.*«[191]

---

[189] Zit. wie Sputnik Deutschland: EU-Häfen für Russland sperren? Gabriel bezeichnet Kramp-Karrenbauer als »Hitzkopf«, 3.12.2018, https://de.sput niknews.com/politik/20181203323168239-deutschland-russland-ukraine-asowsches-meer-strasse-von-kertsch-eskalation-sanktionen-haefen-fuer-rus sische-schiffe-sperren/

[190] Zit. wie welt.de, 1.12.2018: www.welt.de/politik/deutschland/article184819 048/Sigmar-Gabriel-Nicht-in-einen-Krieg-gegen-Russland-hineinziehen-lassen. html

[191] NachDenkSeiten, 10.12.2018, www.nachdenkseiten.de/?p=47748

Die westliche Front gegen Russland

Feindbild Russland

Neben dem Aufbau einer gewaltigen Militärmaschinerie an den Grenzen zu Russland finden unübersehbar auch mediale Kriegsvorbereitungen statt. Die dubiosen und unbewiesenen Giftgasanschläge in Syrien und Salisbury, ein angeblicher Journalistenmord in der Ukraine sowie die Provokation am Asowschen Meer kennzeichnen die Zielrichtung. Einerseits wird in der westlichen Gemeinschaft heuchlerisch für Frieden, Menschenrechte und Moral geworben, zugleich aber werden sämtliche dieser Werte – wo es ins Kalkül passt – missachtet. Ursprüngliche Friedensbemühungen Donald Trumps wurden von den Kriegstreibern der US-»Nebenregierung« zunichte gemacht, von bellizistischen Militärs, neokonservativen Regierungsmitgliedern und Ministerialen ins Gegenteil verkehrt.

Der provozierte Zwischenfall am Asowschen Meer scheint – wie schon andere derartige Vorfälle – unter anderem dazu gedient zu haben, den West-Ost-Konflikt erneut anzuheizen und eine geplante Zusammenkunft von Putin und Trump während des G20-Gipfels, der Ende November 2018 in Buenos Aires begann, zu verhindern. Ein Indiz dafür, dass die USA hinter dem Konflikt steckten oder ihn zumindest begleitet haben, ist die Luftüberwachung während der Auseinandersetzungen durch ein Aufklärungsflugzeug vom Typ Boeing RC-135V der US-Luftwaffe.[192] Der russische Vizeaußenmi-

---

[192] Vgl. Sputnik Deutschland, 26.11.2018, https://de.sputniknews.com/politik/20181126323092318-kertsch-russland-ukraine/

nister Grigory Karasin erklärte: »*Es liegt nahe, dass diese Provokation nach Zeit, Ort und Form durchdacht ist.*«[193]

Offensichtlich ist die ukrainische Regierung mit ihrem Präsidenten fest in der Hand der CIA, die die Aggressionspolitik der Neocons und ihrer Verbündeten in Repräsentantenhaus und Kongress dadurch nach Belieben zu steuern vermag. Wie anders wären Zwischenfälle wie der am Asowschen Meer sonst zu verstehen? Mag sein, dass Poroschenko und seine Kumpane manchmal übers Ziel hinausschießen, aber letztlich dient auch das der Aufrechterhaltung des West-Ost-Konflikts mit dem beabsichtigten Endergebnis, dem Regime Change in Moskau, woran die EU-Staaten, darunter die deutsche Regierung, kräftig mitwirken.

Da ist dann die Rede von Putin als dem »*neuen Zar*«, der »*mit einem brutalen Feldzug ein neues Imperium erschaffen will*«,[194] von »*Russlands Marsch in den nationalistischen Wahn*«[195] oder vom ehemaligen KGB-Offizier, der es zum russischen Präsidenten gebracht hat.[196] Das Fernsehen sendet »Mensch, Putin!«, »Putins Propaganda« oder »Putins Rache – Angriff auf die US-Wahl«. Buchtitel lauten: »Putins verdeckter Krieg: Wie Moskau den Westen destabilisiert«, »Putins Demokratur: Was sie für den Westen so gefährlich macht« oder »Das Putin-Syndikat: Russland im Griff der Geheimdienste«.

Der Bevölkerung wird ein Bild von Russland und seinem Präsidenten vermittelt, das der Realität spottet. Da kann Putin hundertmal sagen, Russland strebe weder nach der Weltherrschaft, noch bestehe die Absicht, die Sowjetunion wieder zu errichten. Wenn von Politikern und Medien ständig wiederholt wird, Russland betreibe eine aggressive Politik gegenüber dem Westen, wird das schließlich für viele zur Gewissheit. Dahinter stecken handfeste wirtschaftliche

---

[193] Zit. wie ebd.

[194] stern.de, 4.9.2014, www.stern.de/politik/ausland/wladimir-putin-ein-schul junge-schafft-sich-sein-imperium-3625726.html

[195] Zeit Online, 23.7.2014, www.zeit.de/politik/ausland/2014-07/putin-ukra ine-flugzeug-aussenseiter

[196] Vgl. Süddeutsche Zeitung, 10.3.2018, www.sueddeutsche.de/politik/wladi mir-putin-vom-kgb-offizier-zum-praesidenten-1.3903324

und geostrategische Interessen, insbesondere der USA, und es ist eine Schande, dass die westlichen Politiker dem zulasten ihrer Länder folgen und die Medien Propaganda betreiben.

Auch die Briten befeuern den Medienkrieg gegen Russland immer wieder aufs Neue. Anfang 2019 ist durch Leaks der Hackergruppe Anonymous die ursprünglich geheime britische Antirussland-Organisation »Integrity Initiative« bekannt geworden, die in Deutschland eine Propaganda-Zelle gebildet hat, um antirussische Kräfte in Medien und Expertenkreisen zu konzentrieren.[197] Das russische Nachrichtenportal *Sputnik Deutschland* berichtete wie folgt: *»Ziel sei es, einerseits ›prorussische‹ Standpunkte und Informationen zu sabotieren und andererseits anti-russische Kampagnen zu fördern und zu starten, um Russland politisch zu isolieren. Während der Fokus auf Großbritannien liegt, sollen in ganz Europa und darüber hinaus ›antirussische Zellen‹ aufgebaut werden. Auch im postsowjetischen Raum, beispielsweise in Moldawien, Serbien oder Armenien ist die ›Integrity Initiative‹ aktiv. Offenbar sollen in neun Staaten (Spanien, Frankreich, Deutschland, Griechenland, Niederlande, Litauen, Norwegen, Serbien und Italien) sogenannte ›Cluster‹, also regionale Zellen, aufgebaut werden. 18 weitere Länder, auch in Übersee, sollen mit eigenen Dependancen folgen.«[198]*

Der Kopf des Netzwerkes, der Politologe Hannes Adomeit, der vom Londoner Institute for Statecraft mit dem Aufbau und der Leitung des »German Cluster« der Organisation beauftragt wurde, soll sich um die Mitarbeit beispielsweise der einschlägig bekannten ehemaligen Grünen-Bundestagsabgeordneten Marieluise Beck und der Tagesspiegel-Journalistin Claudia von Salzen bemüht haben. Bei *Sputniknews* hieß es: *»Der Skandal ist also, dass ein offensichtlich mit dem britischen Geheimdienst verbandelter Thinktank versucht, in einem fremden Land (Deutschland) einflussreiche Persönlichkeiten dafür zu gewinnen, als Experten, Journalisten oder Meinungsmacher ein mög-*

---

[197] Siehe auch das Kapitel »Britische und NATO-Einflussnahme«
[198] Zit. wie Sputnik Deutschland, 7.1.2019, https://de.sputniknews.com/politik/20190107323518373-integrity-initiative-einfluss-eu/

lichst negatives Russlandbild zu zeichnen, um damit der angeblichen russischen Propaganda etwas entgegen zu setzen.«[199]

Der Politikwissenschaftler Peter W. Schulze sieht in der Einrichtung des Netzwerkes einen »Skandal mit politischer Dimension«. In einem Interview erklärte er: »Die kleinen Auseinandersetzungen und Streitereien unter Journalisten und Experten sind marginal. Die zentrale Stoßrichtung, die Adomeit in einem Bericht auch ausgegeben hat, bei der Befragung und bei dem Versuch, Personen für diese Kampagne zu gewinnen, ist es, die deutsche Medienlandschaft und Expertenwelt so zu beeinflussen, dass sie in den Dienst gestellt werden für Kampagnen gegen potentielle Gegner, das heißt in erster Linie Russland.«[200]

Schulze fügte noch hinzu: »Das ›Integrity‹-Programm wurde ja 2015, also im Nachklang des Ukraine-Konfliktes, aufgelegt, und seitdem sehen wir auch eine veritable Zunahme von Kampagnen und hasserfüllten Kommentaren in den britischen Medien, aber auch aus der Expertenwelt. Dort gibt es in Großbritannien nur noch ganz wenige Ausnahmen, die eine objektive Gratwanderung in Bezug auf die Russlandpolitik hinbekommen. Das hat ja schon Tradition in den deutschen Medien, dass objektive Berichte oder Erkenntnisse, die das Bild von Russland korrigieren würden, nicht mehr publiziert werden. Es gibt entweder Totschweigen oder man kommentiert es völlig anders ...«

Auch der Auswärtige Dienst der EU ist sich nicht zu schade für die Verbreitung von Fake News in großem Stil, wenn es um Russland geht. 2016 wurde eine Spezialeinheit mit dem Namen »East StratCom Task Force« (Strategisches Kommunikationsteam Ost) gebildet, die sich um eine »großflächig organisierte Propaganda« russischer Behörden in den Ländern der EU kümmern soll. Experten der EU-Kommission sind sicher, dass Moskau das Ziel verfolge, die Europäische Union zu destabilisieren, und mit gezielter Desinformation und Verunsicherung eine »hybride Kriegsführung« betreibe.[201]

---

[199] Zit. wie Sputnik Deutschland, 9.1.2019, https://de.sputniknews.com/poli tik/20190109323534630-deutschland-informationskrieg-gegen-russland/
[200] Zit. wie Sputnik Deutschland, 14.1.2019, https://de.sputniknews.com/ politik/20190114323588051-integrity-initiative-skandal/
[201] Vgl. Wolfgang Bittner: Die Eroberung Europas durch die USA, S. 168 f., sowie Göttinger Tageblatt, 24.2.2016, S. 2

Eine dreiste Umkehrung der Tatsachen. Der Leiter der Spezialeinheit, Giles Portman, erklärte zum Beispiel: »*Heute glaubt die Hälfte der französischen Bevölkerung und ein Drittel der deutschen, dass Kiew die Schuld am Krieg in der Ostukraine trage.*« Diese Ansicht ist zwar richtig, soll jedoch indoktrinativ geändert werden. Denn solche Anschauungen dienen nach Vorgaben der staatlich bestellten »Fake-News-Schützer« dazu, »*abzulenken und zu spalten, durch die Verdrehung und Verfälschung von Tatsachen Zweifel zu säen und so die Menschen zu verwirren und ihr Vertrauen in die Institutionen und die etablierten politischen Prozesse auszuhöhlen*«[202].

Nach Ansicht der »Faktenfinder« dieser obskuren Task-Force-Behörde der EU, die alle Medien nach angeblichen Fake News durchforsten, ist beispielsweise das gegen sein eigenes Statut verstoßende Aggressionsbündnis NATO ein Friedensbündnis, der völkerrechtswidrige Angriffskrieg gegen Jugoslawien von 1999 war aus humanitären Gründen rechtens, und die massive westliche Aufrüstung gefährdet nicht das System globaler Sicherheit, sondern dient dem Frieden. Wer eine andere Meinung vertritt, wird sich demnächst vorsehen müssen. Der Druck auf Google, Facebook und Twitter wird verstärkt, und gegen sogenannte Desinformanten sind sogar Strafmaßnahmen im Gespräch. Es geht darum, »*ein koordiniertes Vorgehen zu schaffen, das voll und ganz mit unseren europäischen Werten und Grundrechten im Einklang steht*«,[203] so die staatlich geprüften Zensoren vom »Strategischen Kommunikationsteam Ost«.

Ins Bild passt der wütende Aufschrei der enthemmten Konkurrenz, als sich der russische Auslandssender RT Deutsch, der häufig Gegenpositionen vertritt und damit ein Korrektiv zum allgemeinen Russland-Bashing darstellt, um eine Rundfunklizenz für Deutschland bemühte.[204]

[202] NachDenkSeiten, 24.6.2019, www.nachdenkseiten.de/?p=52733
[203] Zit. wie ebd. Siehe auch: Hannes Hofbauer: Feindbild Russland. Geschichte einer Dämonisierung, Wien 2017
[204] Vgl. NachDenkSeiten, 15.1.2019, www.nachdenkseiten.de/?p=48476

Dissens bei Nord Stream 2

Kaum hatte sich die antirussische Kampagne wegen des Zwischenfalls am Asowschen Meer beruhigt, flammte die Polemik gegen die durch die Ostsee führende Gaspipeline Nord Stream 2 wieder auf. Der US-Botschafter in Deutschland, Richard Grenell, der schon mehrmals mit anmaßenden Äußerungen aufgefallen war,[205] drohte im Januar 2019 offen mit Sanktionen gegen die am Bau beteiligten Unternehmen.[206] Anlässlich des Zwischenfalls am Asowschen Meer hatte er über das Pipeline-Projekt gesagt: *»Ich denke, das sollte die deutsche Regierung daran erinnern, dass die wachsende russische Aggression eine Dynamik hat, die nicht mit dem Kauf zusätzlichen Gases belohnt werden sollte ... Es ist an der Zeit, dass Deutschland seine Unterstützung für Nord Stream 2 einstellt und es als das erkennt, was es ist: ein dreister Versuch der russischen Regierung, den Würgegriff zu verstärken, in dem es die Energieversorgung der europäischen Verbündeten und Partner hält, während sie gleichzeitig ihre Kampagne zur Untergrabung der Souveränität und der territorialen Integrität der Ukraine fortsetzt.«[207]*

Bereits zuvor hatte sich Ex-Bundeskanzler Gerhard Schröder zu den Anfeindungen aus den USA geäußert und sich für eine *»harte Abgrenzung«* ausgesprochen. In einem Interview mit der *Welt am Sonntag* sagte er: *»Ich bin sicher kein Anti-Amerikaner. Aber Kern meiner Bemühungen in der Außenpolitik war es, eine relative Unabhängigkeit von den USA zu erkämpfen und zu erhalten ... Denn ein souveränes Land darf es nicht zulassen, dass die USA uns vorschreiben, mit welchen Ländern wir Handel treiben dürfen. Das geht nicht ... Iran, China, Russland: Wenn das so weiter geht, dann dürfen wir bald zu niemandem mehr Wirtschaftsbeziehungen haben. Das ist für ein ex-*

[205] Vgl. Breitbart: Trump's righthand man in Europa Rick Grenell wants to »empower« European conservatives, 3.6.2018, www.breitbart.com/europe/2018/06/03/trumps-right-hand-man-in-europe-wants-to-empower-european-anti-establishment-conservatives/

[206] Vgl. Handelsblatt, 6.1.2019

[207] Zit. wie RT Deutsch, 21.12.2018, https://deutsch.rt.com/wirtschaft/81454-wegen-zusammenarbeit-an-nord-stream-grenell-sanktionen/

portabhängiges Land wie Deutschland inakzeptabel. Das muss man den Amerikanern auch sagen, bei allem Respekt und bei aller Freundschaft.« Zu den Auseinandersetzungen um die Gaspipeline sagte er: *»Das tun sie nicht aus ihrer Liebe zur Ukraine, sondern weil sie selbst Gas nach Deutschland liefern wollen – Flüssiggas, das qualitativ schlechter, dafür aber teurer ist als Pipelinegas.«[208]*

Auch der Grünen-Politiker und Ex-Umweltminister Jürgen Trittin verteidigte den Bau der Ostsee-Pipeline. In einem Spiegel-Interview wurde er gefragt, wie sicher die Energieversorgung aus Russland sei, ob der Bau von Nord Stream 2 nicht die sicherheitspolitischen Interessen des Westens beeinträchtige und ob ein Energieboykott durch Europa *»Russlands herrschendes System nicht stark treffen«* würde. Trittin antwortete: *»Das Grundargument, man würde sich von den Russen abhängig machen, ist falsch. Pipelinegas führt zu einer gegenseitigen Abhängigkeit … Das gesamte wirtschaftliche und politische System Russlands beruht auf dem Export fossiler Rohstoffe. Je nach Schätzung werden bis zu zwei Drittel des Staatshaushalts so finanziert. Die Idee, der Russe würde aus Jux und Dollerei eben mal den Gashahn zudrehen ist deshalb absurd: Der Kreml würde sich vorsätzlich selbst schädigen. Das hat nicht einmal die Sowjetunion im Kalten Krieg getan.«* Zu den Drohungen des US-Botschafters sagte Trittin: *»Grenell verhält sich wie ein Haustürvertreter für amerikanisches Frackinggas.«[209]*

Hier gibt es in der Tat mehrere Interessen und Begehrlichkeiten. Polen forderte früher schon die Pipeline für sich und rief zu Sanktionen gegen den Weiterbau auf,[210] die Ukraine befürchtet einen beträchtlichen Rückgang der Durchleitungskapazität und damit eine Einbuße der Transitgebühren (etwa zwei Milliarden Euro pro Jahr), Deutschland will seine Energieversorgung sicherstellen und

---

[208] Zit. wie welt.de, 22.12.2018, www.welt.de/politik/deutschland/article18599 3344/Kritik-an-Trump-Gerhard-Schroeder-fordert-harte-Abgrenzung-gegenue ber-den-USA.html
[209] Zit. wie Spiegel Online, 25.12.2018, www.spiegel.de/wirtschaft/soziales/russ land-juergen-trittin-verteidigt-nord-stream-2-a-1244845.html
[210] Vgl. Sputnik Deutschland, 29.1.2018, https://de.sputniknews.com/poli tik/20180129319291474-polen-usa-nord-stream-2-sanktionen/

die USA wollen ihr gefracktes Flüssiggas mit aller Macht nach Europa verkaufen,[211] wobei sie – bezeichnenderweise – von der EU-Kommission unterstützt werden, die für den Bau von Hafenanlagen für die Gastanker eintritt.[212] Immerhin bekannte Angela Merkel, *»dass es erstmal ein wirtschaftliches Projekt ist«,*[213] und Außenminister Heiko Maas äußerte erstaunlicherweise, offenbar aufgrund von Beschwerden aus Kreisen der deutschen Industrie: *»Fragen der europäischen Energiepolitik müssen in Europa entschieden werden, nicht in den USA.«*[214]

Es geht also zum einen um wirtschaftliche Interessen. Zum anderen wird in der bekannten Weise gegen Russland polemisiert und der Sicherheitsaspekt – militärisch wie energiepolitisch – betont. Sämtliche dieser Einwände sind egoistischer und militärstrategischer Natur. Dass die Versorgung mit Gas aus Russland bisher reibungslos verlaufen ist, die Ukraine dagegen mehrmals Probleme gemacht hat, und dass gefracktes US-Gas aus mehreren Gründen abzulehnen wäre, wird kaum thematisiert.

Wohl eingedenk seines Wahlslogans »America first!« rügte US-Präsident Donald Trump Deutschland anlässlich des NATO-Gipfels Mitte 2018: *»Ich muss sagen, dass ich denke, es ist sehr traurig, dass Deutschland einen riesigen Öl- und Gas-Deal mit Russland eingeht, wenn sie [die NATO] vor Russland schützen soll und Deutschland losgeht und Millionen und Millionen Dollar pro Jahr an Russland zahlt ... Deutschland ist ein Gefangener Russlands.«*[215]

Wie schwer es ist, eigene wesentliche Belange gegen die Interessen der USA durchzusetzen, zeigte sich im Februar 2019, als sich Frankreich plötzlich gegen Deutschland wandte und die Überarbeitung der EU-

---

[211] Dazu: Jens Berger: Dumm dümmer, Deutschland – wir sanktionieren und die USA lachen sich ins Fäustchen, 22.5.2019, www.nachdenkseiten.de/?p=51908

[212] Vgl. Zeit Online, 3.10.2018, www.zeit.de/2018/41/nordstream-2-konflikt-polen-usa-deutschland-gaspipeline

[213] Zit. wie ebd.

[214] Zit. wie Business Insider Deutschland/Reuters, 11.1.2019, www.businessinsider.de/aussenminister-heiko-maas-und-industrie-kritisieren-us-druck-gegen-nord-stream-2-2019-1

[215] Zit. wie Handelsblatt, 11.7.2018

Gasrichtlinie forderte, womit der Weiterbau der Ostsee-Pipeline verhindert worden wäre.[216] Und wie abgesprochen meldete sich Norbert Röttgen, Vorsitzender des Auswärtigen Ausschusses des Bundestages und Vorstandsmitglied der Atlantik-Brücke, der Frankreichs Bemühungen unterstützte, zu Wort. In einem Interview mit Christoph von Marschall für den Berliner *Tagesspiegel*, der für russophobe Ausfälle bekannt ist, fand es Röttgen *»richtig, das Gut der europäischen Einheit und Handlungsfähigkeit über die Solidarität mit Deutschland zu stellen«.*[217] Ihm sekundierte der Grünen-Europapolitiker Reinhard Bütikofer[218], u. a. Mitglied des Aspen Instituts – ein beschämendes Beispiel für eine Interessenpolitik im Sinne und zum Vorteil der USA gegen Deutschland.[219]

Zu Recht stellte der ehemalige Kanzlerkandidat und Ex-Finanzminister Oskar Lafontaine folgende Fragen: *»Nötigt Putin die Deutschen, mehr Geld fürs Militär auszugeben, oder ist das Trump? Verbietet Putin den Deutschen Handel mit anderen Nationen zu treiben, oder ist das Trump? Sagt Putin den Deutschen, welches Gas sie verbrauchen sollen, oder ist das Trump? Schreiben Putins Botschafter Drohbriefe an deutsche Firmen, oder sind das Trumps Botschafter, die sich in aller Welt aufführen wie einst die Statthalter Roms?«* Lafontaine fuhr fort: *»Jetzt will Trump verhindern, dass Russland in größerem Umfang umweltfreundliches Erdgas an Deutschland verkauft, um uns selbst sein umweltschädliches Fracking-Gas zu verkaufen. Deshalb gibt es seit längerem eine Lügenkampagne unter Beteiligung von ›Bild‹ und ähnlichen ›Qualitätsmedien‹ und einschlägig bekannten ›Atlantikern‹ bei CDU und Grünen, es müsse verhindert werden, dass Putin zu großen Einfluss in Deutschland hat.«*[220]

---

[216] Vgl. Süddeutsche Zeitung, 6.2.2019, www.sueddeutsche.de/wirtschaft/nord-stream-frankreich-russland-1.4318851

[217] Tagesspiegel, 7.2.2019, www.tagesspiegel.de/politik/gaspipeline-nord-stream-2-cdu-aussenexperte-roettgen-stellt-sich-gegen-merkel/23960894.html

[218] Bütikofer ist u. a. Mitglied des US-Thinktanks Aspen-Institut Berlin, im Advisory Board des AJC Ramer Center Berlin sowie in der Delegation für die Beziehungen zu den Vereinigten Staaten. Er unterhält Büros in Brüssel, Straßburg, Berlin und Schwerin.

[219] Vgl. Börse Online, 7.2.2019, www.boerse-online.de/nachrichten/aktien/mit-dem-kopf-durch-die-wand-buetikofer-ruegt-nord-stream-2-1027934486

[220] www.facebook.com/oskarlafontaine/photos/a.198567656871376/2161635927231196/?type=3&theater (10.2.2019)

Albrecht Müller, prognostizierte: »*Nach meiner Einschätzung wird am Ende der Einfluss der USA und der osteuropäischen Staaten so groß sein, dass das Projekt doch noch scheitert. Dafür spricht auch die Äußerung von Röttgen ... Man sollte bei einer Beurteilung solcher Vorgänge immer im Blick behalten, dass Europa durchwirkt ist von Einflussagenten der USA, der Rüstungsindustrie und der Finanzwirtschaft. Röttgen gehört zu diesem Kreis. Dazu gehören auch wesentliche Teile der osteuropäischen Regierungen, also jener in Polen und in den baltischen Staaten. Dazu gehört auch Juncker und weite Teile der Kommission der EU. Anders ist nicht zu erklären, dass die EU-Kommission den Vorstoß zur Änderung der Gasrichtlinie trägt.*«[221]

Kurz vor dem Aus kam es nach Verhandlungen mit Frankreich auf einer Sitzung der EU-Staaten am 8. Februar doch noch zu einem Kompromiss: Das EU-Land, in dem eine Pipeline aus einem Drittstaat erstmalig das europäische Netz erreicht, soll zuständig sein, das ist in diesem Fall Deutschland.[222] Danach behielt die Bundesregierung erst einmal die Kontrolle über das Projekt, und Nord Stream 2 konnte weitergebaut werden. Aber die USA und ihre Lobbyisten intrigierten weiter. In der *Süddeutschen Zeitung* hieß es: »*Ganz vorbei ist der Streit damit nicht*«; das Europäische Parlament werde sich noch mit der Entscheidung befassen. Die Betreibergesellschaft Nord Stream habe verlauten lassen, man wolle nicht »*spekulieren über mögliche Auswirkungen von Bestimmungen, die noch von den europäischen Gesetzgebern verhandelt werden*«.[223] Es ist davon auszugehen, dass die USA versuchen werden, darauf Einfluss zu nehmen und dass sie dabei sehr weit gehen werden. Noch am Morgen vor der Abstimmung hätten mehrere EU-Staaten »*Anrufe von US-Seite*« bekommen, dem deutsch-französischen Vorschlag nicht zuzustimmen.[224]

---

[221] Vgl. NachDenkSeiten, Anmerkungen, 8.2.2019, www.nachdenkseiten.de/?p=49165

[222] Vgl. FAZ, 8.2.2019, www.faz.net/aktuell/politik/ausland/nord-stream-2-eu-staaten-einigen-sich-auf-gas-richtlinie-16030977.html

[223] Zit. wie *Süddeutsche Zeitung, 8.2.2019,* www.sueddeutsche.de/politik/nord-stream-frankreich-deutschland-1.4322311

[224] Vgl. ebd.

Tatsächlich beschloss dann am 12. März 2019 das Europäische Parlament auf Antrag der lettischen Europaabgeordneten Sandra Kalniete mit 402 zu 163 Stimmen bei 89 Enthaltungen eine Resolution zum Verhältnis zwischen der EU und Russland. Die Liste der Beschränkungen für die Russische Föderation scheint aus den USA vorgegeben zu sein: Baustopp der Ostseegasleitung, Erweiterung personenbezogener Sanktionen, Einschränkung des Zugangs zu Finanzen und Technologie, wenn Moskau *»das Völkerrecht weiterhin verletze«;* ferner soll Russland nicht mehr als strategischer Partner betrachtet werden.[225]

Das liest sich, als sei Europa der 51. Bundesstaat der USA, die im Gegensatz zu Russland ständig das Völkerrecht brechen und sich bei der Einmischung in innereuropäische Angelegenheiten gern der baltischen Staaten oder Polens bedienen. Allerdings haben Resolutionen des Europäischen Parlaments keine Bindungswirkung für die Mitgliedsstaaten, sodass kein unmittelbares Hindernis für den Weiterbau der Ostseepipeline besteht. Der Energieexperte Christian Wipperfürth wies darauf hin, dass vom EU-Parlament schon öfter ähnliche russlandfeindliche Resolutionen verabschiedet wurden, die jedoch zumeist unbeachtet blieben.[226]

Es dauerte allerdings nur wenige Tage, da legte der damals noch für das Amt des EU-Kommissionspräsidenten kandidierende bayerische Europapolitiker Manfred Weber (CSU) nach. Einem Bericht in dem Internetforum *Telepolis* war zu entnehmen, er lehne *»den Bau der Gaspipeline Nord Stream 2 ›kategorisch ab‹ und werde als EU-Kommissionspräsident alle denkbaren Möglichkeiten prüfen und nutzen, um ihren Bau zu blockieren ... Zur Begründung seiner Ablehnung des Projekts führte der CSU-Politiker keine Interessen seines Heimatlandes an, sondern ›europäische‹. Konkreter meinte er dazu allerdings nur, die Pipeline werde ›ukrainische Interessen erheblich treffen ...‹«[227]* Wieder

---

[225] Vgl. Sputnik Deutschland, 12.3.2019, https://de.sputniknews.com/politik/20190312324291272-europaparlament-russland-nord-stream-2/

[226] Vgl. Sputnik Deutschland, 12.3.2019, https://de.sputniknews.com/wirtschaft/20190312324294184-eu-parlament-nord-stream-2-resolution/

[227] Vgl. Telepolis, 18.3.2019, www.heise.de/tp/features/Weber-will-als-EU-Kommissionspraesident-Nord-Stream-2-blockieren-4339368.html

einmal stellt sich die Frage, wie ein derartiger Lobbyist US-amerikanischer Interessen für das höchste Amt in der Europäischen Union aufgestellt werden konnte.

Jens Berger schrieb über den Fraktionsvorsitzenden der Europäischen Volkspartei (EVP) im Europäischen Parlament, er sei ein *»sicherheitspolitischer Hardliner«* und ein *»Russenfresser«*, der aktiv auf einen neuen Ost-West-Konflikt hinarbeite.[228] Dass er trotz Wahlkampfunterstützung durch die Medien und aus den USA nicht EU-Kommissionspräsident wurde, lag an den Vorbehalten des französischen Staatspräsidenten, der fürchtete, den Deutschen nicht kontrollieren zu können. Emmanuel Macron hatte sich gegen Weber ausgesprochen und konnte auf dem G20-Gipfel Ende Juni 2019 in Osaka die anwesenden EU-Regierungschefs hinter sich bringen.[229]

Für die polnischen und ukrainischen Wähler hat sich Weber geoutet, und in Washington weiß man ohnehin Bescheid. Insofern ist davon auszugehen, dass er in der EU weiter von sich reden machen und als Lobbyist der US-Interessen auftreten wird. Donald Trump verfolgt rigoros seine Politik »America First!«, und soweit es in das Konzept der »Nebenregierung« passt, hat er willige Helfer in Deutschland und Westeuropa. Einerlei, wie die Auseinandersetzungen um Nord Stream 2 ausgehen werden: Deutschland ist verraten und verkauft.

Das Ämtergeschacher um die Führungsspitze in Brüssel hat überdeutlich gezeigt, dass es in der EU nicht demokratisch zugeht. Der zunächst für das Amt des EU-Kommissionspräsidenten aufgestellte Spitzenkandidat Weber war den Wählerinnen und Wählern kaum bekannt, und Ursula von der Leyen war gar nicht zur Europawahl angetreten. Viele Europäer wenden sich enttäuscht ab, andere sind besorgt oder zornig, sie merken inzwischen, dass sie in einer Scheindemokratie leben und keinen Einfluss auf die wichtigen Entscheidungen nehmen können, die ihr Leben bestimmen.

---

[228] Vgl. NachDenkSeiten, 20.3.2019, www.nachdenkseiten.de/?p=50326

[229] Vgl. welt.de, 28.6.2019, www.welt.de/politik/ausland/article196077499/EU-Regierungschefs-einigen-sich-Manfred-Weber-wird-nicht-Praesident-der-EU-Kommission.html. Zu den Hintergründen: welt.de, 21.6.2019, www.welt.de/politik/ausland/article195644087/Spitzenkandidat-Weber-Macron-fuerch tet-den-Deutschen-nicht-kontrollieren-zu-koennen.html

Das trifft insbesondere auf Deutschland zu. Bisher ist es Regierung und Medien gelungen, die Menschen abzulenken und ruhigzustellen. Aber das wird nicht so bleiben. Die etablierten Parteien werden bei den nächsten Wahlen die Quittung erhalten, und das Ergebnis wird wiederum vielen nicht gefallen. Ernste Verwerfungen sind vorprogrammiert, der Ausgang ist noch ungewiss.

Massive Aufrüstung trotz gravierender Widersprüche

Seit dem Regierungswechsel vom 20. Januar 2017 stoßen in den USA zwei gegenläufige Bewegungen aufeinander: die Position Donald Trumps, der keine Interventionskriege mehr führen und sich mit Russland verständigen wollte, und der Einfluss der Bellizisten um Hillary Clinton, den Multimilliardär George Soros und die Anhängerschaft des inzwischen verstorbenen John McCain. Allerdings sendet Trump, nach und nach umgeben von hartgesottenen russophoben Ex-Generälen und Kriegstreibern, immer wieder irritierende Signale aus, die den Ankündigungen in seiner Antrittsrede widersprechen. Zwar hat er die US-amerikanische Wirtschaft belebt, sich, wie versprochen, von Kriegshandlungen zurückgezogen und versucht, mit dem russischen Präsidenten Wladimir Putin wie auch mit dem Nordkoreaner Kim Jong-un ins Gespräch zu kommen. Aber diese friedenspolitischen Ansätze stagnierten aufgrund widersprüchlichen Verhaltens oder weil sie von seinen Gegnern boykottiert wurden. Beispiele für diese chaotische Politik waren die Kündigung des Atomabkommens mit dem Iran, die Aussetzung des INF-Vertrages mit Russland über nukleare Mittelstreckenraketen oder die verheerende Sanktionspolitik gegen Venezuela, die zum Sturz der rechtmäßigen Regierung führen sollte. Auch die massive Aufrüstung der Anrainerstaaten zu Russland wurde weiter vorangetrieben.

Willy Wimmer vertrat in einem Interview mit *World Economy* die Ansicht: »*... man muss sich fragen, wo dabei die deutsche Position ist. Auf der einen Seite versucht der amerikanische Präsident Trump* *gegen den Widerstand des politischen Washingtons zu vernünftigen und ausgleichenden Beziehungen mit der Russischen Föderation zu kommen, und auf der anderen Seite marschieren die amerikanischen Militärbefehlshaber in Europa – als Konsequenz der Politik Clinton-Bush-Obama – massiv gegen die Russische Föderation auf. Beide Konzepte passen nicht zusammen. Man muss den Eindruck haben, dass die deutsche Seite, die regierungs-, nicht die akademische Seite, was den militärischen Aufmarsch gegen die Russische Föderation und das Konzept der amerikanischen Militärbefehlshaber angeht, voll engagiert ist. In diesem Zusammenhang tauchen, natürlich, auch Fragen über die nukleare Sicherheit auf.*« Zur Stationierung US-amerikanischer Nuklearwaffen in Deutschland und den Bestrebungen, Atommacht zu werden, meinte Wimmer: »*... das ist zentral gegen die deutschen Interessen gerichtet. Wir wissen um die Bedeutung unseres Landes in Europa. Aber diese Bedeutung kann nur im wohlverstandenen deutschen Interesse ausgespielt werden, wenn wir uns sehr nachbarschaftsfreundlich verhalten und auch die Fragen unserer Sicherheit im Zusammenhang mit der Sicherheit unserer Nachbarn sehen. Und auch, natürlich, darauf hinwirken, dass wir unter keinen Umständen Kriegsschauplatz werden. Das ist das deutsche Interesse in diesem Zusammenhang. Und alles andere ist nicht im deutschen, nationalen Interesse.*«[230]

Kontraproduktiv ist vor allem die von den USA verlangte Erhöhung der deutschen Militärausgaben von 1,2 auf 2 Prozent des Bruttoinlandsprodukts bis 2025 (das wären etwa 80 Milliarden Euro), obwohl die Rüstungsausgaben der NATO-Staaten 2018 schon auf die unvorstellbare Summe von nahezu einer Billion Dollar gestiegen sind.[231] Donald Trump, umstellt von anmaßenden, kriegslüsternen Beratern, beschimpft und nötigt Deutschland, und Emmanuel Macron, ein Protegé von Rothschild,[232] fordert eine gemeinsame EU-Verteidigungs-, Finanz- und Wirtschaftspolitik – zulasten des

---

[230] World Economy, 30.7.2018, www.world-economy.eu/details/article/eine-grosse-frage-was-dient-der-deutschen-sicherheit-wirklich/

[231] Vgl. BUND, Aufrüstung 2019!, 2.1.2019, www.bund-rvso.de/auf-ruestung-deutschland-nato-russland-ausgaben.html

[232] Vgl. Dirk Müller: Machtbeben, München 2018, S. 55

finanzstarken Deutschlands. Es wird gehetzt, gedroht, gezündelt und weiter massiv aufgerüstet. Der Militäretat der USA wurde von 649 Milliarden Dollar für 2018 auf 716 Milliarden Dollar für 2019 erhöht.[233] Und immer wieder befindet sich die Welt am Rande des Abgrunds.

In einer denkwürdigen Rede vor der UN-Generalversammlung am 28. September 2018 resümierte der russische Außenminister Sergej Lawrow: *»Heute sind wir Zeugen des Zusammenpralls zweier gegensätzlicher Trends. Auf der einen Seite gewinnen die polyzentrischen Prinzipien der Weltordnung an Stärke und neue wirtschaftliche Wachstumszentren nehmen Gestalt an. Wir sehen Nationen, die darum kämpfen, ihre Souveränität zu erhalten und die Entwicklungsmöglichkeiten wahrzunehmen, die ihrer ethnischen, kulturellen und religiösen Identität entsprechen. Auf der anderen Seite sehen wir das Bestreben einer Reihe westlicher Staaten, die bemüht sind, ihren Status als selbsternannte ›Welt-Führer‹ beizubehalten und die unumkehrbare Bewegung hin zu Multipolarität, die objektiv stattfindet, zu verlangsamen. Dazu ist ihnen jedes Mittel recht, einschließlich politischer Erpressung, wirtschaftlichem Druck und brutaler Gewalt.«[234]*

---

[233] Vgl. FAZ, 14.8.2018, www.faz.net/aktuell/politik/trumps-praesidentschaft/trump-erhoeht-militaerausgaben-der-usa-auf-716-milliarden-15736859.html
[234] The Ministry of Foreign Affairs of the Russian Federation, 28.09.2018, www.mid.ru/en/foreign_policy/news/-/asset_publisher/cKNonkJE02Bw/content/id/3359296

Britisch-amerikanische und französische Imperialpolitik und Erster Weltkrieg

Thesen zur deutschen Schuld

Sowohl der Erste als auch der Zweite Weltkrieg wurden durch den Eintritt der USA auf Seiten Englands, Frankreichs und Russlands entschieden, und nach verbreiteter Meinung traf die Schuld an diesen Menschheitskatastrophen Deutschland. Zwar wird Geschichte von den Siegern geschrieben, aber zahlreiche Dokumente und Äußerungen damaliger Politiker belegen, dass diese festgeschriebene Schuld Deutschlands einer genaueren Betrachtung bedarf.[235]

Von der englischen und US-amerikanischen Geschichtsschreibung wurde der Historiker und Bestsellerautor Fritz Fischer, der von der Hauptschuld Deutschlands am Ersten Weltkrieg ausging, als der bedeutendste Historiker des 20. Jahrhunderts gepriesen. In seinem 1961 erschienenen Werk »Griff nach der Weltmacht« suchte er akribisch eine Kontinuität aggressiven deutschen Weltmachtstrebens in der ersten Hälfte des 20. Jahrhunderts, also vom Kaiserreich bis zur NS-Diktatur, nachzuweisen. Über die von ihm konstatierten imperialistischen Machbestrebungen des Deutschen Reiches, die nach seiner Meinung den Ersten Weltkrieg ausgelöst haben, schrieb er:

---

[235] Vgl. hierzu Wolfgang Effenberger/Willy Wimmer: Wiederkehr der Hasardeure, Höhr-Grenzhausen 2014, S. 117 ff.

»Bei der angespannten Weltlage des Jahres 1914, nicht zuletzt als Folge der deutschen Weltpolitik, mußte jeder begrenzte (lokale) Krieg in Europa, an dem eine Großmacht beteiligt war, die Gefahr eines allgemeinen Krieges unvermeidbar nahe heranrücken. Da Deutschland den österreichisch-serbischen Krieg gewollt, gewünscht und gedeckt hat, und, im Vertrauen auf die deutsche militärische Überlegenheit, es im Jahre 1914 bewußt auf einen Konflikt mit Rußland und Frankreich ankommen ließ, trägt die deutsche Reichsführung einen erheblichen Teil der historischen Verantwortung für den Ausbruch des allgemeinen Krieges.«[236]

Hinsichtlich der Seriosität der Einsichten dieses Historikers ist zu berücksichtigen, dass er als Exponent des Hitlerfaschismus galt und als solcher nach Kriegsende in den »Automatischen Arrest« kam. 1933 in die SA und 1937 in die NSDAP eingetreten, wurde er 1939 Stipendiat am Institut des NS-Historikers Walter Frank. Er bot Vorträge zum Einfluss des Judentums auf Staat und Gesellschaft an, zum Beispiel: »Das Eindringen jüdischen Blutes in Kultur und Politik Deutschlands in den letzten 200 Jahren« oder »Die Rolle des Judentums in Wirtschaft und Staat der USA«. 1942 wurde er auf Empfehlung des nationalsozialistischen Hochschulpolitikers Adolf Rein zum außerordentlichen Professor an der Hamburger Universität ernannt.[237] Seltsamerweise wurde Fischer entlastet und erhielt schon 1948 wieder eine Professur in Hamburg. Er widmete sich als »kompromissloser Aufklärer« der Geschichte des Ersten Weltkriegs und bildete eine Anzahl seinen Thesen zugewandter (eher linksorientierter) Schüler aus. Seine Nazivergangenheit verleugnete er und betonte stattdessen, kein Anhänger des Nationalsozialismus gewesen zu sein.[238]

Wie immer man zu Fischers Vergangenheit und seinem Werk, das den Alliierten sehr gelegen kam und von ihrem Weltmachtstreben absah, stehen mag: Ein Mangel ist vor allem, dass ihm (wie auch

---

[236] Fritz Fischer: Griff nach der Weltmacht. Die Kriegszielpolitik des kaiserlichen Deutschland 1914/1918, Düsseldorf 1961, S. 97
[237] Dazu: Hamburger Abendblatt, 11.8.2016, www.abendblatt.de/hamburg/article208041841/Historiker-Fritz-Fischer-schummelte-bei-seiner-Biografie.html
[238] Vgl. Effenberger/Wimmer, S. 442 ff.

Karl Kautsky, Hermann Katorowicz, Imanuel Geiss und anderen, die dazu publizierten) nicht die Dokumente aus den Archiven der Alliierten zur Verfügung standen, die bis dato gesperrt sind.

Eine andere, eher vermittelnde Meinung vertrat der in Cambridge lehrende australische Historiker Christopher Clark in seinem 2013 in deutscher Sprache erschienenen Werk »Die Schlafwandler – Wie Europa in den Ersten Weltkrieg zog«. Er umgeht die Frage nach der Kriegsschuld, indem er schreibt: »*In dieser Geschichte gibt es keine Tatwaffe als unwiderlegbaren Beweis, oder genauer: Es gibt sie in der Hand jedes einzelnen wichtigen Akteurs. So gesehen war der Kriegsausbruch eine Tragödie, kein Verbrechen.*«[239]

Die Veröffentlichungen Fischers und Clarks führten zu einer bis heute andauernden Kontroverse in der deutschen und ausländischen Geschichtswissenschaft. Clark wurde vorgeworfen, er wolle die Deutschen durch »*Verkürzungen*«, »*Verdrehungen*« und »*Verfälschungen*« weißwaschen.[240] Aber auch die Thesen Fischers blieben nicht unwidersprochen. Als namhafte Kritiker Fischers sind die Historiker Wolfgang J. Mommsen, Paul Sethe und Thomas Nipperdey zu nennen, die eine alleinige Schuld Deutschlands am Ersten Weltkrieg infrage stellten.[241]

Kriegsvorbereitungen in Frankreich und England

Wie intensiv der Krieg gegen das Deutsche Reich und Österreich-Ungarn in England und Frankreich im Geheimen vorbereitet wurde, beschreibt Wolfgang Effenberger in »Wiederkehr der Hasardeure«. Er bringt umfangreiche Belege dafür, dass im Vorfeld der britische General Henry Hughes Wilson (Hauptverbindungsoffizier zur französischen Armee unter General Joffre) und der französische General

---

[239] Christopher Clark: Die Schlafwandler – Wie Europa in den Ersten Weltkrieg zog, München 2013, S. 716
[240] Vgl. Neues Deutschland, 25.8.2017, www.neues-deutschland.de/artikel/1061632.vorreiter-der-revisionisten.html
[241] Vgl. Effenberger/Wimmer, S. 445

Ferdinand Foch (später gemeinsamer Oberbefehlshaber der Armeen der Alliierten an der Westfront) weitreichende Absprachen für den Kriegseintritt beider Länder trafen.[242]

In seinem 2018 erschienenen Buch »Europas Verhängnis – Die Herren des Geldes greifen zur Weltmacht« führt Effenberger dann aus, dass seit den 90er-Jahren des 19. Jahrhunderts und verstärkt seit Beginn des 20. Jahrhunderts Pläne für eine britisch-amerikanisch-französische Allianz gegen das deutsche Kaiserreich geschmiedet wurden. Er schreibt: *»Eine französisch-russische Allianz bestand ja bereits seit Januar 1894, sie richtete sich gegen das protestantische Deutsche Kaiserreich – nicht zuletzt als Reaktion auf Bismarcks Kulturkampf. Selbst der Vatikan soll maßgeblich daran beteiligt gewesen sein.«[243]* 1903 habe der spätere General Henry Hughes Wilson anlässlich eines Besuchs des französischen Präsidenten Émile Loubet *»die Notwendigkeit einer französisch-britischen Allianz gegen die Deutschen betont«.[244]*

Bereits seit 1907 sei die (nach dem Waffenstillstand von 1918 weitergeführte) Seeblockade gegen Deutschland geplant worden, so Effenberger.[245] Er zitiert den Konteradmiral Sir Charles Ottley, der 1908 dem Ersten Seelord schrieb, eine äußerst wirkungsvolle Methode, Deutschland zu vernichten, sei die Seeblockade, die während seiner Amtszeit als Marinegeheimdienstchef ein ständiges Thema gewesen sei. Die Mühlen der Seestreitkräfte würden *»die deutsche Industrie sowie die Bevölkerung vielleicht nur langsam ..., aber überaus fein zermahlen. Früher oder später würde Gras auf den Straßen Hamburgs wachsen, Tod und Untergang würde sich ausbreiten.«[246]*

Eine Akte der britischen Admiralität von 1907 enthält Pläne für einen Krieg gegen Deutschland. Argumente waren unter anderem, dass Deutschland eine Flotte in Konkurrenz zu England aufbaue, der deutsche Handel rasch wachse und ein großer Teil des Geldes, das Deutschland aufgrund einer Seeblockade entginge, zwingend nach

---

[242] Ebd., S. 148 ff.

[243] Effenberger: Europas Verhängnis – Die Herren des Geldes greifen zur Weltmacht, S. 38

[244] Ebd., S. 37

[245] Ebd., S. 38 ff.

[246] Zit. wie ebd., S. 39 ff. mit Quellenangaben und weiteren Nachweisen

England flösse.[247] Es war also seither nur noch eine Frage des bestmöglichen Zeitpunkts für den Kriegseintritt gegen das Deutsche Reich.

Dem entsprechend kommt die US-amerikanische Historikerin Barbara Tuchman zu dem Schluss: *»Im Frühjahr 1914 war das gemeinsame Werk der Generalstäbe Frankreichs und Englands bis zur letzten Unterkunft für jedes Bataillon vollendet, selbst bis zu den Punkten, wo die Kaffeeausgabe erfolgen sollte. Die Zahl der französischen Eisenbahnwagen, die bereitzustellen waren, die Anweisungen für die Dolmetscher, die Vorbereitung von Codes und Chiffren, die Fourage für die Pferde, alles war geregelt oder sollte doch bis Juli abgeschlossen sein.«*[248]

Auch der ehemalige Staatssekretär im Verteidigungsministerium und Vizepräsident der Parlamentarischen Versammlung der KSZE/OSZE, Willy Wimmer, vertrat anlässlich der Feierlichkeiten, mit denen in Paris und London 2018 dem Ende des Ersten Weltkriegs gedacht wurde, die Auffassung, dass schon lange vor 1914 Kriegsvorbereitungen der Engländer, Franzosen und Amerikaner stattfanden. Deutschland sei in diese erste Katastrophe *»geradezu hineinorchestriert«* worden, so Wimmer. Er beruft sich auf neuere Forschungen und freigegebenes Archivmaterial.[249]

In dem von ihm und dem Publizisten Alexander Sosnowski 2019 herausgegebenen Interviewband »Und immer wieder Versailles – Ein Jahrhundert im Brennglas« weist er unter anderem auf die Londoner Round-Table-Gruppe hin, einen 1909 von dem einflussreichen Lord Alfred Milner gegründeten Thinktank, dessen hochrangige Mitglieder maßgeblich an den Vorbereitungen zum Ersten Weltkrieg beteiligt waren.[250] Und Wimmer sieht deutliche Parallelen zur Gegenwart. Wieder werden Kriegsvorbereitungen getroffen, und

---

[247] Vgl. ebd., S. 38 ff.
[248] Zit. wie Der Spiegel, 14/1964
[249] Vgl. dazu Wolfgang Effenberger: Europas Verhängnis – Kritische angloamerikanische Stimmen zur Geschichte des Ersten Weltkriegs. Höhr-Grenzhausen 2018
[250] Alexander Sosnowski/Willy Wimmer: Und immer wieder Versailles – Ein Jahrhundert im Brennglas, Höhr-Grenzhausen 2019, S. 31. Vgl. auch Terry Boardman: The Round Table and the Fall of the Second British Empire, Threeman.org, 19.2.2018, http://threeman.org/?p=2584

diesmal wird Deutschland von vornherein als Vasall der USA mit der NATO gegen Russland in Stellung gebracht.

Der Mord in Sarajewo und die Folgen

Der Erste Weltkrieg begann am 28. Juli 1914 mit der Kriegserklärung Österreich-Ungarns an Serbien. Auslöser war die Ermordung des österreichischen Thronfolgers Franz Ferdinand durch serbische Nationalisten am 28. Juni 1914 in Sarajewo, wodurch zugleich dessen Pläne einer friedlichen föderalen Umgestaltung des Vielvölkerstaates Österreich-Ungarn zunichte gemacht wurden. Um dem Begehren der Ungarn und Südslawen nach Selbstbestimmung entgegenzukommen, beabsichtigte er, unter dem Dach der Donaumonarchie drei autonome Teilreiche zu schaffen (Österreich, Ungarn und Südslawien). Damit durchkreuzte er nicht nur serbische Großmachtbestrebungen, er forderte auch die Kriegsbefürworter in England, Frankreich, Russland und nicht zuletzt in den USA heraus, die eine Konsolidierung Österreich-Ungarns verhindern wollten, das sich zusammen mit dem 1871 gegründeten Deutschen Reich zu einer aufsteigenden Macht und wachsenden Konkurrenz auf dem europäischen Kontinent entwickelte.

Zu denken geben muss, dass zur selben Zeit in Russland auf den pazifistisch eingestellten Prediger Rasputin, der über großen Einfluss am Zarenhofe verfügte, ein Mordanschlag verübt wurde. Rasputin überlebte, wurde jedoch 1916 nach weiteren vergeblichen Anschlägen von dem britischen Spion Oswald Rayner unter Beteiligung russischer Adliger erschossen.[251] Willy Wimmer schrieb dazu: »*Noch 1916 wurde der russische Priester Rasputin von einem Geheimagenten seiner Majestät erschossen, weil er sich für einen Frieden mit den Mittelmächten einsetzte. Russland musste im Interesse von England und Frankreich unbedingt im Krieg gegen Österreich-Ungarn und Deutsch-*

---

[251] Vgl. The Telegraph, 19.9.2004, www.telegraph.co.uk/education/3344528/British-spy-fired-the-shot-that-finished-off-Rasputin.html

land gehalten werden.«[252] Es sollte eine Verlagerung der im Osten gebundenen deutschen Truppen an die Westfront verhindert werden.

Mit welchen Intrigen 1914 die Vorbereitung des Ersten Weltkriegs betrieben wurde, beschreibt die Romanistin und Übersetzerin Angelika Eberl ausführlich und dokumentarisch belegt in einem am 27. März 2019 veröffentlichten Essay.[253] Demnach gab es schon lange vor Kriegsbeginn geheime Absprachen zwischen England, Frankreich, Belgien und Russland, und der überlieferte Notenwechsel beweist, dass Russland und Frankreich schon frühzeitig des Beistands Englands in einem Krieg gegen das Kaiserreich und Österreich-Ungarn versichert worden waren. Davon hatte man in Berlin keine Kenntnis, vielmehr konnte man aufgrund des diplomatischen Dialogs davon ausgehen, dass sich England neutral verhalten und mäßigend auf Frankreich einwirken würde. Das erwies sich als Irrtum, und nachdem Frankreich und Russland bereits mobilgemacht hatten, blieb Deutschland nichts anderes mehr übrig, als in einen Zweifrontenkrieg einzutreten.

Aus einer Erklärung der deutschen Regierung noch vom Juli 1914, die London und Paris übermittelt wurde, sowie aus den dokumentierten Bemühungen des deutschen Botschafters Graf Friedrich Pourtalès in St. Petersburg geht hervor, dass Deutschland einen europäischen Krieg wegen der österreichisch-serbischen Auseinandersetzungen unter allen Umständen vermeiden wollte. In der Erklärung vom 24. Juli 2014 heißt es: »*Die deutsche Reichsregierung wünscht hiermit ihrer Ansicht nachdrücklich Geltung zu verschaffen, daß der vorliegende Fall ausschließlich eine Frage zwischen Österreich-Ungarn und Serbien ist, und daß die Großmächte sich ernstlich bemühen sollten, diese Frage allein den zunächst Beteiligten zur Lösung zu überlassen. Die deutsche Reichsregierung wünscht dringend, daß der Konflikt lokalisiert bleibe, da die Einmischung einer andern Macht wegen der bestehenden verschiedenartigen Vertragsverpflichtungen unabsehbare Folgen*

---

[252] World Economy, 18.8.2018, www.world-economy.eu/pro-contra/details/article/daemonen-in-paris/

[253] https://fassadenkratzer.wordpress.com/2019/03/27/widerlegung-der-hauptschuld-deutschlands-am-1-weltkrieg/#more-5330

mit sich bringen könnte.«[254] Sich aus dem Konflikt herauszuhalten, entsprach jedoch nicht den Plänen Englands und Frankreichs.

Dass nicht nur England, sondern ebenso die USA hinsichtlich des deutsch-russischen Verhältnisses eine Langzeitstrategie verfolgen, geht aus einer Rede hervor, die der Direktor des einflussreichen Thinktanks Stratfor, George Friedman, am 4. Februar 2015 am Chicago Council on Global Affairs hielt.[255] Er sagte: *»Das Hauptinteresse der US-Außenpolitik während des letzten Jahrhunderts, im Ersten und Zweiten Weltkrieg und im Kalten Krieg, waren die Beziehungen zwischen Deutschland und Russland. Weil sie vereint die einzige Macht sind, die uns bedrohen kann. Unser Hauptziel war sicherzustellen, dass dieser Fall nicht eintritt.«*

Warum diese Politik bis zur Gegenwart fortgesetzt wird, begründet Friedman wie folgt: *»Für die Vereinigten Staaten ist die Hauptsorge, dass ... deutsches Kapital und deutsche Technologie sich mit russischen Rohstoff-Ressourcen und russischer Arbeitskraft zu einer einzigartigen Kombination verbinden, was die USA seit einem Jahrhundert zu verhindern suchen. Also wie kann man das erreichen, dass diese deutsch-russische Kombination verhindert wird? Die USA sind bereit, mit ihrer Karte diese Kombination zu schlagen: Das ist die Linie zwischen dem Baltikum und dem Schwarzen Meer. ... Der Punkt bei der ganzen Sache ist, dass die USA einen ›Cordon Sanitaire‹, einen Sicherheitsgürtel, um Russland herum aufbauen.«* Daran wurde im Grunde seit dem deutsch-französischen Krieg von 1871 konsequent im Geheimen gearbeitet.[256]

Weiter stellt Friedman fest: *»Die Vereinigten Staaten kontrollieren aus ihrem fundamentalen Interesse alle Ozeane der Welt. Keine andere Macht hat das jemals getan. Aus diesem Grund intervenieren wir weltweit bei den Völkern, aber sie können uns nicht angreifen.«* Viele Völker können sich auch nicht wehren, wie sich gerade in jüngster Zeit gezeigt hat. Wer opponiert, wird ruiniert oder gebombt.

---

[254] Note der deutschen Regierung vom 24. Juli 1914 an den britischen Außenminister Sir Edward Grey, zit. wie ebd.

[255] Online unter www.youtube.com/watch?v=vln_ApfoFgw (17.3.15)

[256] Siehe das Kapitel »Die Langzeitstrategie der USA«

Konspiration, Kriegshysterie und Krieg

1914 hatte Woodrow Wilson den Amerikanern versprochen, sich aus dem europäischen Krieg herauszuhalten.[257] Aber bekanntlich wird die Politik in den USA seit jeher von anderer Stelle gesteuert. Die US-amerikanische Wirtschaft profitierte durch den in Europa tobenden Krieg, der höchst profitable Aufträge einbrachte. Die Schwerindustrie stellte sich auf die Produktion von Rüstungsgütern um, und die Großbanken vergaben erhebliche Kredite an Großbritannien, Frankreich und Italien. Als 1916 die Möglichkeit in Betracht gezogen werden musste, dass Deutschland den Krieg gewinnen könnte, sah sich die Wall Street vor ernsthafte Probleme gestellt. Sämtliche Kredite wären verloren gewesen. Grund genug, eine Propagandaschlacht von nie dagewesenem Ausmaß gegen das Deutsche Reich zu starten.

Schon im Mai 1915, als der britische Luxusdampfer Lusitania mit 1962 Menschen an Bord von einem deutschen U-Boot versenkt wurde, ging ein Aufschrei der Entrüstung durch die Medien der ganzen Welt. Damals ertranken 1198 Menschen im eiskalten Wasser vor der irischen Küste. Neue Forschungsergebnisse gehen allerdings davon aus, dass die Lusitania, die als Hilfskreuzer der Royal Navy registriert war und unter Bruch internationaler Konventionen erhebliche Mengen an Waffen und Munition transportierte, gezielt geopfert wurde, um einen Kriegsgrund zu provozieren.[258] Die Berliner *Vossische Zeitung* nahm seinerzeit wie folgt Stellung: *»Die Verantwortung für den Tod so vieler amerikanischer Bürger, der in Deutschland von jedermann auf das Tiefste bedauert wird, trifft in starkem Maße mit die amerikanische Regierung. Sie durfte nicht zulassen, dass Amerikaner als Schutzschild vor englische Konterbande gestellt wurden. Amerika hat sich hier von England in schmählicher Weise missbrauchen lassen.«[259]*

---

[257] Vgl. Spiegel Online, 17.1.2014, www.spiegel.de/einestages/erster-weltkrieg-kriegseintritt-amerikas-1917-unter-woodrow-wilson-a-953288.html
[258] Vgl. Effenberger/Wimmer, S. 347 ff. Lavierend und wesentliche historische Fakten außer Acht lassend z.B. welt de, 7.5.2015, www.welt.de/geschichte/article140601419/Wer-schuld-war-am-Untergang-der-Lusitania.html
[259] Zit. wie Effenberger/Wimmer, S. 350

Im Hintergrund mischten einflussreiche Politiker und Militärs wie der Präsidentenberater Edward Mandell »Colonel« House, Außenminister Robert M. Lansing oder der bekannte Marineschriftsteller und reaktivierte Admiral Alfred Thayer Mahan (»The Interest of America in Sea Power«) die Karten. Letzterer hatte bereits 1914 die Lage hinsichtlich einer Gefährdung der den Engländern abgetrotzten maritimen Vorherrschaft der USA wie folgt analysiert: »*Deutschlands Prozedur besteht darin, sie [seine Gegner] durch konzentrierte Vorbereitung und ungestüme Triebkraft schlagartig zu überwinden. Sollten die Deutschen Frankreich und Russland zu Lande besiegen, würden sie eine Atempause gewinnen, die sie in die Lage versetzen könnte, eine Seemacht vergleichbar mit England aufzubauen. In diesem Falle würde die Welt mit einer Seemacht konfrontiert werden … voll gieriger und expansiven Ehrgeizes.*«[260]

Colonel House, der Wilson mehrmals aufforderte, Deutschland den Krieg zu erklären, konspirierte in London unter anderem mit Außenminister Edward Grey, Feldmarschall Herbert Kitchener, Marineminister Arthur J. Balfour und Kolonialminister Andrew Bonar Law sowie mit den Mitgliedern der Milner-Gruppe. Der zunächst noch zögerliche Wilson sollte gegen Deutschland eingestimmt werden und Krieg führen – das Großkapital und die Waffenindustrie fieberten schon lange danach. Der Druck auf die Regierung wurde schließlich so stark, dass Wilson von seinem Versprechen der Neutralität abrückte. Im April 1917 gründete er das »Committee on Public Information« mit dem Ziel der Feindpropaganda.[261]

Wolfgang Effenberger schreibt: »*Das war der Beginn einer Dynamik aus Hetzpropaganda und Gesetzen, mit denen die Grenzen der Freiheit in den USA immer enger gezogen werden konnten – bis heute: Man denke nur an den ›Patriot Act‹, der 30 Tage nach dem 11. September erlassen wurde.*« Effenberger resümiert: »*Schriftsteller und Gelehrte stellten sich als ›Four-Minute-Men‹ in den Dienst die-*

---

[260] Zit. wie Dirk Bavendamm: Roosevelts Weg zum Krieg, Frankfurt am Main/Berlin 1989
[261] Vgl. Walter Millis (Redakteur und Mitarbeiter der New York Herald Tribune von 1924 bis1954): Road to War. America 1914–1917, Boston 1935

ser Massenverdummung: In vier Minuten, in denen die Filmrollen in den Kinos gewechselt wurden – daher der Name – indoktrinierten diese ›Einpeitscher‹ die Zuhörer. Auch in Theater, Kaufhäusern und Kirchen hielten sie ihre Ansprachen gegen La Follette [er lehnte als Senator den Eintritt in den Ersten Weltkrieg ab] und den Kaiser. Landauf, landab im Einsatz, emotionalisierten nicht weniger als 75 000 gelehrte ›Eiferer‹ in mehreren Millionen Reden über 300 Millionen Amerikaner.« Die Folge war eine antideutsche Hasswelle, *»so wirkungsvoll, dass sie noch über Generationen fortwirken sollte«.*[262] Alles Deutsche wurde getilgt, selbst Straßen und Städte mit deutschen Namen wurden umbenannt und Demonstrationen gegen die deutsche Kultur organisiert. Wer sich entgegenstellte, geriet in Gefahr, gelyncht zu werden. Sämtliche positiven Nachrichten über Deutschland wurden unterbunden. Unglaublich, aber ein Blick auf die gegenwärtige Politik und die verkommenen Leitmedien zeigt deutlich, dass so etwas, wenn auch subtiler – und abgemildert durch die alternativen Medien – wiederholbar ist.

Der US-Oligarchie gelang es unter Einsatz ihrer Einflussagenten, willfähriger Politiker und Medien, eine regelrechte Kriegshysterie unter der Bevölkerung auszulösen. Offensichtlich war bereits zu dieser Zeit beabsichtigt, das Deutsche Reich nicht nur zu besiegen, sondern ein für alle Mal als militärischen und wirtschaftlichen Konkurrenten auszuschalten. Innenpolitisch wurden zugleich die Freiheitsrechte der Bevölkerung drastisch eingeschränkt und Andersdenkende, zum Beispiel Pazifisten und Sozialisten, gnadenlos verfolgt.

Nachdem die amerikanische Bevölkerung durch die monatelang mit äußerster Intensität betriebene Hetzkampagne gegen die »mordlüsternen Hunnen« entsprechend eingestimmt war, traten die USA am 6. April 1917 unter dem Jubel der Massen in den Krieg gegen die Mittelmächte ein. Damit war der Untergang des Deutschen Reiches und der österreich-ungarischen Monarchie besiegelt.

---

[262] Effenberger/Wimmer, S. 367

Die USA greifen in den Ersten Weltkrieg ein

Der Sicherheitsexperte Willy Wimmer schlägt den Bogen in die Gegenwart,[263] in der eine maßlose Hetze gegen Russland betrieben wird, deutsche Soldaten 150 Kilometer vor St. Petersburg, vormals Leningrad,[264] stehen und eine NATO-»Speerspitze« (Very High Readiness Joint Task Force) mit zurzeit 8000 Soldaten von deutschem Militär angeführt wird.[265]

---

[263] Vgl. World Economy, 8.11.2018, www.world-economy.eu/pro-contra/details/article/deutschland-vor-der-bewaehrung/ (9.11.2018). Dazu auch Sosnowski/Wimmer: Und immer wieder Versailles – Ein Jahrhundert im Brennglas

[264] Bei der Belagerung und Blockade Leningrads während des Zweiten Weltkriegs von 1941 bis 1944 verloren etwa 1,1 Millionen der zivilen Bevölkerung der Stadt ihr Leben.

[265] Vgl. Handelsblatt, 31.12.2018, www.handelsblatt.com/politik/international/nato-deutschland-uebernimmt-fuehrung-von-nato-speerspitze/23816116.html

Versailler Vertrag, Nationalsozialismus und Zweiter Weltkrieg

»Alleinschuld Deutschlands« und die Folgen

Als Verlierer des Ersten Weltkriegs wurde Deutschland durch den Versailler Vertrag mit Reparationen in immenser Höhe belastet. Zuerst waren es 20 Milliarden Goldmark (damals ca. 7000 Tonnen Gold), eine spätere Forderung belief sich auf 269 Milliarden Goldmark, die in 42 Jahresraten ausgezahlt werden sollten.[266] Ein Teil sollte in Sachleistungen erbracht werden. Außerdem verlor Deutschland die Kolonien, musste 90 Prozent der Handelsflotte übergeben sowie zwölf Prozent der jährlichen Ausfuhren abtreten. Als das Deutsche Reich mit den Reparationszahlungen in Rückstand geriet, besetzten Anfang 1923 französische und belgische Truppen das Ruhrgebiet.

Verursacht durch die Reparationszahlungen und diverse sonstige Leistungen, entstand in Deutschland zunehmend eine explosive Stimmung. Die Arbeitslosigkeit wuchs ins Unermessliche, viele Menschen hungerten. Das Ruhrgebiet und das Saarland wurden von Frankreich ausgebeutet, die Provinz Oberschlesien mit Kohlegruben und Eisenverhüttung sowie die Stadt Danzig dem Völkerbund unterstellt. Die Provinz Posen, ein großer Teil Westpreußens, das Gebiet um Soldau und Teile von Hinterpommern mussten an Polen abgetreten werden, das Memelland kam unter alliierte Verwaltung.

---

[266] Zwischenzeitlich wurden die Zahlungen ausgesetzt. Die letzte Rate zahlte Deutschland am 3. Oktober 2010.

Weitere Teile des Deutschen Reiches wie Nordschleswig, Eupen-Malmedy oder das Hultschiner Ländchen fielen an Nachbarstaaten, die linksrheinischen Gebiete blieben besetzt, eine Vereinigung des Deutschen Reiches mit Österreich wurde verboten. Die Grenzen wurden von den Siegern – Franzosen, Engländern, Amerikanern, Belgiern, Polen – neu gezogen. Die deutsche Bevölkerung fühlte sich entehrt, unterdrückt und geplündert. Dass diese Situation dazu beigetragen hat, dass Hitler und seine Anhänger an die Macht kamen, ist unter Historikern unbestritten.

Nach Artikel 231 des Vertrags von Versailles wurde Deutschland und seinen Verbündeten die alleinige Schuld am Ersten Weltkrieg gegeben, und in zahlreichen Publikationen wird bis heute von dieser Alleinschuld oder zumindest von einer überwiegenden Schuld des Deutschen Reiches ausgegangen. Das war schließlich durch die Vertragsunterzeichnung besiegelt worden. Doch nach neueren Forschungen ist diese Geschichtsauffassung widerlegbar. Danach wurden Deutschland und Österreich-Ungarn offensichtlich Opfer einer raffinierten, intriganten Machtpolitik Großbritanniens, Frankreichs und der global agierenden Kapitallobby in den USA, die auch die Bedingungen für den Vertrag von Versailles bestimmten.[267]

Das besiegte Deutsche Reich war der Willkür fremder Mächte ausgeliefert und, da es keine Armee mehr hatte, schutzlos. Bereits in den Waffenstillstandsverhandlungen war bestimmt worden, dass Deutschland sämtliche Waffen abzuliefern habe. Unter anderem sah der am 11. November 1918 geschlossene Vertrag von Compiègne die Übergabe von 5000 Geschützen, 25 000 Maschinengewehren und 1700 Flugzeugen an die Entente vor, darüber hinaus die Internierung der deutschen Kriegsflotte, die Ablieferung von 5000 Lokomotiven und 150 000 Eisenbahnwaggons, die Annullierung des Friedens von Brest-Litowsk mit Sowjetrussland sowie den Abzug der deutschen Truppen aus Ostafrika. Die britische Seeblockade, durch

---

[267] Dazu das Kapitel »Britisch-amerikanische und französische Imperialpolitik und Erster Weltkrieg« mit weiteren Nachweisen

die Zehntausende verhungerten, wurde nicht aufgehoben. Der französische Marschall Ferdinand Foch triumphierte: Jetzt sei Deutschland »*den Siegern auf Gnade und Ungnade ausgeliefert*«[268].

In der Tat hatten die Vertreter Deutschlands, die am 28. Juni 1919 im Schloss von Versailles den Friedensvertrag unterzeichneten, keine Wahl. Ihnen blieb nichts anderes übrig, als die diktierten unmäßigen Bedingen unter Protest anzunehmen. Die Versprechungen, die zum Waffenstillstandsabkommen geführt hatten, wurden nicht eingehalten, der 14-Punkte-Plan des US-Präsidenten Woodrow Wilson vom Januar 1918, nach dem in Europa eine friedliche Nachkriegsordnung hergestellt werden sollte, war Makulatur geworden. Die Siegermächte ließen sich auf keine weiteren Verhandlungen mehr ein, sie verfügten über Deutschland.

Kaiserliche Truppen ziehen sich nach der Kapitulation der Obersten Heeresleitung im belgischen Spa am 11. November 1918 wohlgeordnet über den Rhein zurück

Unter den heimkehrenden Soldaten, die ihre Waffen abgegeben hatten, und in der Bevölkerung verbreitete sich eine von der Obersten Heeresleitung ausgehende »Dolchstoßlegende«, wonach das deutsche

---

[268] Zit. wie welt.de, 10.11.2017, www.welt.de/geschichte/article170490713/Waffenstillstand-im-Salonwagen.html

Heer »im Felde unbesiegt« geblieben und von »vaterlandslosen Zivilisten« aus der Heimat verraten worden sei. Beginnend mit dem Kieler Matrosenaufstand war es im Herbst 1918 zu revolutionären Aufständen gekommen, daneben zur Bildung von privaten Truppenverbänden aus ehemaligen Soldaten, den sogenannten Freikorps.

In Oberschlesien fanden, initiiert durch Polen, zwischen 1919 und 1921 drei Aufstände statt, bei denen auch polnisches Militär und schwere Waffen, unter anderem Artillerie und mehrere Panzerzüge, eingesetzt wurden, und zwar mit dem Ziel, das wichtige ostdeutsche Industriegebiet der Zweiten Polnischen Republik anzugliedern. Es handelte sich um einen Angriff auf das Deutsche Reich, der jedoch für Polen folgenlos blieb. Der besetzte »heilige Berg« Oberschlesiens, der Annaberg, wurde von Freikorps unter starken Verlusten freigekämpft.[269] 1921 wurde dann unter Aufsicht des Völkerbundes eine Volksabstimmung durchgeführt, bei der sich 59,4 Prozent der Bevölkerung für den Verbleib bei Deutschland aussprachen, 40,6 Prozent für den Anschluss an Polen. Trotz dieses eindeutigen Ergebnisses erhielt Polen 1922 den wirtschaftlich bedeutendsten Teil des oberschlesischen Industriegebiets, darunter die großen Industriestandorte Kattowitz, Königshütte und Ruda.

Das Erstarken des Nationalsozialismus

Die Teilung Oberschlesiens wurde als eine erneute Demütigung durch »die Herren von Versailles« empfunden, und die Nationalsozialistische Deutsche Arbeiterpartei (NSDAP) mit ihrem Führer, dem ehemaligen Gefreiten Adolf Hitler, erhielt immer mehr Zulauf. Am 24. Februar 1920 gegründet, hatte diese rechtsextreme Gruppierung anfangs nur wenige Mitglieder, doch sie entwickelte sich rasch zu einer ernstzunehmenden Organisation im Weimarer Parteienspek-

---

[269] Die Rolle der Freikorps ist umstritten. Das Freikorps Oberland war auch an den Kämpfen gegen die Münchner Räterepublik beteiligt. Mitglieder der Freikorps ermordeten u.a. den Reichsminister der Finanzen Matthias Erzberger und die Kommunisten Rosa Luxemburg und Karl Liebknecht.

trum. Aus den Reichstagswahlen am 14. September 1930 ging die NSDAP mit 18,3 Prozent der abgegebenen Stimmen als zweitstärkste Partei nach der SPD hervor.

Für diesen rapiden Aufstieg, der ohne größere finanzielle Unterstützung nicht möglich gewesen wäre, gab und gibt es unterschiedliche Erklärungen. Die verbreitetste ist eine Finanzierung aus Kreisen der deutschen Industriellen, aber auch andere Geldgeber wurden genannt. Der Hitler-Biograf Joachim Fest vertrat die Ansicht, die NSDAP sei unter anderem aus tschechoslowakischen, skandinavischen und in erster Linie aus schweizerischen Finanzkreisen unterstützt worden.[270]

Jede dieser Thesen oder Mutmaßungen entbehrt allerdings der Logik, denn bis 1930 war die NSDAP lediglich eine unbedeutende Splitterpartei ohne wesentlichen politischen Einfluss. Der russische Historiker Nikolay Starikov stellt daher in seinem Buch »Wer hat Hitler gezwungen Stalin zu überfallen?« die Frage, welches Interesse deutsche Industrielle, Tschechen, Skandinavier oder Schweizer gehabt haben sollten, den relativ bedeutungslosen Extremisten Adolf Hitler zu finanzieren. Und er fragt weiter, wie es möglich war, dass sich die NSDAP innerhalb weniger Jahre zu einer derart mächtigen Organisation entwickeln konnte, vor allem: wer die wirklichen Finanziers Hitlers waren.[271]

In diesem Zusammenhang nennt Starikov den Namen eines Deutsch-Amerikaners, der in der Geschichtsschreibung bisher kaum eine Rolle gespielt hat: Ernst Hanfstaengl[272], Kunsthändler und US-amerikanischer Geheimagent. Später, während des Krieges, beriet er Präsident Franklin D. Roosevelt. Ab 1922 unterhielt er freundschaftliche Beziehungen zu Hitler, stand ihm bei der Abfassung seines Buches »Mein Kampf« zur Seite und gab ihm 1923 ein Darlehen von 1000 Dollar, für damalige Verhältnisse sehr viel Geld. In den 1920er-Jahren war er Auslandspressechef der NSDAP. Starikov geht aufgrund seiner Recherchen so weit, zu konstatieren, die NSDAP

[270] Vgl. Joachim Fest: Hitler. Eine Biographie, Frankfurt am Main 1973
[271] Nikolay Starikov: Wer hat Hitler gezwungen Stalin zu überfallen?, Vilnius 2017, S. 20 ff.
[272] Ebd., S. 93 ff.

und Hitler seien von Beginn an, also seit Anfang der 1920er-Jahre, von interessierten Kreisen aus den USA gefördert und finanziert worden. Zu Hitler schreibt er: »*Die Entscheidung, ihn an die Spitze Deutschlands zu stellen, wurde nicht in Berlin, sondern in London und Washington getroffen.*«[273] Das Geld für die NSDAP, so Starikov, sei in der Tat aus der Schweiz gekommen, aber »*die Finanzierung dunkler Machenschaften und fragwürdiger Geschichten in der Weltpolitik werden immer über Banken und Persönlichkeiten neutraler Länder abgewickelt! ... Die schweizerischen Bankiers haben nur ihre Aufgabe erfüllt. Sie wurden beauftragt – Hitler das Geld zu übergeben.*«[274]

Hitler 1927 auf dem ersten Reichsparteitag in Nürnberg. Wer finanzierte seinen rasanten Aufstieg?

Des Weiteren vertritt Starikov die Ansicht, England, Frankreich und die Finanz- und Wirtschaftslobby der USA hätten von vornherein die Absicht verfolgt, nicht nur Deutschland ein für alle Mal zu vernichten, sondern es in einen Vernichtungskrieg gegen die bolschewistische UdSSR zu schicken. Er schreibt: »*Jetzt können wir die Frage beantworten, warum die geheimnisvollen ausländischen Sponsoren der*

---

[273] Ebd., S. 119. Dazu auch: Hermann Ploppa: Hitlers amerikanische Lehrer. Die Eliten der USA als Geburtshelfer der Nazi-Bewegung, Marburg 2008
[274] Starikov, S. 45

jungen nazistischen Bewegung geholfen haben. Die deutschen Nationalso-
zialisten werden von den äußeren Kräften aktiv für eine Destabilisierung
der politischen Situation im Land benutzt. Die Nazis sind hervorragend
geeignet, in Deutschland eine Regierungskrise zu provozieren und damit
die von den Angelsachsen gehasste Regierung, die sich erlaubt hat, einen
Vertrag mit den Bolschewiken abzuschließen, zu stürzen.«[275]

In diesem Gedankengang fährt Starikov fort: *»Der vorläufig noch*
unbekannte Führer einer kleinen örtlichen Bayernpartei spricht über
seine Absicht ›den Bolschewismus zu liquidieren‹, ›die Fußfesseln des
Versailler Vertrages abzuwerfen‹, eine Diktatur zu errichten und einen
starken Staat zu schaffen. Den äußerst seltenen Fall nutzend, dass ein
Mann des amerikanischen Geheimdienstes zu ihm kommt, bietet sich
Hitler als ›Schwert der Zivilisation‹ im Kampf gegen den Marxismus,
d. h. gegen Russland an!«[276]

Entlarvend ist, dass Briten und Amerikaner nach Versailles Hit-
lerdeutschland bei der Tilgung der Schulden entgegenkamen. Darüber sagte der Publizist und Buchautor Werner Rügemer in einem
Vortrag anlässlich der 17. Aachener Friedenstage: *»Bis zum Ersten*
Weltkrieg waren die USA – sowohl der Staat wie auch die Unterneh-
men – bei europäischen Banken verschuldet. Mit dem Ersten Weltkrieg
hat sich diese Relation umgedreht. Am Ende des Ersten Weltkriegs war
Europa in den USA verschuldet. Und das ist bis heute so geblieben. Das
war das wirtschaftlich-finanzielle Ergebnis des Ersten Weltkriegs. Und
dann musste das zerstörte Europa natürlich wieder aufgebaut werden,
insbesondere das zerstörte Deutschland.« Für den Wiederaufbau haben US-amerikanische Banken dann *»in zwei großen Tranchen dem*
Deutschen Reich Kredite gegeben – mit dem Dawes- und Young-Plan
1926 [recte: 1924] und 1929. Der Kreditgeber hat damit Bedingungen
verbunden. In Deutschland war eine Bedingung, dass amerikanische
Investoren in Deutschland günstig investieren konnten.«[277]

---

[275] Starikov, S. 89 f. Der Autor bezieht sich auf den Vertrag von Rapallo vom
16.4.1922 zwischen dem Deutschen Reich und der Russischen Sozialistischen
Föderativen Sowjetrepublik.
[276] Ebd., S. 92
[277] Zit. wie www.nrhz.de/flyer/beitrag.php?id=22690

Die Herausgeber der *Neuen Rheinischen Zeitung Online*, Anneliese Fikentscher und Andreas Neumann, schrieben in einem Bericht über Rügemers Vortrag: *»Bekannt ist: der bekennende Antisemit und seinerzeit erfolgreichste Unternehmer in den USA, Henry Ford, hat die NSDAP ab den 1920er Jahren regelmäßig finanziell unterstützt.«*[278] Rügemer trug weiter vor: *»Später kamen andere Unternehmen hinzu. Um noch etwas Greifbares zu nennen: die größte Hollywood-Produktionsfirma ›Twenty Century Fox‹ hat 1931 in Deutschland das Tochterunternehmen ›Fox Tönende Wochenschau‹ gegründet. Und schon vor dem Machtantritt Hitlers hat ›Fox Tönende Wochenschau‹ die Propaganda-Filme für Hitler gemacht. Und die haben nach 1933 weiter die Wochenschauen produziert ... Deutschland unter Hitler war der größte Abnehmer von Hollywood-Filmen. Und es gab Vereinbarungen. In jedem Hollywood-Film, den Nazi-Deutschland kauft, darf weder ein Jude noch ein Nazi vorkommen.«*[279]

Es ging ums Geschäft, wobei Hitler und seine Adlaten kein Hindernis darstellten, im Gegenteil, die Kooperation funktionierte bestens. Opportunismus und Kollaboration der Filmmogule Hollywoods beschreibt der US-amerikanische Historiker Ben Urwand in seinem 2017 in deutscher Sprache erschienenen Buch »Der Pakt – Hollywoods Geschäfte mit Hitler«. Jack Warner, Vizepräsident von Warner Bros., Harry Cohn, Präsident von Columbia, und Eddie Mannix, Vizepräsident von Metro-Goldwyn-Mayer, unternahmen *»auf Hitlers persönlicher Jacht, die ihm von der Stadt Köln zum Geschenk gemacht wurde, einen Ausflug den Rhein hinauf«.*[280] Paramount, Metro-Goldwyn-Mayer und Fox zensierten ihre Filme in vorauseilendem Gehorsam und realisierten ihre Projekte im Einvernehmen mit den Zensoren der Nationalsozialisten. Nach dem Krieg lief die Filmproduktion für Westdeutschland ungebrochen weiter, wobei der Holocaust in Hollywood lange tabuisiert war.[281]

---

[278] Ebd.

[279] Ebd.

[280] Vgl. Ben Urwand: Der Pakt – Hollywoods Geschäfte mit Hitler, Darmstadt 2017, Signal-Corps-Fotos auf S. 265 und 266

[281] Vgl. ebd., S. 267

Der Weg in den zweiten großen Krieg

Nicht nur das globale Finanzkapital war auf den Krieg in Europa aus. Der US-amerikanische Publizist John Wear, Autor des Buches »Germany's War: The Origins, Aftermath & Atrocities for World War II«, vertritt die Meinung, dass auch Präsident Franklin Roosevelt und seine Administration – vor allem aus innenpolitischen Gründen – Krieg wollten und »jede Anstrengung« unternahmen, »den 2. Weltkrieg in Europa anzustiften«.[282] Wear beruft sich, neben anderen Quellen, auf einen geheimen Bericht vom 12. Januar 1939, in dem der polnische Botschafter in den USA, Jerzy Potocki, schrieb: »... es muss gesagt werden, dass die interne Situation auf dem Arbeitsmarkt immer schlimmer wird. Die Arbeitslosen zählen heute bereits 12 Millionen ... Ich kann nur sagen, dass Präsident Roosevelt als cleverer politischer Akteur und Kenner der amerikanischen Mentalität rasch die öffentliche Aufmerksamkeit von der innenpolitischen Situation weg auf die Außenpolitik gelenkt hat.«[283]

Zur Strategie Roosevelts zitiert Wear den US-amerikanischen Botschafter in Paris, William Bullitt, wonach Frankreich und England für den Fall eines Krieges die Zusicherung erhalten hatten, dass die USA ihre »isolationistische Zurückhaltung« aufgeben und an der Seite Englands und Frankreichs aktiv eingreifen würden. Bullitt soll gesagt haben, die Vereinigten Staaten seien bereit, ihren Reichtum und ihre Ressourcen zur Verfügung zu stellen: »Sollte der Krieg ausbrechen, werden wir gewiss nicht am Anfang daran teilnehmen, aber wir werden ihn beenden.«[284] Zusicherungen Roosevelts an London und Paris belegen auch andere von Wear genannte Quellen.

---

[282] Vgl. John Wear: Roosevelt Conspired to Start World War II in Europe, The Unz Review, 26.1.2019, www.unz.com/article/roosevelt-conspired-to-start-world-war-ii-in-europe/, vgl. auch Mark Weber: President Roosevelt's Campaign to Incite War in Europe. The Secret Polish Documents, in: *The Journal of Historical Review,* Bd. 4, Nr. 2, Sommer 1983, S. 136-137 und 140. Siehe auch Dirk Bavendamm: Roosevelts Weg zum Krieg, a.a.O.

[283] Count Jerzy Potocki to Polish Foreign Minister in Warsaw. In: *The German White Paper. Full Text of the Polish Documents Issued by the Berlin Foreign Office*, New York 1940, S. 29-31

[284] Zit. wie John Wear, a.a.O. Vgl. auch Juliusz Lukasiewicz to Polish Foreign Minister in Warsaw. In: *The German White Paper,* S. 43-44

Von vornherein ging es nach den neueren Forschungsergebnissen (die nicht selten unbegründet als »Verschwörungstheorien« oder »Geschichtsrevisionismus« abgetan werden) ebenso gegen die Sowjetunion wie gegen das Deutsche Reich, auch wenn die westlichen Alliierten offiziell erst einmal mit Russland paktierten. Danach sollte Hitler, der aus dem Nichts heraus auf die politische Bühne getreten war, die Destabilisierung Deutschlands betreiben und in einen Krieg gegen das bolschewistische Russland manövriert werden.[285]

Parallelen zur gegenwärtigen Situation bieten sich an, zum Beispiel hinsichtlich des plötzlichen Auftretens von Günstlingen der USA oder von Newcomern im neoliberalen Milieu: In der Ukraine wurde 2014 ein unbekannter Banker namens Arsenij Jazenjuk Ministerpräsident, kurz darauf der Oligarch Petro Poroschenko Staatspräsident. In Frankreich wurde 2017 der Hinterbänkler Emmanuel Macron Präsident, und in Venezuela rief sich im Januar 2019 eine Marionette der USA zum »Interimspräsidenten« aus. Die Muster gleichen sich: Jede Bewegung, die von der kapitalorientierten Linie abweicht, soll verhindert werden.

Mit Hitler und der NSDAP haben die britischen und US-amerikanischen Geheimdienste in den 1920er-Jahren den Geist aus der Flasche gelassen. Ein Hauptanliegen war, Deutschland und Russland niederzuhalten und nicht zusammenkommen zu lassen. Diesen in der jüngsten Forschung vertretenen Standpunkt zu benennen bedeutet weder eine Relativierung der ungeheuren Verbrechen der Nazis noch eine Verleugnung des brutalen Stalinismus.

1937 wurde der Versailler Vertrag von der NS-Regierung gekündigt. Deutschland rüstete auf und steuerte auf den zweiten großen Krieg zu, dessen Folgen bis in die Gegenwart relevant sind. 1945 hat Winston Churchill gesagt: »*Dieser Krieg wäre nie ausgebrochen, wenn wir nicht unter dem Druck der Amerikaner und neumodischer Gedankengänge die Habsburger aus Österreich-Ungarn und die Hohenzollern aus Deutschland vertrieben hätten. Indem wir in diesen Ländern ein*

---

[285] Vgl. Starikov, S. 87 ff., sowie Effenberger: Europas Verhängnis – Die Herren des Geldes greifen zur Weltmacht, S. 36. ff. Dazu auch: John Wear, a.a.O.

Vakuum schufen, gaben wir dem Ungeheuer Hitler die Möglichkeit, aus der Tiefe der Gosse zum leeren Thron zu kriechen.«[286] Dabei übersieht oder unterschlägt Churchill allerdings, dass es exakt die englische und US-amerikanische Politik war, die das Desaster mit durchaus gewollten Ergebnissen herbeigeführt hat, wenn auch mit unermesslichen »Kollateralschäden«.

Bedingungslose Kapitulation

Festzustellen ist: Ohne den Ersten Weltkrieg hätte es keinen Versailler Vertrag und damit auch keinen Hitler und keinen Zweiten Weltkrieg gegeben. Wie es schließlich zur bedingungslosen Kapitulation Deutschlands kam, erschließt ein Blick auf die Ereignisse im April und Mai 1945. Obwohl Churchill im März 1945 die Flächenbombardierungen der deutschen Städte beenden wollte, wurde noch bis Mitte April weiter bombardiert. Die Militärs der Alliierten beabsichtigten, Deutschland von der Landkarte zu tilgen. Insgeheim war darüber verhandelt worden, nach dem Sieg über das Deutsche Reich den Krieg im Osten weiterzuführen, um das geschwächte kommunistische Russland in die Knie zu zwingen.

Adolf Hitler nahm sich am 30. April 1945 das Leben und entzog sich damit jeglicher Verantwortung. Am 1. Mai 1945 folgte ihm Joseph Goebbels mit seiner ganzen Familie. Zuvor hatte der noch zum Reichskanzler ernannte Goebbels die Sowjetunion um einen Waffenstillstand ersucht, was jedoch abgelehnt worden war. Nachdem der Kampf um Berlin bereits seinem Ende zuging, hatte Stalin eine bedingungslose Kapitulation gefordert.

Da Reichsfeldmarschall Hermann Göring ebenso wie Reichsführer SS Heinrich Himmler wegen geheimer Verhandlungen mit den westlichen Alliierten über einen Separatfrieden in Ungnade gefallen waren, hatte Hitler Großadmiral Karl Dönitz zum Reichspräsidenten ernannt, der getreu der Idee seines Führers immer noch die Völker

---

[286] Zit. wie Zeit Online, www.zeit.de/1965/05/churchill-ueber-die-deutschen/seite-3

Europas vor dem Bolschewismus bewahren wollte. Dönitz zog sich mit seinem Gefolge auf den Marinestützpunkt Mürwik bei Flensburg zurück, beauftragte Reichsfinanzminister Graf Schwerin von Krosigk mit der Bildung einer geschäftsführenden Reichsregierung und bemühe sich um einen Separatfrieden mit den Westalliierten, um anschließend gegen die Rote Armee vorgehen zu können und sie aus Deutschland zurückzudrängen. Dwight D. Eisenhower, Oberbefehlshaber der alliierten Streitkräfte, ging nicht darauf ein, und am 7. Mai 1945 erklärte Dönitz die bedingungslose Kapitulation für alle kämpfenden Truppen. Damit war der Zweite Weltkrieg zu Ende.

Die Kapitulation trat in Kraft, nachdem sie am 7. Mai im Obersten Hauptquartier der Alliierten Streitkräfte in Reims und in der Nacht vom 8. zum 9. Mai im Hauptquartier der sowjetischen Armee in Berlin-Karlshorst unterzeichnet worden war. Deutschland war ein großer Friedhof. Berlin, das noch Anfang Februar zur Festung erklärt worden war, lag in Schutt und Asche, Hamburg, Köln, Nürnberg, München, Dresden und auch Breslau waren, wie viele deutsche Städte, völlig zerstört. Die überlebenden Naziführer erwartete ein Prozess vor dem Nürnberger Militärgerichtshof.

Auf der Konferenz von Potsdam verhandelten vom 17. Juli bis 2. August 1945 der amerikanische Präsident Harry S. Truman, der Generalsekretär des Zentralkomitees der Kommunistischen Partei der Sowjetunion Josef Stalin und der britische Premierminister Winston Churchill (ab 28. Juli 1945 Clement Attlee) über die politische und geografische Neuordnung Deutschlands, seine Entmilitarisierung, die zu zahlenden Reparationen und die Behandlung deutscher Kriegsverbrecher. Deutschland wurde in vier Besatzungszonen aufgeteilt: die amerikanische, englische, französische und sowjetische. Polen forderte nachdrücklich die Gebiete östlich der Oder-Neiße-Linie und erhielt die Verwaltungshoheit. Eine »*Umsiedlung*« der deutschen Bevölkerung sollte »*in ordnungsgemäßer und humaner Weise erfolgen*«, die endgültige Grenzziehung einer friedensvertraglichen Regelung vorbehalten bleiben.[287]

---

[287] https://de.wikipedia.org/wiki/Potsdamer_Konferenz (22.8.2018)

Winston Churchill, Harry S. Truman und Josef Stalin auf der Potsdamer Konferenz

Zwar protestierte Churchill, der nach Neuwahlen von Clement Attlee abgelöst wurde, gegen das Ausmaß der von Polen geforderten Gebietserweiterung, und der britische Außenminister Bevin wie auch der amerikanische Außenminister Byrnes weigerten sich zunächst, die Ansprüche Polens auf die deutschen Gebiete bis zur Oder-Neiße-Grenze zu unterstützen. Doch die Polen schufen vollendete Tatsachen, und zwar mit Unterstützung Stalins, der im Gegenzug einen Teil der unter Piłsudski durchgeführten Annexionen rückgängig machte. Gestritten wurde zwar über die genaue Grenzziehung im Westen, da es zwei Flüsse mit Namen Neiße gibt und die weiter östlich verlaufende Glatzer Neiße im Gespräch war, auch eine Bober-Queis-Linie. Aber die »Umsiedlung« genannte Vertreibung der Deutschen aus den jetzt unter vorläufige polnische Verwaltung gestellten Ostgebieten bis an die westlich gelegene Lausitzer Neiße wurde umgehend in äußerst brutaler Weise durchgeführt. Das Reichsgebiet östlich dieser Linie wurde sofort administrativ in den polnischen Staat eingegliedert, sämtliche Ortschaften wurden umbenannt.[288] Es folgte ein Exodus von Millionen, das Deutsche Reich und Österreich-Ungarn, zwei Ende des 19. und Anfang des 20. Jahrhunderts prosperierende und verglichen mit Großbritannien, Frankreich und den USA eher friedliche europäische Großmächte, gab es nicht mehr.

Unter Berücksichtigung der historischen Erkenntnisse bleibt festzustellen, dass sich eine mehr oder weniger verdeckte Aggressionspolitik Englands, Frankreichs und einer Kapitallobby in den USA seit mehr als einem Jahrhundert sowohl gegen Deutschland als auch gegen Russland richtet.[289] Seither ist Deutschland verraten und verkauft, zumal die eigenen Politiker diese Vorgänge nicht durchschauen, indoktriniert oder korrumpiert sind. Dasselbe gilt für die weit überwiegende Mehrzahl der Historiker und Journalisten. Das zu akzeptieren, fällt schwer. Eine ganze Phalanx englischer und US-amerikanischer Politiker und Geheimdienste arbeitet dagegen und diskriminiert jeden Andersdenkenden als Verschwörungstheoretiker[290], Revisionisten, Antiamerikaner usw., Wortführer und Hoffnungsträger werden gegebenenfalls eliminiert.

Als die Alliierten im November 2018 mit großen Auftritten, unter anderem einer Zeremonie am Arc de Triomphe, dem Ende des Ersten Weltkriegs gedachten, wurde das bereits wieder großspurige Berlin, ohne dass es die deutschen Beteiligten, Bundeskanzlerin Merkel

---

[288] Im April 2019 forderte die polnische Regierung unter dem Präsidenten Jaroslaw Kaczynski von Deutschland 800 Milliarden Euro an Reparationen für erlittene Schäden im Zweiten Weltkrieg, wobei die Gebietsabtretungen außer Betracht blieben: Vgl. Bild, 6.4.2019, www.bild.de/politik/ausland/politik-ausland/polen-will-von-deutschland-800-milliarden-euro-fuer-den-2-weltkrieg-61075336.bild.html. Im September 2017 beliefen sich die polnischen Reparationsforderungen auf eine Billion Dollar. Vgl. FAZ, 5.9.2017, www.faz.net/aktuell/politik/ausland/polen-fordert-eine-billion-dollar-reparationen-von-deutschland-15183441.html

[289] Vgl. Sosnowski/Wimmer, S. 32

[290] »Der Ausdruck ›Verschwörungstheoretiker‹ ist von bestimmten ausländischen Geheimdiensten erfunden und verwendet worden, um politische Gegner zu diskreditieren.« So Hans-Georg Maaßen, Ex-Präsident des Bundesamtes für Verfassungsschutz, im Interview mit Jonas Hermann und Hansjörg Müller, Neue Zürcher Zeitung, 8.5.2019, www.nzz.ch/international/deutschland/maassen-fuer-viele-linke-bin-ich-der-leibhaftige-satan-nzz-ld.1477173

und Bundespräsident Steinmeier, überhaupt wahrnahmen, in seine Schranken verwiesen. Zuvor schon hatte Macron einen Besuch des US-Präsidenten Trump zum Anlass genommen, seinen Gast an das Grabmal des Marschalls Ferdinand Foch zu führen, »*der lange Jahre vor Ausbruch des Ersten Weltkriegs in enger Abstimmung mit englischen Schattenmännern alles unternommen hatte, den Ausbruch eines weiteren europäischen Krieges zu orchestrieren*«, so Willy Wimmer. Die ganze Welt sollte mitbekommen, »*dass die Mittelmächte Deutschland und das damalige Österreich-Ungarn im Staube lagen. Mit Versailles ist es ihnen dabei noch gelungen, gleich die Ursache für den Zweiten Weltkrieg mitzuliefern. Man muss sich heute fragen, was den Verantwortlichen in Paris durch den Kopf gegangen ist? Vielleicht die klare Bekundung dessen, dass man in dem Bemühen erfolgreich gewesen ist, zwei Nachbarländern Krieg aufzuzwingen?*«[291]

---

[291] www.world-economy.eu/pro-contra/details/article/daemonen-in-paris/ 18.8.2018

Deutschland, Kolonie der USA: In der Nachkriegszeit wurden die Weichen gestellt

Nach dem Giftanschlag auf einen ehemaligen britisch-russischen Doppelagenten forderte die britische Premierministerin die rückhaltlose Unterstützung der deutschen Regierung in einer beispiellosen Hetzkampagne gegen Russland – und Deutschland fügte sich. Die Vereinigten Staaten mit der von ihnen dominierten NATO führten Krieg gegen Jugoslawien, sie besetzten Afghanistan, zündeten den Orient an, übernahmen nach einem von ihnen initiierten Staatsstreich die Ukraine – und Deutschland ließ sich darauf ein. Die NATO rückte entgegen den Vereinbarungen von 1990 nach Osten vor, stationiert an den russischen Grenzen Tausende Soldaten, Raketen, Panzerdivisionen und Kampfflugzeuge – Deutschland ist in vorderster Linie dabei. Die USA verhängen mit heuchlerischer Begründung Sanktionen gegen Russland – Deutschland schließt sich trotz gravierender Nachteile für die eigene Wirtschaft an. Hinzu kommt die Untätigkeit der Bundesregierung hinsichtlich der Bespitzelung durch die NSA (National Security Agency) sowie die Duldung der zahlreichen US-Militärstützpunkte, des Drohneneinsatzes aus Ramstein und der Stationierung von Atomwaffen auf deutschem Territorium.

Der Blick zurück

Wie erklärt sich diese Willfährigkeit, diese Bereitschaft, jede Lumperei, die von den USA oder Großbritannien entgegen dem Völkerrecht veranstaltet wird, ohne Wenn und Aber mitzumachen? Zur Beantwortung dieser Frage ist ein Blick zurück, insbesondere auf das Kriegsende und die unmittelbare Nachkriegszeit hilfreich. Denn seinerzeit wurden die Voraussetzungen für die Politik der folgenden Jahrzehnte geschaffen. Zwar hatte sich nach dem Selbstmord Hitlers der neu ernannte Reichskanzler Joseph Goebbels noch um einen Separatfrieden mit Russland bemüht, und Hitlers Nachfolger als Reichspräsident, Großadmiral Karl Dönitz, hatte wegen eines Separatfriedens mit den Alliierten verhandelt, aber sowohl Stalin als auch der Oberbefehlshaber der alliierten Streitkräfte, General Dwight D. Eisenhower, waren nicht darauf eingegangen und setzten die bedingungslose Kapitulation Deutschlands durch. In den folgenden Nachkriegsjahren wurden dann die wesentlichen Weichen für die Teilung des Deutschen Reiches und die Eingliederung Westdeutschlands in den Machtbereich des US-Imperiums gestellt.

In den drei westlichen Besatzungszonen galt das Besatzungsrecht. Das ebenfalls besetzte Österreich, dessen Anschluss an Deutschland 1938 unter dem Jubel beträchtlicher Teile der österreichischen Bevölkerung erfolgt war, wurde sofort wieder separiert. In den amerikanischen, britischen und französischen Zonen waren die Siegermächte bestrebt, dem westlichen Teil Deutschlands eine demokratische Verfassung zukommen zu lassen und die ab 1949 entstandene Bundesrepublik Deutschland gegen die damalige Sowjetunion aufzustellen. Da Geschichte von den Siegern geschrieben wird, liest sich eine verbreitete Version allerdings so, dass die Teilung Deutschlands im Verlauf der »sowjetischen Aggressionspolitik« erfolgte.[292]

---

[292] Vgl. z.B. simpleclub: Die Teilung Deutschlands nach dem Zweiten Weltkrieg, 13.5.2019, www.youtube.com/watch?v=m4qDCLHEaXs (20.4.2019); oder Bundesrat Deutschland: Teilung und Wiedervereinigung, 21.4.2015, www.youtube.com/watch?v=3GojPNcCIAw (20.4.2019)

In der Tat sperrten die Sowjets am 24. Juni 1948 die Zugangs-wege in die Sowjetische Besatzungszone und nach Berlin. Aber das war die Folge der am 20. Juni einseitig in den drei westlichen Be-satzungszonen durchgeführten Währungsreform mit der D-Mark als neuem Zahlungsmittel. Die Sperrung der Grenzen erfolgte, um zu verhindern, dass große Mengen in den Westzonen wertlos ge-wordener Reichsmark in die Sowjetische Besatzungszone geschafft wurden, was dort zu einer Inflation geführt hätte. Damit war die Teilung Deutschlands in West und Ost, die von der Sowjetunion ursprünglich nicht beabsichtigt war, besiegelt und eine Neutralität, wie sie von einigen Politikern gefordert und von Österreich erreicht wurde, ausgeschlossen.

Das war offensichtlich geplant, wie aus der sogenannten Truman-Doktrin vom 12. März 1947 hervorgeht, die das Ende der ame-rikanisch-sowjetischen Kriegskoalition und den Beginn des ersten Kalten Krieges markierte.[293] Die USA richteten ab Juni 1948 bis zum Ende der Blockade im Mai 1949 zur teilweisen Versorgung der Westberliner Bevölkerung eine Luftbrücke mit Flugzeugen (auch Rosinenbomber genannt) ein, wodurch sie die Sympathien vieler Deutscher gewannen. John Foster Dulles (US-Außenminister von 1953 bis 1959), ein scharfer Gegner der Sowjets, äußerte sich dazu im Januar 1949 in Paris: »*Zu jeder Zeit hätte man die Situation in Berlin klären können ... Die gegenwärtige Lage ist jedoch für die USA aus propagandistischen Gründen sehr vorteilhaft. Dabei gewinnen wir das Ansehen, die Bevölkerung von Berlin vor dem Hungertod be-wahrt zu haben, die Russen aber erhalten die ganze Schuld wegen ihrer Sperrmaßnahmen.*«[294] Natürlich konnten 2,2 Millionen Westberliner nicht ausschließlich aus der Luft versorgt werden. Die Blockade war also durchlässiger, als im Nachhinein behauptet wurde.

---

[293] Dazu: Manfred Görtemaker u. a.: Das Ende des Ost-West-Konflikts?, Berlin 1990, S. 58
[294] Zit. wie George S. Wheeler: Die amerikanische Politik in Deutschland (1945–1950), Berlin 1958, S. 223

Wie die Weichen gestellt wurden

Ein westdeutscher Separatstaat wurde schon bald nach Ende des Krieges systematisch vorbereitet, indem am 1. Januar 1947 die amerikanische und die britische Zone zur sogenannten Bizone vereinigt wurden, die ab 8. April 1948 mit der französischen Zone die sogenannte Trizone bildeten, den Vorläufer der späteren Bundesrepublik Deutschland. Damit hintertrieben die Westmächte die Politik der Sowjetunion, die ein einheitliches antifaschistisches und entmilitarisiertes Deutschland zum Ziel hatte.

Am 23. Mai 1949 wurde dann das Grundgesetz erlassen, am 14. August 1949 fanden die Wahlen zum ersten Deutschen Bundestag statt, und am 20. September 1949 gab es in der unter Aufsicht der Besatzungsmächte neu gegründeten Bundesrepublik Deutschland eine Regierung mit dem Kanzler Konrad Adenauer, der am 15. September mit einer Stimme Mehrheit gewählt worden war. In den Bundestagswahlen hatte sich Adenauer gegen den SPD-Kanzlerkandidaten Kurt Schumacher durchsetzen können. Bei einer Wahlbeteiligung von 78,5 Prozent erhielt die CDU zusammen mit der bayerischen CSU 31 Prozent der Stimmen, die SPD unterlag knapp mit 29,2 Prozent. Es folgten FDP mit 11,9, KPD mit 5,7 und die rechtsradikale Deutsche Partei (DP) mit 4 Prozent. Bundespräsident wurde der Journalist und FDP-Parteivorsitzende Theodor Heuss, dessen Partei »gegen Verstaatlichung und Sozialisierung« eintrat.

Schumacher, der eine politische Neutralität Deutschlands für möglich hielt, forderte die Verstaatlichung aller Grundstoffindustrien, sprach sich gegen eine zu enge Anbindung an die USA aus und lehnte eine Bewaffnung der Bundesrepublik Deutschland in aller Entschiedenheit ab. Der Jurist und ehemalige Reichstagsabgeordnete hatte sich sofort nach Kriegsende maßgeblich für den Wiederaufbau der SPD eingesetzt. Im Ersten Weltkrieg hatte er einen Arm verloren und die Zeit des Nationalsozialismus überwiegend im KZ verbracht.

Demgegenüber war der ultrakonservative Adenauer, dessen Wahlkampf in verfassungswidriger Weise von der westdeutschen Unternehmerschaft mit üppigen Spenden gefördert worden war, als

Protegé der Alliierten für die Westbindung, Wiederbewaffnung und eine soziale Marktwirtschaft eingetreten. Der militante Antikommunist und Gegner der Sozialdemokratie war Mitglied des preußischen Herrenhauses gewesen und Präsident des Staatsrats, der den Kaiser beriet. Sein Intimus Robert Pferdmenges, Bankier und Gründungsmitglied der CDU, hatte bereits ab 1946 sehr erfolgreich als Schatzmeister für eine Christlich Demokratische Union im Rheinland Spenden gesammelt, 1950 wurde er Mitglied des Deutschen Bundestages.

Schon seit 1946 bereiste Adenauer mit großer Limousine und Chauffeur die westlichen Besatzungszonen. Die Alliierten gewährten ihm jede Unterstützung, und es gelang ihm durch Intervention bei dem französischen Ministerpräsidenten Georges Bidault zu verhindern, dass West-Berlin ein Bundesland wurde – eine gravierende Wahlmanipulation. Der Politiker Johann Jacob Kindt-Kiefer, der einem Gespräch Adenauers mit Bidault beiwohnte, berichtete später: *»Es drehte sich darum, in welcher Weise von Frankreich aus Adenauer und seiner Partei Wahlhilfe geleistet werden könnte ... Adenauer schlug vor, Frankreich möge sich dafür einsetzen, daß West-Berlin nicht der Bundesrepublik angeschlossen werden solle, weil sonst die Gefahr eines sozialdemokratischen Übergewichts in Westdeutschland entstünde ...«*[295] Dadurch erhielten die Abgeordneten in der sozialdemokratischen Hochburg Berlin nicht das volle Stimmrecht im Bundestag, sodass Adenauer mit der Mehrheit von einer Stimme (seiner eigenen) zum Bundeskanzler gewählt werden konnte. Er ging eine Koalition mit FDP und DP ein.

Eines der prägenden Elemente der bundesdeutschen Nachkriegszeit war die Dämonisierung und Verfolgung der Kommunisten. Auch hierbei standen die USA Pate. Bezeichnend, dass der ehemalige Leiter der Abteilung Fremde Heere Ost, Ex-Generalmajor Reinhard Gehlen, als Chef des Bundesnachrichtendienstes Beihilfe leistete, obwohl der BND als Auslandsgeheimdienst eigentlich nicht

---

[295] Zit. wie Rudolf Jungnickel: Kabale am Rhein. Der Kanzler und sein Monsignore. Weimar 1998, S. 100 f.

zuständig war. Gehlens von hochrangigen Nazis durchsetzte Truppe, der ehemalige SS-, SD- und Gestapo-Offiziere angehörten, war maßgeblich an der politischen Ausrichtung der Bundesrepublik beteiligt.

Der 1956 aus der gleich nach Kriegsende von den US-Besatzungsbehörden gegründeten »Organisation Gehlen« hervorgegangene BND verfügte Mitte der 1950er-Jahre bereits über mehrere Tausend Mitarbeiter, die auf den Antikommunismus und eine unbedingte Zusammenarbeit mit den US-Geheimdiensten eingeschworen waren. Hinzu kam die Verseuchung der deutschen Politik durch Netzwerke, die zum Teil bis heute im Interesse der USA finanziert und gesteuert werden.

Im Zugriff der USA

Auf diese Weise, durch Wahlmanipulationen, rechtswidrige Parteispenden, Verfassungsbruch, Indoktrination und intensivste Einwirkung der Alliierten, insbesondere der USA, wurde die Bundesrepublik Deutschland nach Ende des Zweiten Weltkriegs systematisch dem Einfluss der USA ausgeliefert und gegen die Sowjetunion in Stellung gebracht. Dieser Zugriff der USA auf die deutsche Politik und die meinungsbildenden Medien, der unter den verschiedenen Regierungen unterschiedlich stark ausgeprägt war, besteht bis in die Gegenwart.

Besonders die Kanzlerschaft von Angela Merkel zeugt von einer überaus großen Bereitschaft, den Vorgaben aus den Vereinigten Staaten entgegenzukommen. Dementsprechend werden immer wieder Zweifel an der Souveränität Deutschlands geäußert. Erkenntnisse dazu bieten der Deutschlandvertrag von 1952 sowie der Zwei-plus-Vier-Vertrag von 1990 und das Zusatzabkommen zum NATO-Truppenstatut. Zwar wurden die im Deutschlandvertrag enthaltenen Einschränkungen der deutschen Souveränität durch den Zwei-plus-Vier-Vertrag aufgehoben, aber nach neuen Verhandlungen mit den Alliierten wurden 1993 unter Berücksichtigung der globalen Rolle der USA wiederum souveränitätseinschränkende Bestimmungen in das Zusatzabkommen zum NATO-Truppenstatut aufgenommen. Das betrifft die Rechtsstellung der in der Bundesrepublik stationierten ausländischen Streitkräfte und deren Befugnis, die zum Schutz der Truppen notwendigen Sicherungsmaßnahmen zu treffen, wozu Eingriffe in das Kommunikationswesen und das System der Strafverfolgung gehören. Zu berücksichtigen sind weitere Abkommen sowie Einflussmöglichkeiten der USA im Wege verdeckter Nötigung und Erpressung.

Danach lässt sich feststellen, dass Deutschland zwar pro forma souverän ist, de facto jedoch nur über eine eingeschränkte Souveränität verfügt. In letzter Zeit wurden wieder verstärkt Forderungen laut, aus der NATO auszutreten und das Truppenstatut zu kündigen.[296] Beides wäre – soweit nicht andere Vereinbarungen entgegenstehen – mit Kündigungsfristen von einem Jahr (NATO-Vertrag) und zwei Jahren (Truppenstatut) möglich. Stattdessen plädiert Angela Merkel für die Aufstellung einer europäischen Armee im Rahmen der NATO.[297] Die Frage stellt sich dringender als je zuvor, inwieweit Deutschland gegenüber den USA (sowie Großbritannien und Frankreich) überhaupt Handlungsspielraum bleibt. Dazu hat die RT-Deutsch-Reporterin Margarita Bityutski den Politikwissenschaftler Alexej Fenenko, der Mitglied des russischen Sicherheitsrates ist, befragt. Auch Fenenko stellt als Erstes fest, dass Deutschland lediglich *»eingeschränkt souverän«* sei. Er vertritt die Auffassung, das Besatzungsrecht gelte nach wie vor: Deutschland habe die Kosten für die Stationierung fremder Truppen zu tragen, dürfe deren Abzug nicht fordern und müsse von den Truppenbewegungen der Alliierten auf seinem Territorium nicht in Kenntnis gesetzt werden. Es sei auch im Aufbau der Bundeswehr eingeschränkt. Einen Abzug amerikanischer Atomwaffen könne Deutschland nur im Einvernehmen

---

[296] Vgl. Anneliese Fikentscher/Andreas Neumann: Deutschland trotz 2+4-Vertrag noch Besatzungsrecht unterworfen?, Neue Rheinische Zeitung Online, 22.5.2019, www.nrhz.de/flyer/beitrag.php?id=25918

[297] Vgl. Zeit Online/dpa, 13.11.2018, www.zeit.de/news/2018-11/13/merkel-plaediert-fuer-europaeische-armee-181113-99-796769

mit allen NATO-Mitgliedern durchsetzen – also letztlich gar nicht. Fenenko sagt weiter: *»Die Amerikaner haben Deutschland an die Wand gedrückt«*, es verharre im Status eines *»besetzten Staates«* und dürfe keine außenpolitischen Entscheidungen treffen, ohne sich mit den Siegermächten zu beraten. Das alles bestimme der Zwei-plus-Vier-Vertrag von 1990 – *»genauer gesagt, nicht nur der Vertrag selbst, sondern auch die damit verbundenen Dokumente«*. Fenenko: *»Einen Friedensvertrag gibt es nach wie vor nicht. Warum nicht? Ich denke, dass das der perfekte Mechanismus ist, um die äußere Kontrolle der westlichen Siegermächte über Deutschland zu bewahren.«[298]*

Das, was nach 1945 angebahnt wurde, hat sich bis in die Gegenwart erhalten: Deutschland ist als Frontstaat weitgehend den US-Direktiven ausgeliefert und gegen Russland aufgestellt, die Medien versagen als kritische Instanz fast völlig, und nach wie vor hängt das Damoklesschwert eines großen Krieges über Europa, wie vor 1914 und vor 1939. Nach kurzer Beruhigung und Besinnung wird nun seit Jahren aufgerüstet, die USA mit der NATO sind entgegen allen Versprechungen bis an die Grenzen Russlands vorgerückt und haben dort eine gewaltige Militärmacht aufgebaut. Die Charta der Vereinten Nationen ist schon lange Makulatur, spätestens seit dem völkerrechtswidrigen Angriffskrieg gegen Jugoslawien von 1999. Jetzt betragen die Vorwarnzeiten für die gegen Moskau gerichteten Raketen fünf bis zehn Minuten. Aber die Bevölkerung wird für dumm verkauft und indoktriniert.

Kontrolle wird auch über andere europäische Staaten ausgeübt, die nicht strikt auf der von den USA vorgegebenen Linie bleiben. In Österreich fand im Mai 2019 überraschend ein Staatsstreich statt, und zwar nach einer koordinierten, gut vorbereiteten Geheimdienstaktion, die eine Regierungskrise zur Folge hatte. Der Vizekanzler und Vorsitzende der Freiheitlichen Partei Österreichs (FPÖ), Heinz-Christian Strache, wurde bereits 2017 auf Ibiza in einem Geheimdienstdomizil zusammen mit seinem Parteifreund,

---

[298] RT Deutsch, 27.5.2019, https://deutsch.rt.com/programme/der-fehlende-part/88629-deutschlandfrage-ist-nicht-geklaert-politikwissenschaftler/

dem Nationalratsabgeordneten Johann Gudenus, in die Falle ge-
lockt. Im Beisein der angeblichen Nichte eines lettisch-russischen
Oligarchen plauderte Strache über die mögliche Verschleierung von
Parteispenden und stellte im Fall einer Übernahme der *Kronen-
zeitung* und Berichterstattung im Sinne der FPÖ Staatsaufträge in
Aussicht.[299] Das dabei rechtswidrig aufgenommene und am 17. Mai
2019 in die Öffentlichkeit lancierte Video wurde ihm wie auch der
Regierung von Bundeskanzler Sebastian Kurz zum Verhängnis: Ein
Misstrauensvotum führte zur Auflösung der Regierung, die in der
EU eine gemäßigt eigenständige Politik in Bezug auf Russland und
die Flüchtlingszuwanderung verfolgte. Die an dieser Ausrichtung
maßgeblich beteiligte, von den Medien als rechtspopulistisch ein-
gestufte FPÖ geriet ebenfalls in eine Krise. Strache und Gudenus
traten aufgrund ihrer unlauteren bis kriminellen Machenschaften
von ihren Ämtern zurück.

Swiss Propaganda Research, ein Forschungs- und Informations-
projekt zu geopolitischer Propaganda in Schweizer und internationalen Medien, kommentierte: »*Klar ist hingegen, dass das Video nun
in einem europapolitisch-transatlantischen Kontext für einen Regierungswechsel eingesetzt wurde ... Mit Strache und Gudenus wurden die
beiden Hauptarchitekten der Achse Wien-Moskau neutralisiert – durch
eine falsche Russin ... Insgesamt ist diese Aktion somit als veritabler
Coup gegen eine Moskau-freundliche und EU-kritische Regierungspar-
tei einzustufen, sowie als Warnung an andere Regierungen.«[300]*

---

[299] Vgl. hierzu Rubikon, 1.6.2019, www.rubikon.news/artikel/die-ibiza-affare
[300] Zit. wie Neue Rheinische Zeitung Online, Ein verkappter NATO-Putsch,
29.5.2019, www.nrhz.de/flyer/beitrag.php?id=25944

Die Interventions- und Sanktionspolitik der USA

Imperialer Anspruch

Die Liste der von den USA allein nach dem Zweiten Weltkrieg geführten Kriege ist lang. Sie richteten sich zumeist gegen Völker, die ihren eigenen politischen Weg gehen wollten oder über bestimmte Bodenschätze verfügen. Betroffen waren unter anderem die Philippinen, Korea, Guatemala, Vietnam, Kambodscha, Chile, Haiti, Thailand, Dominikanische Republik, Angola, El Salvador, Afghanistan, Nicaragua, Grenada, Panama, Kuwait, Jugoslawien, Somalia, Libanon, Irak, Sudan, Libyen, Syrien.

Fast immer werden diese Kriege, die zumeist ohne ein Mandat der UNO völkerrechtswidrig geführt werden, gegenüber der Weltöffentlichkeit als humanitäre Einsätze für Frieden und Freiheit gerechtfertigt. Und wo die USA nicht militärisch intervenieren, mischen sie sich ständig überall auf der Welt in die inneren Angelegenheiten anderer Völker ein. Es ist nicht zu übersehen: Seit den Indianerkriegen und der Annexion großer Gebiete Mexikos[301] ist die US-amerikanische Politik bestimmt von Gemeinheit, Erpressung, Landraub und Völkermord. Das hat sich bis in die jüngste Zeit fortgesetzt.

Nicht ausgenommen von dieser Politik ist Deutschland als Frontstaat und europäischer Brückenkopf der USA. Als bald nach 1945 der Kalte Krieg gegen die Sowjetunion begann und 1949 die NATO als Verteidigungsbündnis gegründet wurde, erklärte deren erster Ge-

---

[301] 1845 annektierten die USA Texas, und im Mexikanisch-Amerikanischen Krieg (1846–1848) eroberten sie Kalifornien, Arizona, New Mexico, Utah, Nevada, Texas und Teile von Colorado und Wyoming.

neralsekretär, der britische Baron Hastings Ismay, die Mission des Bündnisses für Europa: *»to keep the Russians out, the Americans in, and the Germans down«* – *»um die Russen draußen, die Amerikaner drinnen und die Deutschen unten zu halten«.*[302]

Dieser Zielvorgabe entspricht bis heute die Strategie der Vereinigten Staaten. Hinzu kommt, dass sich das Nordatlantische Verteidigungsbündnis mehr und mehr zu einem aggressiven Angriffsbündnis entwickelt hat, das unter Missachtung ihrer Statuten von den USA für ihre Imperialpolitik benutzt und missbraucht wird. Wie weit die USA mit der NATO zu gehen bereit sind, trat überdeutlich im Mai 2018 zutage, als Kolumbien, Nachbarstaat von Venezuela, als *»globaler Partner«* in die NATO aufgenommen wurde.[303] Es könnte eine der Vorbereitungen für einen Krieg gegen Venezuela sein. Unbeachtet von den NATO-Mitgliedsstaaten, protestierte der venezolanische Außenminister: *»Venezuela verurteilt erneut vor der internationalen Gemeinschaft die Absicht der kolumbianischen Regierung, sich zur Verfügung zu stellen, um eine auswärtige Militärallianz mit nuklearer Kapazität in Lateinamerika und der Karibik einzuführen.«*[304]

Anlässlich eines Besuchs des brasilianischen Präsidenten Bolsonaro stellte US-Präsident Trump auch Brasilien eine NATO-Mitgliedschaft in Aussicht,[305] und zwar unter Verletzung des NATO-Statuts und ohne Absprache mit den Verbündeten, die immer mehr in die Interventionspolitik der USA einbezogen werden. Nicht auszuschließen ist danach, dass künftig deutsche Soldaten bei einem Krieg in Südamerika zum Einsatz kommen könnten, womöglich gegen Venezuela. Die deutsche Regierung erweist sich als folgsamer Vasall, jedenfalls gab es keinen Widerspruch aus Berlin.

Ignoriert wird schon lange die Präambel des Nordatlantikvertrags, in der es heißt: *»Die Parteien dieses Vertrags bekräftigen erneut*

---

[302] Zit. wie https://de.wikipedia.org/wiki/Hastings_Ismay,_1._Baron_Ismay (15.2.2019)

[303] Vgl. amerika21, 28.5.2018, https://amerika21.de/2018/05/202241/kolumbien-globaler-partner-nato

[304] Zit. wie ebd.

[305] Vgl Zeit Online, 19.3.2019, www.zeit.de/politik/ausland/2019-03/treffen-jair-bolsonaro-donald-trump-brasilien-usa-nato-beitritt

ihren Glauben an die Ziele und Grundsätze der Satzung der Vereinten Nationen und ihren Wunsch, mit allen Völkern und Regierungen in Frieden zu leben. Sie sind entschlossen, die Freiheit, das gemeinsame Erbe und die Zivilisation ihrer Völker, die auf den Grundsätzen der Demokratie, der Freiheit der Person und der Herrschaft des Rechts beruhen, zu gewährleisten. Sie sind bestrebt, die innere Festigkeit und das Wohlergehen im nord-atlantischen Gebiet zu fördern. Sie sind entschlossen, ihre Bemühungen für die gemeinsame Verteidigung und für die Erhaltung des Friedens und der Sicherheit zu vereinigen. Sie vereinbaren daher diesen Nordatlantikvertrag.« Artikel 1 verpflichtet dann die Parteien, *»in Übereinstimmung mit der Satzung der Vereinten Nationen, jeden internationalen Streitfall, an dem sie beteiligt sind, auf friedlichem Wege so zu regeln, dass der internationale Friede, die Sicherheit und die Gerechtigkeit nicht gefährdet werden, und sich in ihren internationalen Beziehungen jeder Gewaltandrohung oder Gewaltanwendung zu enthalten, die mit den Zielen der Vereinten Nationen nicht vereinbar sind.«* Artikel 2 Absatz 1 lautet: *»Die Parteien werden zur weiteren Entwicklung friedlicher und freundschaftlicher internationaler Beziehungen beitragen.«*[306]

Die Charta der Vereinten Nationen, die am 25. Juni 1945 in San Francisco von Delegierten aus 50 Ländern einstimmig verabschiedet wurde, beginnt mit den Sätzen: *»Wir, die Völker der Vereinten Nationen – fest entschlossen, künftige Geschlechter vor der Geißel des Krieges zu bewahren, die zweimal zu unseren Lebzeiten unsagbares Leid über die Menschheit gebracht hat, ... haben beschlossen, in unserem Bemühen um die Erreichung dieser Ziele zusammenzuwirken ... Alle Mitglieder unterlassen in ihren internationalen Beziehungen jede gegen die territoriale Unversehrtheit oder die politische Unabhängigkeit eines Staates gerichtete oder sonst mit den Zielen der Vereinten Nationen unvereinbare Androhung oder Anwendung von Gewalt.«*[307] Krieg ist also weltweit geächtet. Es gibt nur drei Ausnahmen: ein Mandat des UNO-Sicherheitsrates, Notwehr oder Nothilfe. Eine Abkehr von

---

[306] Der Nordatlantikvertrag, Washington D.C., 4.4.1949, www.nato.int/cps/en/natolive/official_texts_17120.htm?blnSublanguage=true&selectedLocale=de
[307] Charta der Vereinten Nationen, www.unric.org/html/german/pdf/charta.pdf

dieser friedensbewahrenden Übereinkunft leitete der Krieg gegen die Bundesrepublik Jugoslawien im Jahre 1999 ein. Mit der Überdehnung und der Verletzung ihres ursprünglichen verteidigungs- und sicherheitspolitischen Auftrags hat die NATO im Wege einer von den USA betriebenen militärpolitischen Metamorphose ihre Bestimmung als Verteidigungsbündnis endgültig verloren.

Dessen ungeachtet wurde im April 2019 in den Hauptstädten der westlichen Welt der 70. Jahrestag der NATO-Gründung gefeiert, und in Washington hielt NATO-Generalsekretär Jens Stoltenberg eine mit viel Beifall bedachte Rede.[308] Vor dem US-Kongress trug er vor: *»Wir stehen vor beispiellosen Herausforderungen ... 2014 hat Russland illegal die Krim annektiert. Zum ersten Mal in Europa hat ein Land sich das Territorium eines anderen Landes gewaltsam angeeignet seit dem Zweiten Weltkrieg. Wir sehen eine stärkere Aggression Russlands, einen massiven Militäraufbau von der Arktis bis zum Schwarzen Meer. Wir sehen die Verwendung von Nervengas im Vereinigten Königreich, Unterstützung für das Assad-Mörder-Regime in Syrien, ständige Cyberangriffe auf die NATO als Bündnis und auf die Partner, Nutzung von Parlamenten, raffinierte Desinformationskampagnen und Einschüchterungsversuche in die Demokratie selbst. Die NATO hat reagiert mit dem stärksten Aufbau unserer kollektiven Verteidigung seit Jahrzehnten.«[309]* Beschwichtigend fügte Stoltenberg seinen Unterstellungen und seiner Propaganda hinzu: *»All das machen wir nicht, um einen Konflikt zu provozieren, sondern um ihn zu verhindern, um den Frieden zu erhalten, nicht zu kämpfen, sondern abzuschrecken, nicht anzugreifen, sondern zu verteidigen. Wir wollen keinen neuen Rüstungswettlauf, wir wollen keinen neuen Krieg. Aber wir sollten nicht naiv sein ...«*

Erwartungsgemäß plädierte Stoltenberg entsprechend seiner Obliegenheiten als NATO-Generalsekretär für eine Erhöhung der Militärausgaben. Gegen Ende seiner Rede sagte er dann: *»Die NATO*

[308] Vgl. ZDF-heute, 3.4.2019, www.zdf.de/nachrichten/heute/rede-stoltenberg-70-jahre-nato-100.html

[309] Zum NATO-Krieg gegen Jugoslawien vgl. hanskoechler.com, 22.3.2019, http://hanskoechler.com/Koechler-NATO_War-1999-International_Law-March 2019.pdf

ist ein Bündnis souveräner Staaten, geeint in Demokratie, Freiheit und Rechtstaatlichkeit, bestehend aus Menschen, die sich in ihrem Leben frei entfalten wollen und nach Glück streben ohne Unterdrückung. Das sind Werte, die im Kern der USA und im Kern der NATO stehen.« Wer die Politik der Organisation in den vergangenen Jahren auch nur annähernd verfolgt hat, kommt zu gänzlich anderen Schlüssen. Immer wieder stellt sich die Frage, ob diese menschheitsgefährdenden Heuchler und ihre Claqueure (stehende Ovationen im US-Kongress!) wirklich von ihrer »Mission« überzeugt sind. Ob viele von ihnen nur dumm und unwissend sind oder gerissen und aggressiv ihre wirtschaftlichen und strategischen Ziele verfolgen.

Im Deutschen Bundestag wurde auf Antrag von CDU/CSU und SPD am 4. April 2019 nach einigem Hin und Her per »Hammelsprung« ein Bekenntnis zur NATO *»als Rückgrat der transatlantischen Verteidigung«* beschlossen.[310] Zuvor hatten viele Abgeordnete der Oppositionsparteien durch Handzeichen gegen den Antrag votiert. Verteidigungsministerin von der Leyen wies erneut darauf hin, dass der »Verteidigungshaushalt«, wie von der US-Regierung gefordert, weiter aufgestockt werde.

Demgegenüber forderte der ehemalige SPD-Kanzlerkandidat (1990) Oskar Lafontaine am 3. April 2019 auf seiner Facebook-Seite die Auflösung der NATO: *»Heute wäre es an der Zeit, ein Bündnis für Abrüstung, Frieden und Gerechtigkeit ins Leben zu rufen, das den in Vergessenheit geratenen Artikel 1 des NATO-Vertrages zur Grundlage seiner Politik macht. Es sollte sich zum Ziel setzen, die irrwitzigen Ausgaben für Rüstung und Militär zu senken und die freiwerdenden Mittel zu nutzen, um Hunger und Krankheit in der Welt zu bekämpfen.«[311]*

Ein Austritt aus dem Nordatlantikvertrag ist theoretisch mit einjähriger Kündigungsfrist möglich. Artikel 13 lautet: *»Nach zwanzigjähriger Geltungsdauer des Vertrags kann jede Partei aus dem Vertrag ausscheiden, und zwar ein Jahr nachdem sie der Regierung der Vereinigten Staaten von Amerika die Kündigung mitgeteilt hat; diese un-*

---

[310] Vgl. Tagesschau: Hammelsprung über NATO-Strategie, 4.4.2019, www.tagesschau.de/inland/nato-bundestag-101.html

[311] Zit. wie NachDenkSeiten, 4.4.2019, www.nachdenkseiten.de/?p=50667#h01

terrichtet die Regierungen der anderen Parteien von der Hinterlegung jeder Kündigungsmitteilung.« Ein solcher Antrag auf Kündigung der NATO-Mitgliedschaft sollte trotz aller Widerstände aus den USA umgehend in den Deutschen Bundestag eingebracht werden.

Die Charta der Vereinten Nationen – nur noch eine geschichtliche Erinnerung

Artikel 1 der Charta der Vereinten Nationen lautet: *»Die Vereinten Nationen setzen sich folgende Ziele: 1. den Weltfrieden und die internationale Sicherheit zu wahren und zu diesem Zweck wirksame Kollektivmaßnahmen zu treffen, um Bedrohungen des Friedens zu verhüten und zu beseitigen, Angriffshandlungen und andere Friedensbrüche zu unterdrücken und internationale Streitigkeiten oder Situationen, die zu einem Friedensbruch führen könnten, durch friedliche Mittel nach den Grundsätzen der Gerechtigkeit und des Völkerrechts zu bereinigen oder beizulegen; 2. freundschaftliche, auf der Achtung vor dem Grundsatz der Gleichberechtigung und Selbstbestimmung der Völker beruhende Beziehungen zwischen den Nationen zu entwickeln und andere geeignete Maßnahmen zur Festigung des Weltfriedens zu treffen ...«* Von diesen großartigen Absichtserklärungen und Verpflichtungen ist ebenso wenig übrig geblieben wie von den Vereinbarungen des Nordatlantikvertrages, weshalb die Forderung, Deutschland möge aus der NATO austreten, überaus berechtigt ist. Auch mehren sich die Stimmen, die eine von den USA unabhängige Politik für Deutschland fordern, nachdem deutlich geworden ist, dass die USA eine Langzeitstrategie verfolgen, die nicht den deutschen, aber auch nicht den europäischen Interessen dient.

Was den Europäern als »Partner« der Vereinigten Staaten aufgebürdet wird, ist einem Interview zu entnehmen, in dem 2007 der Viersternegeneral Wesley Clark, zeitweise Oberbefehlshaber der NATO, rückblickend sagte, dass seinerzeit schon die Bush-Administration den Krieg gegen sieben Länder geplant habe. Das waren außer Afghanistan der Irak, Syrien, Libanon, Libyen, Somalia, Sudan und letztlich noch der Iran.[312] Es gab also schon unmittelbar nach dem Anschlag auf das World Trade Center am 11. September 2001 einen Plan für Regimewechsel und Kriege im Nahen Osten und in Afrika. Hinzu kamen Einflussnahmen auf südamerikanische und osteuropäische Länder.

Das ist bis heute die Strategie der USA, die dadurch in permanente Konflikte mit Russland und China gerät. Anstatt die NATO 1991 nach der Auflösung des Warschauer Pakts ebenfalls aufzulösen, und zwar zugunsten eines gesamteuropäischen Sicherheitsbündnisses einschließlich Russlands, wurde das transatlantische Militärbündnis immer mehr zu einem Aggressionsinstrument entwickelt. Die aktuellen Konflikte und Kriege sind nicht durch Zufall entstanden, sie sind von gewissenlosen Psychopathen – anders kann man sie wohl nicht nennen – in Politik, Wirtschaft und Militär geplant worden.[313]

Neben Kriegshandlungen sind ökonomische Sanktionen zu einer wirkungsvollen Waffe für die Durchsetzung der globalen Vorherrschaft geworden. Dass darunter bewusst vor allem die Zivilbevölkerung in Mitleidenschaft bezogen wird, dokumentiert in erschreckender Weise eine Äußerung der ehemaligen US-Außenministerin Madeleine Albright, einer »Freundin« von Ex-Außenminister und Grünen-Politiker Joseph (Joschka) Fischer. In einer Fernsehshow antwortete sie am 8. Dezember 2014 auf die Vorhaltung der Moderatorin, wegen der Sanktionen gegen den Irak sei eine halbe Million Kinder gestorben, mehr als in Hiroshima nach dem Abwurf der Atombombe: »*Ich glaube, das ist eine sehr schwere Entscheidung, aber wir glauben, es ist den Preis wert.*«[314] Den Preis bezahlen bis heute die Bevölkerungen der von den US-Interventionen betroffenen Länder. Vor allem Kinder im Irak und im früheren Jugoslawien litten damals und leiden bis heute als Erwachsene an Krebserkrankungen aufgrund des Einsatzes nuklear angereicherter Munition.

---

[312] Vgl. Amy Goodman: Syriens Wahrheit, 6.3.2012, www.youtube.com/watch ?v=kkE8Gp-nWEs (15.2.2019)
[313] Dazu: Daniele Ganser: Illegale Kriege. Wie die NATO-Länder die UNO sabotieren. Eine Chronik von Kuba bis Syrien, Zürich 2016
[314] Zit. nach www.youtube.com/watch?v=uJtSpev8zWk (15.2.2019)

Der Psychologe Rainer Mausfeld, der bis zu seiner Emeritierung im Jahr 2016 in Kiel den Lehrstuhl für Wahrnehmungs- und Kognitionsforschung innehatte, schreibt in dem Buch »Das Schweigen der Lämmer«: *»Auch das Völkerrecht hat sich heute in großen Teilen zu einem Instrument unverhohlener Machtpolitik entwickelt. Die selbstdeklarierte westliche Wertegemeinschaft pflegt wieder offen ihren geradezu religiösen Glauben an die Wirksamkeit von Gewalt, an die Heilsamkeit von Bomben und Zerstörung, von Drohnenmorden und Folter, von Unterstützung terroristischer Gruppen, von wirtschaftlichen Strangulierungen und anderen Formen von Gewalt, deren Auswirkungen über den gesamten Globus zu besichtigen sind.«* Scheinbar desillusioniert fährt Mausfeld fort: *»Kaum mehr als eine geschichtliche Erinnerung ist von den großen Hoffnungen übrig geblieben, die ursprünglich mit Demokratie und Völkerrecht verbunden waren, nämlich Hoffnung auf eine zivilisatorische Einhegung von Macht- und Gewaltbeziehungen ... Zweihundert Jahre nach der Aufklärung, auf die wir uns in der politischen Rhetorik so viel zugutehalten, leben wir in einer Zeit der radikalen Gegenaufklärung. Zugleich verweisen die Mächtigen gerne, wenn es ihren Machtinteressen dient, auf die Aufklärung, um damit gegenüber denjenigen, die sie als ihre Feinde ansehen, ihre behauptete zivilisatorische Überlegenheit zu bekräftigen.«*[315]

Mausfeld scheute sich nicht, die Verursacher heutiger globaler Gewalt zu benennen: die USA und ihre Bündnispartner, die er Vasallen nennt, zu denen Deutschland gehört. In einer Rede im Rahmen der Kampagne »Stopp Air Base Ramstein« sagte er am 28. Juni 2019 in der Apostelkirche in Kaiserslautern: *»Die USA sind nach ihren eigenen Kriterien ein Schurkenstaat und der führende terroristische Staat der Welt ... Als Schurkenstaat gelte – nach den von den USA formulierten Kriterien – Staaten, die sich aggressiv gegenüber anderen Ländern verhalten, die die Stabilität ganzer Regionen untergraben und die sich zugleich internationalen Verhandlungen verweigern. Als Schurkenstaat gilt ein Staat, der den Weltfrieden bedroht.«* Und Mausfeld stellt fest: *»Jedes Jahr belegen weltweite Umfragen, dass die Öf-*

---

[315] Rainer Mausfeld: Das Schweigen der Lämmer, Frankfurt am Main 2018, S. 14

fentlichkeiten der Welt die USA als größte Bedrohung für den Frieden wahrnehmen.«[316]

Das Völkerrecht außer Kraft

Der erste gravierende, folgenschwere Verstoß gegen das Völkerrecht in der jüngsten Geschichte war der Krieg der NATO-Verbündeten einschließlich Deutschlands gegen Jugoslawien im Jahr 1999. Willy Wimmer schreibt dazu in seinem Buch »Deutschland im Umbruch«: »Waren denn alle blind gewesen? Oder einfach nur naiv? Nach dem verbrecherischen Angriffskrieg gegen Jugoslawien und unter zunehmender Knebelung der öffentlichen Meinung erleben wir nun erneut, wie ein verhängnisvoller Weg eingeschlagen, ja begangen wird.«[317]

Ex-Bundeskanzler Gerhard Schröder, der damals mit seinem Außenminister Joseph Fischer den Einsatz deutscher Militärs befürwortete, gab in einer Matinee der Wochenzeitung Die Zeit zu, dass er rechtswidrig gehandelt habe: »Als es um die Frage ging, wie entwickelt sich das in der Republik Jugoslawien, Kosovokrieg, da haben wir unsere Flugzeuge, unsere Tornados, nach Serbien geschickt, und wir haben zusammen mit der NATO einen souveränen Staat gebombt, ohne dass es einen Sicherheitsratsbeschluss gegeben hätte.« Formal sei das »ein Verstoß gegen das Völkerrecht« gewesen.[318] Konsequenzen gab es nicht.

Dass sich die Vereinigten Staaten und NATO an die Grundsätze der Vereinten Nationen und des Völkerrechts halten würden, ist eine x-mal widerlegte Illusion. Barack Obama hat während seiner Regierungszeit sieben Kriege geführt und den Drohnenmord legitimiert; Donald Trump sanktionierte, offensichtlich beraten von den ihm aufgezwungenen Kriegshetzern und entgegen seinen anfänglichen Versprechungen, von der Interventionspolitik abzurücken und

---

[316] Rainer Mausfeld: Staatsräson contra Völkerrecht – sind wir auf dem Weg in den ewigen Krieg?, von Luftpost transkribierte Rede, in: Neue Rheinische Zeitung Online, 3.7.2019, www.nrhz.de/flyer/beitrag.php?id=26038

[317] Willy Wimmer: Deutschland im Umbruch, Höhr-Grenzhausen 2018, S. 13

[318] Zit. wie Die Zeit, 9.3.2014, http://gerhard-schroeder.de/2014/03/09/matinee-der-wochenzeitung-zeit/

Frieden zu halten, in drastischer Weise Länder wie Iran, Venezuela, Nordkorea und Russland.

Der Unternehmer Florian Linse, der sich seit Jahren der Untersuchung von Machtsystemen in menschlichen Gesellschaften widmet, ist auf einen bemerkenswerten Vortrag von Lawrence Wilkerson, ehemals Stabschef von US-Außenminister Colin Powell[319], gestoßen und hat den Text der deutschen Öffentlichkeit zugänglich gemacht.[320] Ob dieser denkwürdige Vortrag, den Wilkerson am 8. Oktober 2014 am Centre for International Governance Innovation (CIGI) in Waterloo/Ontario unter dem Titel »The Travails of Empire«[321] gehalten hat, in Deutschland zur Kenntnis genommen wurde, ist äußerst fraglich. Der Insider Wilkerson, der aufgrund schwerwiegender Erfahrungen mit einer verbrecherischen Politik vom Saulus zum Paulus wurde, berichtete nämlich in aller Offenheit über eine Unzahl verdeckter US-Operationen, die ihm in der Zeit bekannt geworden sind, als er für eine Regierung arbeitete, die über Leichen ging. Besonders aufschlussreich sind die folgenden Passagen: »*Während seiner achtjährigen Präsidentschaft ließ Ronald Reagan 58 verdeckte Operationen durchführen ... Es dauerte 25 Jahre, bis wir von der Beteiligung der USA am Sturz (Anm.: 1953) des ersten demokratisch gewählten Präsidenten des Iran, Mohammad Mossadegh, erfuhren. Ja, wir waren es, die ihn gestürzt haben. Ja, wir waren es, die im Jahr darauf Arbenz in Guatemala stürzten. Diese Aufzählung kann ich beinahe endlos fortsetzen. Das ist die verdeckte Seite der imperialen Macht. Meinen Sie, wir hatten nichts zu tun mit dem versuchten Sturz von Hugo Chávez in Venezuela (Anm.: April 2002) Natürlich hatten wir, ich war dort. Glauben Sie, wir hatten nichts mit den kürz-*

[319] Colin Luther Powell, ehemaliger Vier-Sterne-General, war von 1987 bis 1989 Nationaler Sicherheitsberater und bei George W. Bush Außenminister. 2003 verbreitete er in einer Rede vor dem Weltsicherheitsrat der Vereinten Nationen die Lüge, der Irak besitze Massenvernichtungswaffen und begründete damit die US-Intervention. Später bedauerte er diese Rede und kritisierte die bellizistischen Positionen von Senator John McCain und Verteidigungsminister Donald Rumsfeld.

[320] NachDenkSeiten, 8.8.2018, www.nachdenkseiten.de/?p=45368

[321] Online unter www.youtube.com/watch?v=YM_MH_Bfq5c (1.3.2019)

lichen Unruhen in Kiew zu tun? Wetten dass. Glauben Sie, wir hatten nichts zu tun mit den Unruhen in Georgien (Anm.: August 2008), auf die Russland letztlich reagierte – und Israel auch? Sicherlich taten wir. Glauben Sie, wir hatten nichts mit den Unruhen in Damaskus zu tun? Natürlich hatten wir das.«[322] Und er fügte hinzu: »Wir haben nicht aufgehört mit diesen 58 verdeckten Operationen in 8 Jahren, nur weil wir Präsidenten gewechselt haben. Dafür verbürge ich mich.« Wilkerson ging kurz auf Dwight D. Eisenhower ein, den er für den wahrscheinlich letzten Präsidenten hält, der erfahren genug für den »Job« war, und fuhr fort: »Aber heutzutage haben wir eben keine Leute mehr mit dieser Art Mut und Unerschrockenheit. Ich selbst arbeitete in einer Regierung, die sich sagte: ›Zum Teufel mit dem Rest der Welt‹.«

In einem Interview gefragt, ob es sein kann, dass Teile der CIA nach wie vor entgegen den Vorgaben Washingtons islamistische Kräfte finanzieren und mit Waffen versorgen, um gegen den syrischen Präsidenten Assad zu kämpfen, antwortete Wilkerson: »Ich habe davon gehört. Und meine Frage diesbezüglich war immer und ist es noch, weiß das der Präsident (Anm.: Donald Trump) … Es laufen da Dinge jenseits der Kontrolle des Präsidenten ab … Dies passiert hin und wieder mit dem CIA. Und wenn dort zusätzlich intern noch bürokratische Grabenkämpfe ausgetragen werden, wird das Ganze noch schlimmer.«[323] Florian Linse kommentiert: »Und insgeheim wusste man das ja, die Bürger sind ja nicht blöd. Aber dann kommen die Qualitätsmedien mit ihrem endlosen Infantilisierungsgedudel, stutzen den öffentlichen Erzählrahmen des Vorgangs auf ein Minimalmaß zurecht, dass man kaum noch an etwas anderes denken kann als an die Bürger der Ukraine und ihrem angeblich sehnlichen Wunsch nach Demokratie, EU und NATO.«

---

[322] NachDenkSeiten, 8.8.2018, www.nachdenkseiten.de/?p=45368, Anmerkungen von Florian Linse

[323] Zit. wie ebd. Dazu: Donald Trump ist sich über die Vorstellungen kriegstreiberischer Regierungsmitglieder offensichtlich im Klaren. In einem Interview mit Meet the Press auf NBC sagte er: »Ich habe Tauben, und ich habe Falken. John Bolton ist absolut ein Falke. Wenn es nach ihm ginge, würde er es mit der ganzen Welt auf einmal aufnehmen.« Zit. wie RT Deutsch, 24.6.2019, https://deutsch.rt.com/nordamerika/89497-trump-wenn-es-nach-john-bolton-ginge-gegen-ganze-welt-auf-einmal-kampfen/

Beim Amtsantritt von Donald Trumps am 20. Januar 2017 konnte der Eindruck entstehen, dass es eine Abkehr von dieser Politik der Interventionen und der Einmischung in die inneren Angelegenheiten anderer Staaten geben würde. Trump versprach: »*Wir werden die Freundschaft und das Wohlwollen aller Nationen auf der Welt suchen, aber wir machen das in dem Wissen, dass es das Recht aller Nationen ist, ihre eigenen Interessen an die erste Stelle zu setzen. Wir möchten unsere Lebensart niemandem vorschreiben, aber wir lassen sie als leuchtendes Beispiel dastehen, wir werden als leuchtendes Beispiel ausstrahlen, dem alle folgen können. Wir werden alte Allianzen wiederherstellen, neue Allianzen bilden ... Die Bibel lehrt uns, wie schön es ist, wenn die Völker Gottes friedlich zusammenleben.*«[324]

Bereits am 6. Dezember 2016 hatte Trump in einer Rede in Fayette/North Carolina gesagt, die USA müssten aufhören, Regimewechsel zu betreiben: »*Dieser zerstörerische Kreislauf von Interventionen und Chaos muss endlich ein Ende haben ... Wir werden nicht mehr fremde Regierungen stürzen, über die wir nichts wissen und mit denen wir nicht zu tun haben sollten.*«[325] Von der Verwirklichung dieser Versprechen sind die USA so weit entfernt wie zuvor.

Nach Brasilien Venezuela

Offensichtlich waren die Widerstände der »Nebenregierung«, auch »Tiefer Staat« genannt, so stark, dass Trump, dieser ungebildete, tölpelhafte Bauunternehmer, sehr bald von seinen guten Vorsätzen abrücken musste. Stationen auf dem Weg zur Fortsetzung der US-Aggressionspolitik waren unter anderem die weitere Stationierung von Streitkräften an den Grenzen Russlands, die massive Aufrüstung, die Kündigung des mit dem Iran abgeschlossenen Nuklearabkommens, die Aussetzung des IWF-Vertrages

---

[324] Zit. nach YouTube: Donald J. Trump als US-Präsident vereidigt, 20.1. 2017,www.youtube.com/watch?v=UVelzOWD1bk2 (1.1.2019)
[325] Zit. wie FAZ/bard/dpa, 7.12.2016, www.faz.net/aktuell/politik/wahl-in-ame rika/donald-trump-will-keine-regimewechsel-mehr-erzwingen-14562733.html

und die Einmischung in die inneren Angelegenheiten Brasiliens und Venezuelas.

In Brasilien hat 2019 mit Unterstützung der USA eine ultrakonservative Oberschicht das Parlament und das oberste Gericht übernommen. Der ehemalige Präsident (2003–2011) und Mitbegründer der Arbeiterpartei, Lula da Silva, wurde 2017 in einem international umstrittenen Prozess zu zwölf Jahren Haft verurteilt, Präsident wurde Jair Messias Bolsonaro, ein Günstling der USA.[326] Dass die Verurteilung und Inhaftierung Lulas rechtswidrig war, wurde im Juni 2019 aufgedeckt. Durch ein Leak kam das Ausmaß einer kriminellen Verschwörung zutage, die auch zur Amtsenthebung der Nachfolgerin Lulas, Dilma Rousseffs, und damit zu einem Umsturz führte.[327] Der Bundesrat der brasilianischen Anwaltskammer empfahl die Amtsenthebung des von Bolsonaro eingesetzten Justizministers und früheren Richters Sérgio Moro und mehrerer Beamten der Staatsanwaltschaft. Am 8. Juli 2018 wurde Lula da Silva auf Anordnung eines Richters vorläufig aus der Haft entlassen, jedoch am 9. Juli 2018 auf Intervention des Gerichtspräsidenten erneut inhaftiert.[328] Wäre es nicht so tragisch und folgenschwer, könnte das, was in Brasilien geschehen ist, als Politkrimi der besonderen Art bezeichnet werden, bei dem offensichtlich die CIA Regie geführt hat.

Als im Nachbarland Venezuela ein Regime Change trotz intensiver geheimdienstlicher Machenschaften nicht gelingen wollte, erklärte sich am 23. Januar 2019 eine Marionette der USA, Juan Guaidó, von heut auf morgen zum »Interimspräsidenten« und wurde unverzüglich von den USA und ihren Vasallen in Südamerika und Europa anerkannt.[329] Behauptet wurde, der amtierende Präsident Nicolás Maduro, der nach Angaben der staatlichen Wahlbehörde

---

[326] Vgl. NachDenkSeiten, 13.4.2019, www.nachdenkseiten.de/?p=50937

[327] Vgl. NachDenkSeiten, 11.6.2019, www.nachdenkseiten.de/?p=52456

[328] Vgl. Spiegel Online, www.spiegel.de/politik/ausland/brasilien-ex-praesiden ten-luiz-inacio-lula-da-silva-bleibt-in-haft-a-1217335.html

[329] Vgl. T-Online, 27.1.2019, www.t-online.de/nachrichten/ausland/internatio nale-politik/id_85152142/venezuela-krise-eu-staaten-stellen-maduro-ein-wahl-ultimatum.html

67,7 Prozent der Wählerstimmen erhalten hatte, sei durch Wahl-manipulationen an die Macht gekommen.[330]

Der in Brasilien lebende Journalist und Filmemacher Frederico Füllgraf beleuchtete die Hintergründe: *»Sicherheitsberater John Bolton und der ehemalige Hollywood-Produzent und gegenwärtige Finanzminister Steven Mnuchin beschlagnahmen Vermögenswerte der in den USA tätigen Citgo-Tochtergesellschaft der staatlichen venezolanischen Ölgesellschaft PDVSA in Höhe von 7 Milliarden Dollar und kappen künftige PDVSA-Lieferungen an die USA, die dem venezolanischen Staat in den folgenden 12 Monaten einen zusätzlichen Schaden in Höhe von 11 Milliarden Dollar aufbürden. Das Zeitalter der britischen Seeräuberei ›by appointment of Her Majesty, The Queen‹ ausgenommen, darf der Anschlag als ein in der Weltgeschichte zuvor kaum registrierter Raubüberfall auf einen souveränen Staat bezeichnet werden ... Parallel dazu wird in Washington der von Teilen der US-Medien als ›Kriegsverbrecher‹ bezeichnete Sicherheitsexperte Elliot Abrams zum Venezuela-Sonderbeauftragten der Regierung Donald Trump ernannt. Auf einer Pressekonferenz hält Rechtsaußen John Bolton einen Notizblock mit dem orakelhaften Satz ›5000 US-Soldaten in Kolumbien‹ auffällig vor Journalisten zur Schau.«[331]*

Als einen maßgeblichen Drahtzieher für den beabsichtigten Regime Change in Venezuela erachtet Füllgraf den Kuba-Amerikaner und US-Senator Marco Rubio[332], der dem Vernehmen nach den politischen Aufstieg des rechtsextremen brasilianischen Präsidenten Jair Bolsonaro gesteuert und finanziert hat. Zusammen mit Pence, Pompeo und Bolton soll Rubio den Plan zur Absetzung Maduros zugunsten einer Präsidentschaft Juan Guaidós geschmiedet haben.

Nach Informationen Füllgrafs *»überschritt Guaidó Mitte Dezember insgeheim die Grenze Venezuelas nach Kolumbien, jedoch zunächst in Richtung Washington. Von dort kehrte er nach Kolumbien zurück,*

---

[330] Vgl. Zeit Online, 21.5.2018, www.zeit.de/politik/ausland/2018-05/nicolas-maduro-wahlsieg-venezuela-reaktionen-kritik

[331] Vgl. NachDenkSeiten, 2.2.2019, www.nachdenkseiten.de/?p=48962

[332] Marco Rubio, Sohn kubanischer Exilanten, neokonservativer US-Senator für Florida, Rechtsanwalt und Partner der Beraterfirma »Florida Strategic Consultants«, ist bekennender Katholik, zuvor war er Mormone und Baptist. Die Kubanische Revolution bezeichnete er als »Unfall der Geschichte«.

von wo er anschließend zu einer Geheimvisite nach Brasilien aufbrach. Ziel seiner klandestinen Reiseaktivität war die Absprache der oppositionellen Strategie mit den Regierungen Donald Trumps, Iván Duques (Kolumbien) und Jair Bolsonaros (Brasilien), die mit einem Aufruf zu Massendemonstrationen gegen Nicolás Maduros zweiten Amtseid vom 10. Januar beginnen sollte ...«[333]

Bemerkenswert sind auch die Erkenntnisse der Journalisten Dan Cohen und Max Blumenthal. Sie schreiben: »*Juan Guaidó ist das Produkt von mehr als zehn Jahren Arbeit, koordiniert von den Regime-Change-Trainern der Washingtoner Elite. Während er vorgibt, ein Verfechter der Demokratie zu sein, steht er in Wirklichkeit an der Spitze einer brutalen Destabilisierungskampagne. Vor dem schicksalhaften 22. Januar hatte nicht einmal jeder fünfte Venezolaner jemals von Juan Guaidó gehört. Noch vor wenigen Monaten war der 35-Jährige ein obskurer Charakter in einer rechtsextremen politischen Randgruppe, die eng mit grausamen Straßenkämpfen in Verbindung gebracht wurde. Selbst in seiner eigenen Partei hatte Guaidó nur einen mittleren Status in der oppositionsdominierten Nationalversammlung, die nun nach der venezolanischen Verfassung verächtlich gemacht wird.*«[334]

Ins Abscheu erregende hochkriminelle Geschehen kommt neben den Hauptakteuren Bolton, Pompeo und Rubio noch der fundamentalistisch-evangikale Mike Pence[335]. Cohen und Blumenthal berichten: »*Doch nach einem einzigen Anruf von US-Vizepräsident Mike Pence erklärte Guaidó sich selbst zum Präsidenten von Venezuela. Von Washington zum Führer seines Landes erkoren, wurde ein bislang unbekannter, zum politischen Bodenpersonal zählender Mann Präsident der Nation mit den größten Ölreserven der Welt und rückte ins internationale Rampenlicht.*«[336]

---

[333] NachDenkSeiten, 2.2.2019, www.nachdenkseiten.de/?p=48962

[334] Dan Cohen/Max Blumenthal: Juan Guaidó: Ein Staatschef aus dem Regime-Change-Labor, NachDenkSeiten, 4.2.2019, www.nachdenkseiten.de/?p=49003

[335] Mike Pence, US-Vizepräsident, ehemaliger Gouverneur von Indiana: Abtreibungsgegner, Anhänger des Prosperity Gospel (Reichtum oder Armut sind gottgegeben) sowie des Kreatinismus (strikte Bibelgläubigkeit) und Gegner der Evolutionstheorie. Vgl. https://de.wikipedia.org/wiki/Mike_Pence (3.2.2019)

[336] Dan Cohen/Max Blumenthal, a.a.O.

Die Frage stellte sich: Wenn hohe Einnahmen aus dem venezolanischen Ölgeschäft erzielt werden, warum kommt das nicht der bedürftigen, in Armut lebenden Bevölkerung zugute? Zu erklären ist das mit der Verwendung der Ölgelder – bei sinkenden Preisen – im Tausch für Importe nach Venezuela. Und warum es dennoch zu wenig Lebensmittel, Medikamente etc. gibt, beantwortete der Internationale Sekretär der Kommunistischen Partei Venezuelas (PCV) Carolus Wimmer am 16. Februar 2019 in einer Grußbotschaft an die Solidaritätsdemonstranten in der Hauptstadt Caracas: *»Der venezolanische Staat, d. h. das Volk, hat durch die illegalen Sanktionen seit der Präsidentschaft von Hugo Chávez 350 Milliarden Dollar verloren. Im letzten Jahre waren es 43 Milliarden Dollar. Im Moment werden von den westlichen Banken zehn Milliarden Dollar blockiert. Natürlich würden diese Beträge ausreichen, um genügend Lebensmittel, Medikamente und Sonstiges für die Bevölkerung zu garantieren.«*[337] Dennoch ist nicht zu übersehen, dass Misswirtschaft und Korruption unter der Präsidentschaft von Nicolás Maduro zugenommen haben und Teile der Bevölkerung darüber zu Recht aufgebracht sind. Aber das legitimiert weder die USA noch andere Staaten, in die inneren Angelegenheiten Venezuelas einzugreifen und das Land mit Krieg zu bedrohen.

Ein Machtkampf um den ganzen Kontinent

Wie dreist und kriminell sich die US-Regierung verhält, wird besonders deutlich aus der Drohung des Nationalen Sicherheitsberaters John Bolton gegen Nicolás Maduro, er könne im US-Hochsicherheitsgefängnis und Folterlager Guantanamo enden, wenn er nicht schleunigst zurücktrete und Platz mache für den Interimspräsidenten Juan Guaidó.[338] Die Hasstiraden Boltons, der wie viele US-Po-

---

[337] Zit. wie Neue Rheinische Zeitung Online: Ein einiges Volk ist unbesiegbar, 27.2.2019, www.nrhz.de/flyer/beitrag.php?id=25668
[338] Vgl. Breitbart, 1.2.2019, www.breitbart.com/latin-america/2019/02/01/john-bolton-venezuelas-maduro-should-retire-pretty-beach-not-guantanamo/

litiker vor den Internationalen Strafgerichtshof gehörte, wurden in den deutschen Medien weitgehend verschwiegen. Stattdessen wurde verbreitet, kritische Medien würden in Venezuela zensiert und unterdrückt. Aber diese Darstellung ist durch die zahlreichen Interviews, die Guaidó und seine Anhänger vor laufenden Kameras aus aller Welt gegeben haben, weitgehend widerlegt worden. Über die Medien in Venezuela sagte Carolus Wimmer in seiner Rede: »*Es gibt in Venezuela 16 private Fernsehkanäle und mindestens 18 private Radio-Senderketten, die oft mehrere parallele Programme ausstrahlen. Hinzu kommen viele lokale Gemeindesender. Dem stehen drei landesweite Staatssender – VTV, TVes und Vive – gegenüber sowie weitere nur lokal oder über Kabel verbreitete Programme, darunter der internationale Nachrichtensender Telesur.*« Wen wundert es, dass gerade der Sender Telesur, ein multistaatlicher, nicht gewinnorientierter TV-Satellitensender, der sich als Gegengewicht zu den privaten, zum Teil aus den USA dirigierten Fernsehsendern versteht, massiver Kritik westlicher Medien ausgesetzt ist.

Zur Situation in Venezuela im Februar 2019 sagte Carolus Wimmer: »*Es fällt keine Bombe, aber wir sind mitten in einem Krieg. Die Vorphase erleben wir seit geraumer Zeit durch die Politik der wirtschaftlichen und finanziellen Blockade und Erdrosselung, der terroristischen Umsturzversuche, der Pläne zur Ermordung des Präsidenten und vor allem durch den psychologischen Krieg, um die Widerstandskraft der Bevölkerung einschließlich der Streitkräfte zu schwächen und zu brechen.*«

Nach Auffassung von Willy Wimmer (nicht verwandt und nicht verschwägert mit Carolus Wimmer) handelt es sich in Venezuela um einen Machtkampf zwischen den wohlhabenden ehemaligen spanischen Eliten mit ihren Anhängern und der mehrheitlich indigenen Bevölkerung, zugleich um einen »*Machtkampf um den ganzen Kontinent*«. Das sei vorauszusehen gewesen, als das inzwischen von den USA vereinnahmte Brasilien Mitglied der BRICS-Staaten wurde. Hugo Chávez sei es gelungen, die indigene Bevölkerung an die Wahlurnen zu bringen und am Schicksal ihres Landes zu beteiligen. Und das sei etwas, »*was die anderen Staaten um Venezuela herum*

Jair Messias Bolsonaro (re.) trifft John Bolton

derzeit als bedrohlich ansehen, denn da regieren die spanischen Eliten weiter«. Wimmer: »Diejenigen, die Venezuela ausplündern, sitzen in Miami.«[339] Über die völkerrechtswidrigen Reaktionen aus Berlin zeigte sich Willy Wimmer empört.

Mit scharfen Worten wandte sich der russische Außenminister Sergej Lawrow gegen die Angriffe der USA auf Venezuela: »Uns beunruhigt, was die USA und ihre engsten Verbündeten in Venezuela tun und dabei in flagranter Weise alle möglichen Normen des Völkerrechts verletzen. Sie haben in aller Öffentlichkeit den Kurs für den Sturz der legitimen Regierung in diesem lateinamerikanischen Land gesetzt.« Die Entscheidung Washingtons, die in den USA vorhandenen Vermögenswerte des staatlichen Öl- und Energieunternehmen Petróleos de Venezuela S. A. (PDVSA) einzufrieren, unterstreiche einmal mehr den Zynismus dessen, was dort geschieht, »da amerikanische Unternehmen, die in Venezuela tätig sind, von den Sanktionen verschont sind.

---

[339] Sputnik Deutschland, 26.1.2019, https://de.sputniknews.com/politik/201 90126323719028-wimmer-venezuela-reaktion/

Das heißt, sie wollen die Regierung stürzen, aber weiterhin die Gewinne erzielen«. Lawrow fuhr fort: *»Heute erhielten wir Informationen über neue Sanktionen, über das Einfrieren von Konten der Zentralbank von Venezuela und der venezolanischen Regierung. Die USA sind bereits sehr erfahren in solchen rechtswidrigen Operationen mit Geld aus anderen Ländern. Solche Kontosperren wurden im Irak, Libyen, Iran, Kuba, Nicaragua, Panama durchgeführt. In den meisten Fällen nutzten sie diese Kontensperren zur finanziellen Enteignung der anderen Regierung.«* Lawrow betonte, dass Russland und *»andere verantwortungsbewusste Mitglieder der internationalen Gemeinschaft alles tun werden, um die legitime Regierung Maduros bei ihren Versuchen, die Verfassung Venezuelas durchzusetzen und alle verfassungsmäßigen Methoden zur Beilegung einer Krise durchzusetzen, zu unterstützen«*[340].

Derweil kündigte Maduro in einer Videobotschaft die Gründung von Volks-Verteidigungseinheiten an, und er warnte die USA vor einem *»Vietnam in Lateinamerika«*[341]. Zuvor hatte er bereits gesagt: *»Wir akzeptieren von niemandem ein Ultimatum«* und einen Bürgerkrieg in Venezuela nicht ausgeschlossen: *»Alles hängt vom Grad der Verrücktheit und der Aggressivität des Imperiums des Nordens (USA) ab und von dessen westlichen Verbündeten.«*[342]

Berührend, was Maduro Anfang Februar 2019 in einem Offenen Brief *»an das Volk der Vereinigten Staaten von Amerika«* schrieb. Er beginnt mit einem persönlichen Bekenntnis: *»Wenn mir etwas vertraut ist, dann ist es die Welt der einfachen Bevölkerung, zu der auch Sie gehören. Ich komme aus der einfachen Bevölkerung. Ich kam zur Welt und wuchs auf in einem ärmlichen Stadtteil von Caracas. Ich entwickelte mich inmitten der erhitzten Auseinandersetzungen der Bevölkerung und der Gewerkschaften in einem Venezuela, das tief verstrickt war in*

---

[340] Zit. wie RT Deutsch, 30.1.2019, https://deutsch.rt.com/kurzclips/83344-lawrow-zu-venezuela-wie-im/

[341] Zit. wie FAZ, 30.1.2019, www.faz.net/aktuell/politik/ausland/maduro-warnt-trump-vor-einem-vietnamkrieg-in-venezuela-16016574.html

[342] Zit. wie welt.de, 4.2.2019, www.welt.de/politik/deutschland/article188217473/Venezuela-Deutschland-erkennt-Juan-Guaidó-als-Interimspraesidenten-an.html

soziale Ausgrenzung und Ungleichheit. Ich bin kein Großunternehmer. Ich bin nur ein einfacher Arbeiter mit einem gesunden Urteilsvermögen und einem Mitgefühl. Und heute genieße ich das Privileg, Präsident eines ganz neuen Venezuela sein zu dürfen. Einem Venezuela, das auf den Prinzipien der Integration und sozialen Gleichheit beruht, seit 1998 auf den Weg gebracht durch Kommandant Hugo Chávez und inspiriert durch das Erbe Simon Bolivars.« Es folgt unter anderem die Warnung vor scherwiegenden, unvorhersehbaren Folgen für Venezuela und die gesamte amerikanische Region, *»die daraus entstehen, dass eine gewisse Fraktion im Weißen Haus die Invasion Venezuelas vorantreiben will«.* Es gehe um Krieg oder Frieden, eine Invasion sei geplant, und das im Namen von Demokratie und Freiheit. *»Vielleicht gefällt Ihnen unsere Weltanschauung nicht, oder die Art wie wir auftreten«,* schreibt Maduro. *»Aber es gibt uns und wir sind Millionen.«* Maduro endet mit der Forderung: *»Wir verlangen die Beendigung der Aggression, die unsere Wirtschaft ersticken und unser Volk sozial aushungern will. Und wir fordern auch die Einstellung der Bedrohung durch eine militärische Intervention in Venezuela. Wir appellieren an das gute Gewissen der amerikanischen Gesellschaft, Gefangene ihrer eigenen Führer, mit uns zusammen Frieden zu fordern. Lasst uns ein einiges Volk sein gegen Kriegshetze und Krieg.«[343]*

Venezuela – Musterbeispiel interventionistischer Imperialpolitik

Der Putschist Guaidó verhandelte weiter mit Vertretern der USA und ging mit Hunderttausenden seiner Anhänger auf die Straßen von Caracas. Daraufhin wurden ihm vom höchsten venezolanischen Gericht die Konten gesperrt (er kann aber über eingezogenes venezolanisches Kapital in den USA verfügen). Außerdem wurde eine Ausreisesperre verhängt. Das nahm US-Sicherheitsberater John

---

[343] Offener Brief von Nicolás Maduro, zit. wie KenFM, 12.2.2019, https://kenfm.de/offener-brief-von-nicolas-maduro-praesident-der-bolivarischen-republik-von-venezula/

Bolton zum Anlass, die Drohung Trumps zu wiederholen, es werde *»ernsthafte Konsequenzen«* nach sich ziehen, falls Guaidó etwas zustoße. Trump hatte weiter gesagt, alle Optionen lägen auf dem Tisch, was auch ein militärisches Eingreifen mit einschloss.[344]

Bundeskanzlerin Angela Merkel, die von vornherein auf die Signale aus Washington gehört hatte, erkannte Guaidó am 3. Februar 2019 als *»legitimen Interimspräsidenten«* an, nachdem Maduro eine Frist zur Ausrufung freier Wahlen verstreichen ließ. Sie sagte: *»Bis gestern ist keine Wahl für eine Präsidentschaft ausgerufen worden. Deshalb ist jetzt Guaidó die Person, mit der wir darüber reden und von der wir erwarten, dass sie einen Wahlprozess möglichst schnell initiiert.«*[345]

Ebenso äußerte sich Außenminister Heiko Maas: *»Für Deutschland ist Juan Guaidó im Einklang mit der venezolanischen Verfassung Übergangspräsident, um freie, faire und demokratische Präsidentschaftswahlen zu organisieren.«*[346] Am 12. Februar 2019 konnte sich auch Bundespräsident Frank-Walter Steinmeier[347] während einer Südamerika-Reise nicht enthalten, Stellung gegen Nicolás Maduro zu nehmen und freie Präsidentschaftswahlen in Venezuela zu fordern. In Kolumbien sagte Steinmeier, der schon mehrmals dadurch aufgefallen ist, dass er die Linie der USA vertritt: *»Venezuela ist nach Jahren der Autokratie und der Misswirtschaft am Rande des Abgrunds, am Rande des Bankrotts.«*[348] Trotz der dramatisch schlechten Versorgungslage würden Hilfsgüter von Maduro nicht ins Land gelassen, so Steinmeier. Wie Merkel und Maas verschwieg er, dass die USA Venezuela durch massive Wirtschaftssanktionen und sonstige Re-

---

[344] Vgl. RT Deutsch, 24.1.2019, https://deutsch.rt.com/kurzclips/83018-regime-change-in-venezuela-oppositioneller/

[345] Zit. wie welt.de, 4.2.2019, www.welt.de/politik/deutschland/article188217473/Venezuela-Deutschland-erkennt-Juan-Guaidó-als-Interimspraesidenten-an.html

[346] Auswärtiges Amt, 4.2.2019, www.auswaertiges-amt.de/de/newsroom/maas-venezuela/2186030

[347] Zu Steinmeiers USA- und NATO-Affinität siehe Wolfgang Bittner: Die Eroberung Europas durch die USA, S. 142 f.

[348] Zit. wie Handelsblatt, 12.2.2019, www.handelsblatt.com/dpa/wirtschaft-handel-und-finanzen-roundup-steinmeier-fordert-freie-praesidentschaftswahl-in-venezuela/23976654.html?ticket=ST-1918948-wmVu3feUbwgf4pq9lAwb-ap6

pressalien in den Ruin treiben wollen, um ihrer Marionette Guaidó an die Macht zu verhelfen.

Der selbsternannte Übergangspräsident spreizte sich vor den Kameras: Er beabsichtigte ein paar Hilfsgüter derjenigen Staaten nach Venezuela zu schaffen, die das Land mit Sanktionen belegen, sodass Lebensmittel, Medikamente usw. fehlen.[349] Unterstützt wurde er von John Bolton, der zusammen mit Guaidó in Kolumbien Presseempfänge gab. Und die Medien meldeten unisono: Maduro lässt Hilfsgüter an der Grenze mit Waffengewalt stoppen. Welch eine Verlogenheit! Eine Ungeheuerlichkeit jagt die nächste, die USA kommen immer straflos davon, und deutsche wie europäische Politiker nicken dazu.

In einem Gutachten, das der Abgeordnete der Linken Andrej Hunko in Auftrag gegeben hatte, führte der Wissenschaftliche Dienst des Bundestages aus, es gebe »starke Gründe für die Annahme«, dass die Anerkennung Guaidós als Interimspräsident eine Einmischung in die inneren Angelegenheiten Venezuelas ist – eine Ohrfeige für Merkel, Maas und Steinmeier, die das jedoch nicht anfocht. Darüber hinaus kommt das Gutachten zu dem Ergebnis, die Drohung Boltons mit einer militärischen Intervention und der Inhaftierung des amtieren Staatsoberhauptes Maduro im Gefangenenlager Guantanamo Bay Naval Base richte sich gegen die politische Unabhängigkeit Venezuelas und damit gegen die »souveräne Gleichheit der Staaten«, verstoße somit gegen das Völkerrecht und die Charta der Vereinten Nationen.[350]

German Foreign Policy kommentierte: »*Der beispiellose Schritt, mit dem sich Berlin eine Entscheidungsgewalt über Oberhäupter fremder Staaten anmaßt, ist gemeinsam mit der ehemaligen Kolonialmacht über das heutige Venezuela, Spanien, erfolgt. Er zielt darauf ab, die Opposition im Land an die Macht zu bringen, die von dessen reichen, weißen*

---

[349] Vgl. Tagesspiegel, 3.2.2019, www.tagesspiegel.de/politik/krise-in-venezuela-juan-guaid-sehnt-die-hilfe-aus-den-usa-herbei/23943860.html
[350] Vgl. Deutscher Bundestag, Wissenschaftliche Dienste: Zur Anerkennung ausländischer Staatsoberhäupter, Az.: WD2-3000-014/19, 7.2.2019, Zit. wie www.andrej-hunko.de/start/download/dokumente/1301-wd-2-014-19-venezuela/file

Eliten getragen wird und in den Jahren, als sie das Land beherrschte, stets loyal zu den transatlantischen Mächten war. Der aktuelle Umsturzversuch ist der jüngste in einer langen Reihe früherer Staatsstreich-Bestrebungen, deren Protagonisten sich oft auf die Förderung durch deutsche Stellen verlassen konnten.«[351]

Der venezolanische Botschafter bei der Organisation Amerikanischer Staaten (Sitz der Organe in Washington), Samuel Moncada, fasste in einer Rede vor dem Ständigen Rat der OAS die Lumpereien und Verbrechen gegen Venezuela zusammen: »*Eine Welle der Selbstverkündigung zieht sich durch die Hemisphäre. In Venezuela steht ein Kongressabgeordneter auf einem Platz und erklärt sich zum Präsidenten; in Miami versammeln sich Touristen in einem Restaurant und proklamieren sich selbst zum Obersten Gerichtshof Venezuelas ... In der OAS hat sich ein Mitarbeiter der Washingtoner Propaganda-Gremien zum Botschafter Venezuelas erklärt ... Um die Verwirrung noch zu vergrößern, erklärt sich ein USA-Senator zum Chef unserer Bolivarischen Nationalen Streitkräfte und bedroht unsere Offiziere in Venezuela. Ein Berater des Weißen Hauses erklärt sich selbst zum Eigentümer unseres Öls und beraubt das venezolanische Volk von mehr als 30 Milliarden Dollar in nur einer Woche ... und um die Liste nicht noch zu verlängern, erklärte sich Herr Trump, der Chef der oben genannten selbsternannten Personen, auch zum Eigentümer und Herrn der natürlichen Ressourcen, Gebiete und Siedler der Kolonie, die er Venezuela nennt.*« Moncada stellte fest: »*Es wurde ein Haufen von Lügen, Unwahrheiten, Manipulationen und Verleumdungen konstruiert; eine ganze Parallelwelt zur Realität, eine ganze alternative Fantasie, die dazu dient, Millionen von Menschen über das, was in Venezuela geschieht, zu verwirren ... Die selbsternannte venezolanische Regierung genehmigte die Enteignung des Eigentums unseres Volkes durch die USA-Regierung für Dutzende von Milliarden Dollar. Er [Guaidó] akzeptiert, dass ein Senator aus Florida einen Mitarbeiter von USA-Ölfirmen zum venezolanischen Botschafter in diesem Land ernannt hat. Er sagte auch, dass er*

---

[351] German-Foreign-Policy, 28.1.2019, www.german-foreign-policy.com/news/detail/7843/

bereit sei, USA-Truppen zur Invasion in Venezuela zu autorisieren ...
Um die Liste nicht zu lang zu machen, verteidigten die Selbsternannten
die Maßnahmen der wirtschaftlichen Erstickung gegen unser Volk, denn
sie erzeugen das notwendige Leid, damit das Militär beschließen kann,
ihn an der Macht zu unterstützen ... Sie sind die Reiter der Apokalypse:
Hunger, Krieg und Tod, um zu erobern.«[352]

Ende April besuchte Heiko Maas – offenbar in Abstimmung mit
dem US-Außenministerium – als erster Vertreter der Europäischen
Union den Rechtsextremisten Jair Bolsonaro und sicherte ihm die
deutsche Unterstützung zu. Anschließend traf er sich in Kolumbi-
en mit Vertretern der venezolanischen Oppositionsbewegung. Das
Rechtsgutachten des Wissenschaftlichen Dienstes des Bundestages
ist für Maas offensichtlich Makulatur. Gegenüber einem Vertrauten
Guaidós bekräftigte er: *»An unserer Haltung hat sich nichts verändert:*
Für uns ist Juan Guaidó der Übergangspräsident ...« Alle Hoffnungen auf einen Dialog mit dem »Maduro-Regime« seien enttäuscht
worden. *»Deswegen werden wir auch weiter Druck ausüben.«*[353] Mit
Druck meinte Maas unter anderem eine Verschärfung der völkerrechtswidrigen Sanktionen.

Zur gleichen Zeit fanden in Venezuela gewalttätige Demonstrationen der Regierungsgegner statt, nachdem Guaidó die Endphase
seiner »Operation Freiheit« verkündet und die Bevölkerung zum
Aufstand gegen Nicolás Maduro aufgerufen hatte.[354] Abtrünnige
Soldaten befreiten den wegen »Anstachelung zur Gewalt und Ver-
schwörung« verurteilten ehemaligen Oppositionsführer Leopoldo
López aus dem Hausarrest, vor einem Luftwaffenstützpunkt bei
Caracas kam es zu Ausschreitungen, Guaidó forderte weitere Mi-
litäreinheiten auf, sich ihm anzuschließen. US-Vizepräsident Mike
Pence, Außenminister Mike Pompeo und der Nationale Sicherheits-

---

[352] Zit. wie Rationalgalerie, 26.2.2019, www.rationalgalerie.de/home/rede-des-
venezolanischen-botschafters.html
[353] Zit. wie Tagesschau: Deutschland stockt Flüchtlingshilfe auf, 1.5.2019,
www.tagesschau.de/ausland/maas-kolumbien-venezuela-101.html
[354] Vgl. Tagesspiegel, 30.4.2019, www.tagesspiegel.de/politik/ausschreitungen
-in-venezuela-guaid-sucht-die-entscheidung-im-kampf-gegen-maduro/2427
2378.html

berater John Bolton sicherten Guaidó ihre Unterstützung für die »Wiederherstellung von Freiheit und Demokratie« zu. Aber das Militär bekannte sich zur Regierung Maduro, und der Putschversuch verebbte, kaum dass er begonnen hatte.

Dennoch zog sich Guaidó nicht zurück. Vielmehr wies er seinen Verbindungsmann in den USA an, Kontakt zu dem für Lateinamerika zuständigen Südkommando der US-Streitkräfte aufzunehmen.[355] Die US-Regierung hatte bereits vor Wochen ein militärisches Eingreifen nicht ausgeschlossen. Aber das hinderte die ZDF-Moderatorin Marietta Slomka nicht, den Umstürzler Juan Guaidó dem deutschen Fernsehpublikum am 16. Mai 2019 in einem ausführlichen Interview als *jungen dynamischen* Sympathieträger und von Deutschland anerkannten Interimspräsidenten vorzustellen.[356] Wen wundert es, dass dabei weder Kritik geäußert noch eine Gegenstimme gehört, vielmehr eine *»schlimme Diktatur«* Maduros angeprangert wurde. Ein gespenstischer Auftritt! Wie gewohnt, zeigte sich das *heute-journal* wieder als propagandistisches Sprachrohr US-amerikanischer Machtpolitik.

Um zu bemerken, dass es sich bei den Versuchen, die legitime, sozialistisch orientierte Regierung Venezuelas zu stürzen und stattdessen einer Marionettenregierung an die Macht zu verhelfen, um illegale, völkerrechtwidrige Machenschaften handelte, bedurfte es keines Rechtsgutachtens. Dass die USA jede Entwicklung in Richtung Sozialismus fanatisch bekämpfen, ist bekannt, ebenso, dass sie destabilisierte und entstaatlichte Länder, die über Ressourcen verfügen, ausbeuten. Wo Verleumdung, Erpressung, Nötigung und sonstige Druckmittel nicht ausreichten, wurde gemordet oder Krieg geführt. Tragisch daran ist die Verhinderung jeder Alternative zu den herrschenden Wirtschafts- und Gesellschaftsformen, die sich in vielerlei Hinsicht als unzulänglich erwiesen haben. Geheimdienste wie CIA, Mossad (Israel), MI6 (England), DGSE (Frankreich) oder

---

[355] Vgl. ZDF-heute, 11.5.2019, www.zdf.de/nachrichten/heute/gesandter-in-washington-guaido-will-kontakt-zum-us-militaer-100.html
[356] www.zdf.de/nachrichten/heute-journal/heute-journal-vom-16-mai-2019-100.html

VSSE (Belgien) sind willige Vollstrecker. Hoffnungsträger wie Patrice Lumumba, Dag Hammarskjöld, Salvador Allende, Olof Palme[357], Yitzhak Rabin, Jassir Arafat, Martin Luther King und viele andere wurden umgebracht.

Umstürze, Mordanschläge und deren Bemäntelung

Gerade an Venezuela wird überdeutlich, wie rigoros die USA bei Regimewechseln vorgehen. Der Nachfolger des charismatischen Sozialisten Hugo Chávez, der an Krebs starb, Nicolás Maduro, zeigte sich den wütenden Anfeindungen, Intrigen und CIA-Tricks nur mühsam gewachsen. Bei einem Rücktritt hätte die indigene Bevölkerung das Nachsehen.

Die Ursachen für die Krebserkrankung Chávez' blieben übrigens ungeklärt, aber es gibt Untersuchungen, die Erschreckendes zutage förderten. Chávez hatte sich den Drohungen aus den USA nicht gebeugt und war – wie schon Fidel Castro – zahlreichen vergeblichen Mordanschlägen ausgesetzt. Die US-amerikanische Anwältin und Publizistin venezolanischer Abstammung Eva Golinger vertritt in einem Interview die Ansicht, Hugo Chávez sei allem Anschein nach unter Beteiligung der CIA ermordet worden: »*Ich glaube, dass es eine sehr hohe Wahrscheinlichkeit gibt, dass Präsident Chávez ermordet wurde*«, so Golinger. »*Es gab offenkundige und dokumentierte Mordversuche gegen ihn während seiner gesamten Präsidentschaft. Besonders erwähnenswert ist der Staatsstreich vom 11. April 2002, bei dem er entführt wurde und getötet werden sollte, was durch den beispiellosen Aufstand des venezolanischen Volkes und loyaler Militäreinheiten verhindert wurde. Dies rettete ihn und brachte ihn innerhalb von 48 Stunden wieder an die Macht. Es ist mir gelungen, unumstößliche Beweise unter Nutzung des US-amerikanischen Freedom of Information Act (FOIA) zu finden, dass der CIA und andere US-Geheimdienste hinter*

---

[357] Zum Mord an Olof Palme: Wolfgang Bittner: Die Eroberung Europas durch die USA, S. 184 f. mit weiteren Nachweisen

Unbequeme Staatschefs werden nicht selten aus dem Amt gedrängt oder ermordet. Im Bild: Lula da Silva (li.) und Hugo Chávez (re.), mit Néstor Kirchner

diesem Staatsstreich standen und die Beteiligten finanziell, militärisch und politisch unterstützten.« Über einen vereitelten Mordanschlag auf Chávez in New York während eines Besuchs bei der UN-Vollversammlung im September 2006 sagte Golinger: »*Nach Informationen seines Sicherheitsdienstes wurde bei den üblichen Sicherheitsüberprüfungen vor einer Veranstaltung an einer lokalen, bekannten Universität, wo Chávez eine Rede an die US-Öffentlichkeit richten wollte, starke radioaktive Strahlung in dem für ihn bestimmten Stuhl festgestellt. Die Strahlung wurde durch einen Geigerzähler entdeckt, ein Handgerät, das der Sicherheitsdienst des Präsidenten verwendet.*«[358]

Golinger fügte – Zweifeln zuvorkommend – hinzu: »*Das alles mag zwar sehr nach Verschwörungstheorie klingen, es sind aber Fakten, die unabhängig überprüft werden können. Es ist gemäß freigegebener geheimer US-Dokumente auch wahr, dass die US-Armee schon seit 1948 an einer Waffe zur Injektion von radioaktivem Material für politische Morde an ausgewählten Feinden gearbeitet haben. Die Anhörungen*

---

[358] Zit. wie Mark Whitney: Der seltsame Tod von Hugo Chávez, amerika21, 27.6.2016, https://amerika21.de/analyse/153105/seltsamer-tod-chavez

der Church-Kommission zur Ermordung Kennedys brachten auch zutage, dass es eine vom CIA entwickelte Mordwaffe zur Erzeugung von Herzinfarkt und Weichteilkrebs gab.« Bekanntlich starb Hugo Chávez 2013 an einem derartigen Arcom, einem bösartigen Tumor, der dem Weichteilgewebe des Körpers entspringt.

Am Ende des Interviews stellte Eva Golinger bereits 2016 den Bezug zu den Ereignissen um Nicolás Maduro her: *»Selbst wenn die jetzige Regierung die gegen sie gerichteten bösartigen Attacken nicht überlebt, wird das Andenken an Chávez in Millionen Menschen, die er beeinflusst hat und deren Leben er verbessert hat, den Sturm überstehen.«*[359]

Auch auf Maduro wurden Mordanschläge verübt, einem entkam er nur knapp am 5. August 2018 bei Feierlichkeiten auf der Avenida Bolivar in Caracas, als zwei mit Sprengstoff bestückte Drohnen in der Nähe der Präsidentenbühne explodierten. Aber derartige schwerstkriminelle, menschenverachtende Attentate gegen missliebige Persönlichkeiten, nicht selten verübt von staatlichen Stellen wie der CIA, finden in den westlichen Medien, wenn überhaupt, zumeist nur hämische Beachtung. Und soweit es zu ihrer Ideologie passt, kümmert es auch keinen westlichen Politiker, polizeiliche Untersuchungen verlaufen im Sande. Demgegenüber gab es zum Beispiel in der Skripal-Affäre einen Aufschrei der Empörung, nachdem die britische Regierung, insbesondere Premierministerin Theresa May, Russland in geradezu hysterischer Weise verdächtigte, bevor noch die Untersuchungen begonnen hatten. In vielen westlichen Ländern wurden aufgrund bloßer Beschuldigungen Londons russische Diplomaten ausgewiesen und die Sanktionen gegen Russland wurden verstärkt.[360]

Symptomatisch ist, wie die *Frankfurter Rundschau,* eine ehemals seriöse linksliberale Zeitung, unter der Headline *»Zweifel an Anschlag auf Machthaber Maduro«* über das Attentat in Caracas von 2018 berichtet: *»War es ein Mordanschlag oder ein dramatisch insze-*

---

[359] Zit. wie ebd.
[360] Dazu das Kapitel »Der Fall Skripal«

nierter Coup eines autokratischen Linksnationalisten, der wegen einer historisch katastrophalen Wirtschaftslage in die Enge getrieben ist? Bei Venezuelas Staatschef Nicolás Maduro halten kritische Medien offenbar inzwischen selbst das für möglich. Schließlich ist er besonders gut darin, für die unfassbare politische, soziale und vor allem wirtschaftliche Misere andere verantwortlich zu machen, in die er sein Land manövriert hat.«[361]

Kein Wort über die Sanktionen der USA und ihrer Mittäter, die das Land und seine Bevölkerung strangulieren. In demselben gehässigen Stil geht es weiter: »Der vorgebliche Mordanschlag war kaum drei Stunden vorüber, da trat das vermeintliche Opfer schon im Präsidentenpalast Miraflores vor die Kameras und nannte Täter, Hintermänner und Geldgeber der Tat. ›Heute hat man versucht, mich zu töten‹, sagte der linksnationalistische Präsident ...« Immerhin wird dann noch das Bekennerschreiben »einer bisher unbekannten Gruppe abtrünniger Militärs« erwähnt, in dem von zwei mit C4-Sprengstoff beladenen Drohnen die Rede ist, die nahe der Präsidentenbühne detonieren sollten, jedoch von Scharfschützen der Präsidentengarde vorzeitig abgeschossen worden seien. In dem Schreiben der Terroristen habe es geheißen: »›Wir haben gezeigt, dass sie verwundbar sind. Heute haben wir es nicht geschafft. Es ist nur eine Frage der Zeit.‹«[362]

Bezeichnend ist auch, dass in solchen Artikeln, die natürlich Auswirkungen auf die Meinungsbildung der Bevölkerung haben, jemand wie Nicolás Maduro »Machthaber« und Wladimir Putin »Autokrat« genannt wird, während ein Massenmörder wie Petro Poroschenko, der verantwortlich für den Tod Tausender Ostukrainer ist, als »Präsident« und der saudische Kronprinz Mohammed bin Salman, der einen mörderischen Krieg im Jemen führt, als »Vizepremier« hofiert werden. Man nennt das »Wording«, eine Sprachregelung für die Öffentlichkeitsarbeit. Es ist unglaublich: In manchen Medien gibt es Listen, was oder wer wie zu benennen ist.

---

[361] Frankfurter Rundschau, 5.8.2018, www.fr.de/politik/zweifel-anschlag-macht haber-maduro-10969298.html
[362] Ebd.

Psychologische Kriegsführung

Zwischen dem 8. und 10. März 2019 erlebte die Bevölkerung Venezuelas eine weitere Stufe der Aggression: Ein landesweiter, in Caracas acht Stunden und in anderen Landesteilen bis zu 60 Stunden andauernder Stromausfall führte zu einer Lähmung des öffentlichen und privaten Lebens. Unter der Überschrift »Kuriose Schuldzuweisungen nach Blackout« berichtete die *Tagesschau*: »*Der Blackout legte das – durch die Krise ohnehin eingeschränkte – öffentliche Leben in dem Land praktisch komplett lahm. Handel und Geldgeschäfte waren vielfach nicht mehr möglich, da die meisten Transaktionen elektronisch mit Kartenzahlung erfolgen ... In Caracas gab es ein Verkehrschaos, weil die U-Bahn und Ampeln ausfielen. In einer Klinik im Osten der Hauptstadt versagten auch die Notstromaggregate.*«[363]

Der venezolanische Kommunikationsminister ging von einer Cyberattacke rechter Extremisten aus, »*die Befehle des US-Senators Marco Rubio aus Florida befolgten*« und »*das ganze System aushebeln*« wollten. Nicolás Maduro sprach von Sabotage durch die USA, was in dem Bericht der *Tagesschau* in bekannter Weise kommentiert wurde: »*Bei Twitter sprach der Linksnationalist von einem ›vom amerikanischen Imperialismus angekündigten und geführten Stromkrieg gegen unser Volk‹.*« Rubio, Guaidó und Pompeo reagierten hämisch. Pompeo: »*Maduros Politik bringt nichts als Finsternis ... Kein Essen, keine Medizin, jetzt auch kein Strom mehr. Bald: kein Maduro mehr.*«[364]

Offensichtlich handelte es sich bei dem »Blackout« in dem von den USA belagerten Land um eine auch schon im Irak oder im Libanon angewendete Maßnahme der psychologischen Kriegsführung mit dem Ziel, das Land zu chaotisieren. Die Stimmung sollte aufgeheizt und die Bevölkerung gegen die Regierung Maduro aufgewiegelt werden. Käme es dann in Venezuela zu einem Bürgerkrieg, würde das pro forma eine militärische Intervention rechtfertigen.

---

[363] Tagesschau, 11.3.2019, www.tagesschau.de/ausland/venezuela-stromausfall-105.html
[364] Zit. wie ebd.

Darauf arbeiten die Geheimdienste und Einflussagenten der USA hin, und solange Maduro nicht aufgibt, sind weitere Terroranschläge zu erwarten. So stand gegen Ende des Stromausfalls am 10. März im Bundesstaat Bolivar das Kraftwerk Sidor in Flammen.[365] In der Folgezeit gab es immer wieder länger dauernde Stromausfälle, die es in dieser Weise vorher nicht gegeben hat. Aufklärung könnte die Information einer Produzentin des Fernsehsenders Telesur geben, wonach es in einem Videospiel »Call of Duty« von 2013 um die Mission von US-Spezialeinheiten geht, die in Venezuela einen Stromausfall verursachen sollen. Ziel der Terroraktion sollte sein, einen Virus auf dem Computer eines Wasserkraftwerks zu installieren. Nach Aussage des Entwicklers des Spiels leisteten »Militärberater« und Planer des Pentagons Produktionshilfe.[366]

Wer das Weltgeschehen in den vergangenen Jahrzehnten verfolgt hat, bemerkt in den realen Geheimdienstaktionen der USA eine Kontinuität rücksichtsloser hochgradig verbrecherischer Aktionen, bei denen massive Gefährdungen der Zivilbevölkerung in Kauf genommen werden. Bereits in den 1980er-Jahren wurden groß angelegte Sabotagemaßnahmen gegen die Sowjetunion durchgeführt, wodurch gewaltige Schäden entstanden, zum Beispiel auf Industrieanlagen durch das Einschleusen von Trojanern und Computerchips, auf die der US-Geheimdienst Zugriff hatte.1982 wurde die Jamal-Pipeline in Sibirien, durch die Erdgas im Wert von 30 Milliarden Dollar nach Europa, insbesondere nach Deutschland fließen sollte, vom CIA in einer Geheimaktion in die Luft gesprengt.[367] Experten sprachen von der größten nicht nuklearen Explosion, die jemals gezündet wurde.

Aber die technologische Entwicklung schreitet voran, und alles, was möglich ist, wird in verantwortungsloser Weise auch eingesetzt, wie sich immer wieder offenbart. Zum Beispiel sind in den USA

---

[365] Vgl. Sputnik Deutschland, 10.3.2019, https://de.sputniknews.com/videoklub/20190310324257867-venezuela-kraftwerk-sidor-explosion/

[366] Vgl. RT Deutsch, 13.4.2019, https://deutsch.rt.com/gesellschaft/87057-computerspiele-propaganda-in-high-definition/

[367] Dazu mit weiteren Hinweisen auf Geheimdienstaktionen: Wolfgang Bittner: Die Eroberung Europas durch die USA, S. 181 ff., insbes. S. 185 f.

in letzter Zeit noch wirkungsvollere Schadprogramme für Angriffe auf Steuerungssysteme von Industrieanlagen entwickelt worden. Bekannt geworden ist ein Computerwurm »Stuxnet«, der nach Aussagen von Experten für Sabotageangriffe auf iranische Atomanlagen und wer weiß wo sonst noch zur Anwendung kam. Über diese und zahlreiche weitere schwere Verbrechen wurde der Mantel des Vergessens gebreitet. Und jedes neue Verbrechen wird ebenso schnell wieder vergessen, dafür sorgen allein schon die Medien.

Im Fadenkreuz des US-Imperiums

Einmischung und Sanktionen als verdeckte Kriegsführung

Anfang 2019 starteten die USA eine Kampagne gegen Bolivien und dessen sozialistischen Präsidenten Evo Morales, der ihnen mehrere Destabilisierungskampagnen vorgeworfen hatte. Drei US-Senatoren forderten Morales auf, *»die demokratischen Prinzipien zu respektieren«* und auf eine erneute Kandidatur bei den bevorstehenden Wahlen zu verzichten – eine dreiste, in diesem Fall offene Einmischung in die inneren Angelegenheiten des Landes. Die Begründung des republikanischen Senators Ted Cruz lautete: *»Bolivien bewegt sich in eine sehr gefährliche Richtung und schließt sich illegitimen und illegalen Regimen wie dem von Maduro in Venezuela an.«*[368]

Nachdem sich die Verhältnisse im Nahen Osten etwas beruhigt hatten und der Bürgerkrieg in der Ostukraine stagnierte, weitete sich der West-Ost-Konflikt akut auf Lateinamerika aus. Offensichtlich soll wieder einmal – im Sinne der Monroe-Doktrin[369] von 1823 – der »Hinterhof der USA« von Opponenten »gesäubert« werden. Es ist tragisch für die Völker Lateinamerikas, dass ihnen seit mehr als zwei Jahrhunderten durch die Willkür der übermächtigen USA jeg-

---

[368] Zit. wie amerika21, 5.2.2019, https://amerika21.de/2019/02/221580/us-sena toren-wiederwahl-morales

[369] Am 2.12.1823 stellte US-Präsident James Monroe dem Kongress die Grund-züge einer langfristigen Außenpolitik der Vereinigten Staaten vor: keine Dul-dung der Einmischung anderer Länder auf dem amerikanischen Doppelkonti-nent, zugleich Schutz- und Interventionsanspruch der USA in Lateinamerika.

liche selbstständige Entwicklung verbaut wird. Nachdem in Brasilien ein Regime Change stattfand, Venezuela in die Armut getrieben wurde und Bolivien und Ecuador ins Fadenkreuz gerieten, sollen noch die Regierungen in Kuba und Nicaragua gestürzt werden. US-Sicherheitsberater John Bolton nannte Kuba, Venezuela und Nicaragua eine »Troika der Tyrannei« und sagte in einer Rede: »Die USA freuen sich darauf, jede Spitze dieses Dreiecks fallen zu sehen: In Havanna, in Caracas, in Managua.«[370]

Die Sanktionen gegen diese »Troika« wurden im April 2019 abermals verschärft.[371] Sie richten sich vor allem gegen EU-Unternehmen, die Handel mit diesen Ländern betreiben, wie zuvor schon die Handelsbeziehungen mit dem Iran weitgehend unterbrochen wurden. Zu den feindlichen Maßnahmen gegen Kuba gehört unter anderem die Zulassung von Klagen der Exil-Kubaner und ihrer Abkömmlinge gegen Einzelpersonen oder Unternehmen, die im Besitz von 1959 bei der sozialistischen Revolution konfiszierten Immobilien sind. Nach kurzer Zeit lagen beim US-Justizministerium bereits 5900 solcher Klagen vor, Forderungen in Höhe von rund acht Milliarden Dollar. US-Außenminister Mike Pompeo warnte: »Wer auf Kuba Geschäfte betreibt, sollte genau untersuchen, ob dies auf Grundstücken geschieht, die von einem gescheiterten kommunistischen Experiment gestohlen wurden.«[372]

Für die betroffenen Länder wird es schwer sein, den illegitimen Sanktionen und politischen Repressionen standzuhalten, auch wenn Russland sie unterstützt. In Venezuela wird letztlich das Militär entscheiden, ob Maduro Präsident bleibt. Nachdem im Juni 2019 die Umsturzaktivitäten Guaidós nachließen, zeichnete sich zwar – bis auf Weiteres – eine Beruhigung der innenpolitischen Lage ab. Aber die mörderische Strangulierung durch die USA zermürbt die Menschen und raubt dem Land die Kraft.

---

[370] Zit. wie RT Deutsch, 3.2.2019, https://deutsch.rt.com/amerika/83583-wall-street-journal-regimewechsel-in/?fbclid=IwAR1lfzQL9BDZUAgS1QHYfg8q1f1WmrYXOIIlxi9AOIA9pP5mAHhNdi1QYpA

[371] Mit diesem Schritt beendet Trump die Wiederannäherung an Kuba. Vgl. welt.de, 19.4.2019, www.welt.de/wirtschaft/article192185137/Neue-Kuba-Krise-Washington-verschaerft-Sanktionen-gegen-Kuba.html

[372] Zit. wie ebd.

Es sind immer wieder die gleichen Methoden, mit denen gegen Länder vorgegangen wird, die sich den USA nicht bedingungslos unterwerfen. Wenn nicht gleich gebombt wird, wobei die NATO inzwischen der verlängerte Arm des US-Militärs ist,[373] kommen Sanktionen zum Einsatz, oder die CIA bewirkt einen Regime Change, mustergültig vorexerziert in der Ukraine. Regierungen werden unterminiert, Minderheiten aufgehetzt, Staaten entsprechend dem Grundsatz divide et impera zerstückelt. Im Geheimen interveniert und intrigiert wurde im Frühjahr 2019 zum Beispiel auch in Serbien, Albanien, Georgien, dem Iran ...

Neben unzufriedenen Bürgern, die gegen die amtierende Regierung demonstrieren, agieren gewaltbereite Gruppen junger Männer, regelrechte Stoßtrupps. Seit Langem werden solche Provokateure überall dort eingesetzt, wo es zu berechtigten oder auch initiierten Demonstrationen und Massenkundgebungen kommt. So berichtete der bekannte amerikanische Publizist und Kritiker der US-Außenpolitik William Blum (1933–2018) von solchen Einsatzgruppen der CIA bereits anlässlich der Unruhen in Teheran im August 1953: *»Unter den Demonstranten befanden sich auch etliche Personen, die für die CIA arbeiteten. Nach Richard Cottam, einem amerikanischen Wissenschaftler und Schriftsteller, von dem es heißt, er sei zu jener Zeit für die CIA in Teheran tätig gewesen, wurden diese Agenten ›auf die Straßen‹ geschickt, ›um sich so zu verhalten, als gehörten sie der Tudeh-Partei[374] an. Es waren mehr als bloße Provokateure, es waren Stoßtrupps, die sich aufführten, als seien sie Tudeh-Leute und*

---

[373] So im Krieg gegen Jugoslawien, der mit Lügen und Meinungsmanipulation begann und von einer beispiellosen Medienpropaganda begleitet wurde. Vgl. Kurt Gritsch: Krieg um Kosovo. Geschichte, Hintergründe, Folgen, Innsbruck 2016, sowie Interview mit Kurt Gritsch: Es begann mit einer Lüge, NachDenkSeiten, 26.4.2016, www.nachdenkseiten.de/?p=33128

[374] Die Tudeh-Partei war eine marxistisch-leninistische Partei in der Oppositionsbewegung gegen Schah Mohammad Reza Pahlavi. Sie unterstützte Mossadegh und trat für die Kündigung aller Abkommen mit den USA ein.

Steine auf Moscheen und Priester warfen‹, um die Tudeh-Partei und damit Mossadegh [³⁷⁵] als religionsfeindlich abzustempeln.«³⁷⁶

Es ist mittlerweile bekannt, dass vom CIA unter Mitwirkung anderer interessierter Kreise seit Jahren sogenannte Farb- und Blümchen-Revolutionen inszeniert werden, um Regierungswechsel herbeizuführen und die Länder unter ihre Kontrolle zu bringen, wobei jedes Mittel recht ist. Eine Organisation, die destabilisierend in Ägypten, Georgien und der Ukraine im Einsatz war und anscheinend auch in Venezuela mitwirkt, wie sogar bei *Wikipedia* nachzulesen ist, nennt sich »Otpor!«.³⁷⁷ Sie ist in den 1990er-Jahren aus einer Aktionsgruppe in der Belgrader Oppositionsbewegung gegen die Regierung Milošević entstanden und inzwischen international tätig. Im Nachhinein werden solche Destabilisierungsmethoden dann verschleiert und bemäntelt, militärische Interventionen werden als humanitäre Hilfe dargestellt.

Wie die völkerrechtswidrige Bombardierung Jugoslawiens im Jahr 1999 aus NATO-Sicht gewertet wird, erklärte Generalsekretär Jens Stoltenberg am 7. Oktober 2018 Studenten der Belgrader Universität: Der Angriffskrieg gegen ihr Land sei vom westlichen Bündnis *»zum Schutz der Zivilbevölkerung«* geführt worden. Der Psychologe Rudolf Hänsel nannte das in einem Offenen Brief an Stoltenberg *»eine Beleidigung des serbischen Volkes und eine Verhöhnung seiner Opfer«.* Er rief in Erinnerung, *»dass der tonnenweise Einsatz hochgiftiger und radioaktiver Uranwaffen während dieses Krieges in Serbien zu einer großen Umweltkatastrophe und zu einem epidemi-*

---

³⁷⁵ Mohammad Mossadegh (1882–1967), gewählter iranischer Premierminister (1951 und 1952) zur Zeit der Verstaatlichung der Ölförder- und Verarbeitungsanlagen der Anglo-Iranian Oil Company (AIOC). Zu seinem Sturz unternahmen der MI6 und die CIA gezielte Aktionen, die letztlich Erfolg hatten. Damit wurde ein laizistischer Staat verhindert, und ein internationales Konsortium erhielt Zugriff auf die iranischen Ölvorkommen.

³⁷⁶ Zit. wie William Blum: Zerstörung der Hoffnung. Bewaffnete Interventionen der USA und der CIA seit dem Zweiten Weltkrieg, Frankfurt am Main 2008, S. 89

³⁷⁷ Vgl. auch Dietmar Hänel: Operation OTPOR, RotFuchs Nr. 203, 12/2014, www.rotfuchs.net/rotfuchs-lesen/operation-otpor.html

schen Ausmaß aggressiver Krebserkrankungen führte«.[378] Das Gleiche passierte im Irak.

Dass bei den seit Anfang 2019 stattfindenden Massendemonstrationen »Fridays for Future« für Umwelt- und Klimaschutz nicht auf die durch Krieg und insbesondere das US-Militär verursachten massiven Schädigungen weiter Teile der Welt hingewiesen wird, ist bemerkenswert. Darauf machte der Journalist Markus Gelau in dem Internetforum *greenfinder* aufmerksam: *»Über den größten Umweltverschmutzer der Welt wird selten gesprochen: Er ist das Militär des US-Imperiums. Die gigantische Kriegsmaschinerie ist der weltweit größte Verbraucher von Erdölprodukten. Offiziell werden auf den weltweit 7000 Militärbasen täglich 320 000 Barrel Öl verbraucht. Sie verursacht die meisten sogenannten Treibhausgasemissionen und schleudert Tag für Tag megatonnenweise giftige Schadstoffe in die Umwelt. Doch ist das Pentagon von sämtlichen internationalen Klima- und Umweltabkommen pauschal ausgenommen. So verabschiedete etwa der US-Kongress im Jahr 1998 ein Gesetz, das sämtliche US-Militäroperationen weltweit von den Bestimmungen des Kyoto-Protokolls freistellte (Interpress Service, 20. Mai 1998).«*[379]

Gelau fährt fort: *»Das Pentagon produziert mehr hochgiftigen Müll als die fünf größten amerikanischen Chemiekonzerne zusammengerechnet. Unter den Giftstoffen befinden sich Pestizide, Blei oder radioaktive Materialien aus der Waffenproduktion, um nur einige wenige zu nennen. So wurde etwa der Irak während der Invasionen mit abgereichertem Uran bombardiert, besonders die Stadt Fallujah ist seither stark kontaminiert. Bis heute sind weite Teile Vietnams mit Dioxin verseucht. Auch die zahllosen Atomwaffentests im Südwesten der USA und auf einigen südpazifischen Inseln. Ungewiss ist zudem, wo die Uran-Abfälle entsorgt wurden.«*

Der enorme Ölverbrauch des US-Militärs werde, so Gelau, *»hauptsächlich verursacht durch die sich ständig im Einsatz befindli-*

---

[378] Zit. wie Neue Rheinische Zeitung Online, 31.10.2018, www.nrhz.de/flyer/beitrag.php?id=25348
[379] greenfinder, 14.10.2018, www.greenfinder.de/news/show/us-militaer-der-groesste-umweltverschmutzer-der-welt/

chen 285 Kampf- und Versorgungsschiffe der US-Navy. Ebenso rund 4000 Kampfflugzeuge, 28 000 gepanzerte Fahrzeuge, 140 000 sonstige Fahrzeuge, über 4000 Hubschrauber, mehrere Hundert Transportflugzeuge und 187 493 Transportfahrzeuge (alle Zahlen aus 2012). Zudem werden ausgemusterte Schiffe samt hochgiftiger Ladung zumeist nicht fachgerecht abgebaut und entsorgt, sondern auf hoher See einfach mit Torpedos und Raketen bombardiert und versenkt.«[380] Bekannt ist, dass auch im Jugoslawienkrieg, der angeblich aus humanitären Gründen geführt wurde, Uranmunition mit den entsprechenden Folgen eingesetzt worden ist, ebenso im Irak und in Syrien.[381]

Zur Legitimierung der US-Aggressionen wird immer wieder die »Responsibility to Protect«, die sogenannte Schutzverantwortung, bemüht. Der Völkerrechtler Michael Bothe schreibt: *»Militärische Gewaltausübung wird in der internationalen Praxis regelmäßig mit der Rechtsbehauptung legitimiert, es liege eine Ausnahme vom Gewaltverbot, ein Fall gerechtfertigter Gewalt vor. Darum gehören diese Rechtfertigungsgründe zu den umstrittensten Problemen des Völkerrechts. ... Die rechtlichen Rechtfertigungsgründe für militärische Gewalt sind ein regelmäßig in Bezug genommenes Mittel geworden, solche Gewalt auch politisch zu rechtfertigen. Deshalb sind solche Rechtfertigungen in einem kritischen Licht zu sehen.«*[382]

Im Rückblick erweist sich die Berufung auf eine Schutzverantwortung – so ethisch-moralisch-humanitär sie prima facie legitimiert erscheint – in der Realpolitik der politisch-militärischen Globalplayer regelmäßig als Instrument zur Rechtfertigung für ihre weltweiten Interventionen, bei denen es um die Sicherung oder die Erweiterung ihrer geopolitischen und wirtschaftlichen Interessen ging. Sie ist auch der politische Hebel, mit dem die Militarisierung

---

[380] Ebd. Vgl. auch Global Research: The Pentagon. The Climate Elephant. The US Military Machine is the World's Worst Polluter of Greenhouse Gas Emissions, 1.12.2015, www.globalresearch.ca/the-pentagon-the-climate-elephant-2/5402505

[381] Vgl. Internationale Ärzte für die Verhütung des Atomkrieges – Ärzte in sozialer Verantwortung e.V. (IPPNW), www.ippnw.de/frieden/uranmunition.html (6.6.2019)

[382] Zit. wie Wolfgang Vitzthum: Völkerrecht, Berlin 2007, Rn. 18

der deutschen und europäischen Außenpolitik vorangetrieben wird, und zwar unter gleichzeitiger Einschränkung des verfassungsrechtlichen Parlamentsvorbehalts bei Einsätzen der Bundeswehr auf Veranlassung der USA mit der NATO.

Bereits 1961 warnte der US-Präsident und ehemalige Generalstabschef der Armee, Dwight D. Eisenhower, vor den verhängnisvollen Verflechtungen und Einflussnahmen des militärisch-industriellen Komplexes auf die Politik der USA. *»Das Potenzial für die katastrophale Zunahme fehlgeleiteter Kräfte ist vorhanden und wird weiterhin bestehen«*, sagte Eisenhower. *»Wir dürfen es nie zulassen, dass die Macht dieser Kombination unsere Freiheiten oder unsere demokratischen Prozesse gefährdet.«*[383]

Die Warnung Eisenhowers war in den Wind gesprochen. Die Situation hat sich zunehmend verschärft. Daran ändert sich auch nichts durch Regierungswechsel in Washington, dafür garantiert die US-Nebenregierung.

Destabilisierung, Unterwanderung, Existenzvernichtung

Im neuen West-Ost-Konflikt hat sich herauskristallisiert, dass die USA unter Mitwirkung der Europäischen Union Russland den westlichen Kapitalinteressen sowie strategischer Disposition öffnen wollen, und, falls das in absehbarer Zeit nicht gelingt, mit Hilfe der NATO militärisch vorgehen werden. So schloss der ehemalige US-Außenminister Henry Kissinger am 2. Februar 2014 in einem CNN-Interview nicht aus, dass der Regime Change in Kiew die Generalprobe für das sei, *»was wir in Moskau tun möchten«*[384].

---

[383] Dwight D. Eisenhowers Abschiedsrede 1961, online unter www.youtube.com/watch?v=CwSk5Jqoadk (28.10.2018)

[384] Zit. wie Neue Rheinische Zeitung Online, 26.2.2014, www.nrhz.de/flyer/beitrag.php?id=20079; vgl. auch antikriegTV, 5.2.2014, www.youtube.com/watch?v=yo5_ct7R6Ng (25.1.2019)

Besonders aufschlussreich sind die Äußerungen des US-Vizepräsidenten Joe Biden zu den Wirtschaftssanktionen gegen Russland. In seiner Rede am 2. Oktober 2014 in Cambridge prahlte er damit, dass die USA Russland ruinieren wollen: *»Wir haben Putin vor die einfache Wahl gestellt: Respektieren Sie die Souveränität der Ukraine oder Sie werden sich zunehmenden Konsequenzen gegenübersehen.«*[385] Das ist eine Umkehrung der Tatsachen und eine Verlogenheit sondergleichen, denn die USA haben weder die Souveränität der Ukraine respektiert, noch respektieren sie überhaupt die Souveränität anderer Staaten, wo es ihnen nicht passt.

Die Politiker der EU hätten die Sanktionen gegen Russland zunächst abgelehnt, sagte Biden, aber Präsident Obama habe darauf bestanden, dass sie trotz wirtschaftlicher Nachteile für ihre Länder mitmachten. Obama sagte in einem Interview mit dem US-Fernsehsender VOX, dass man gelegentlich Gewalt anwenden müsse, wenn andere Länder nicht das täten, was die USA von ihnen wollten.[386]

Wer diese Hybris wie auch die Aussagen von Zbigniew Brzezinski (Eurasien als »Schachbrett« für die USA)[387] zur Kenntnis nimmt, kann sich über nichts mehr wundern. Seit dem Putsch in Kiew und der massiven Aufrüstung der Anrainerstaaten Russlands befindet sich Europa in einem Zustand akuter Kriegsgefahr. Die führenden europäischen Politiker machen das zum Nachteil ihrer Länder und deren Bevölkerung mit, unterstützt von den Leitmedien, die schon lange nicht mehr ihrer Aufgabe als kritische Instanz nachkommen.

Im Gegensatz zu den seinerzeit amtierenden etablierten Kräften sagte Donald Trump in einem Interview mit der *New York Times* am 23. November 2016, dass er mit Russland gut auskommen wolle und er den Eindruck habe, dass auch Russland mit den USA gut auskommen wolle.[388] Das war eine der Kernaussagen Trumps. Aber

---

[385] Zit. nach www.youtube.com/watch?v=JLO7uKVarB8 (25.1.2019)

[386] Vgl. www.youtube.com/watch?v=eeWlljKoNjk (25.1.2019)

[387] Zbigniew Brzezinski: Die einzige Weltmacht – Amerikas Strategie der Vorherrschaft, Frankfurt/Main 2001, S. 74 f.

[388] Vgl. www.nytimes.com/2016/11/23/us/politics/trump-new-york-times-interview-transcript.html?_r=0

was ist daraus geworden? Inwieweit konnte sich Trump in dieser Frage gegen die massiven Widerstände durchsetzen, inwieweit hat er sich anpassen müssen? Das ist eine entscheidende Frage.

Noch in seiner Antrittsrede am 20. Januar 2017 schrieb Donald Trump den anwesenden und auch den aus Protest nicht zur Vereidigung erschienenen Machteliten ins Stammbuch: *»Zu lange hat eine kleine Gruppe hier, in der Hauptstadt unseres Landes, die Früchte eingefahren, während die Menschen da draußen dafür bezahlt haben. Washington ging es gut, aber die Menschen konnten an diesem Wohlstand nicht teilhaben; den Politikern ging es gut, aber die Arbeitsplätze wanderten ab und die Fabriken wurden geschlossen. Das Establishment hat sich nur selbst geschützt, aber nicht die Bürger unseres Landes. Ihre Siege waren nicht eure Siege, ihre Triumphe waren nicht eure Triumphe. Während sie hier gefeiert haben, in der Hauptstadt eures Landes, gab es für ganz viele Familien da draußen im ganzen Land wenig zu feiern. Das alles ändert sich gerade hier und jetzt.«* Besondere Aufmerksamkeit verdient Trumps Ankündigung, er wolle das *»amerikanische Massaker«* beenden. Stattdessen wolle man *»die Freundschaft und das Wohlwollen aller Nationen auf der Welt suchen ...«*[389]

Kein Wunder, dass US-Präsident Donald Trump nach dieser Rede zum Staatsfeind Nr. 1 wurde. Deutlich sichtbar hat er verloren. Trump ist es nicht gelungen, sich gegen die »Nebenregierung« durchzusetzen. Umgeben von Bellizisten wie Mike Pompeo, John Bolton, Mike Pence und anderen zwielichtigen, amoralischen Gestalten und außerdem boykottiert von Verwaltung, Geheimdiensten und der Clinton-Soros-Clique, versucht er sich durchzulavieren, sodass viele Entscheidungen – soweit sie von ihm kommen – unreflektiert sind und Schaden stiften. Davon unbeeindruckt verfolgt der »Tiefe Staat« weiter seine rücksichtslose, menschheitsgefährdende Politik.

---

[389] Zit. wie Welt netzreporterin – Antje Lorenz, 20.1.2017, www.youtube.com/watch?v=GMfGfhUNyLw (12.11.2018)

Gegenpositionen

Zu den wenigen, die dazu öffentlich Stellung nehmen, gehört der Herausgeber der *NachDenkSeiten,* Albrecht Müller. Mitte April 2019 schrieb er in einem bemerkenswerten Artikel: *»Die USA sind weltweit tätig und regieren in Europa bis ins Kleinste hinein. Hierzulande sind sie die offenkundigen Herren des Geschehens ... Die USA haben zusammen mit der NATO deren Betätigungsfeld bis an die Grenzen Russlands ausgedehnt. Der Westen hat Russland erfolgreich eingekreist ... Lange Zeit galt die Vereinigung größerer Staaten außerhalb des Imperiums unter dem Namen Brics als ein hoffnungsvolles Zeichen für einen Zusammenschluss gegen das US-Imperium. Wo ist denn Brics geblieben? ... Weltweit beanspruchen die USA die Entscheidung, bestimmen zu können, wie andere Völker regiert werden. Sie haben Kriege zum Regime Change mit der Folge von Millionen Toten geführt ...«*[390] Müller fordert auf, offen vom *»Kolonialstatus«* zu reden, *»statt diesen zu verschleiern«,* als Voraussetzung dafür, *»dass überhaupt erst eine Diskussion darüber in Gang kommt, wie wir uns von dieser gefährlichen Vormacht befreien können«.* Und Müller setzte hinzu: *»Einfach ist das nicht, aber nötig.«* Er machte keinen Hehl aus seiner Überzeugung, dass die USA auch *»direkten Einfluss auf entscheidende Personen in der deutschen Politik haben«.*

Die gleiche Ansicht vertritt der ehemalige Parlamentarische Staatssekretär Willy Wimmer in seinem Buch »Deutschland im Umbruch«.[391] Die NATO-Politik der USA hält er für *»verhängnisvoll«,* den Frieden in Europa unter diesem *»weltweit einsatzfähigen Aggressionsbündnis«,* das der Verteidigung dienen sollte, für ernsthaft gefährdet. Er schreibt: *»Wo die NATO hinkommt, werden ... Mord und Totschlag eingebürgert.«* Von Deutschland könne man bestenfalls noch *»als einem ›Vereinigten Wirtschaftsgebiet‹ sprechen«,* dessen Souveränität weitgehend aufgehoben sei.

---

[390] NachDenkSeiten, 15.4.2019, www.nachdenkseiten.de/?p=50975
[391] Willy Wimmer: Deutschland im Umbruch, S. 23, 68 f.

Auch der Publizist und Autor des Buches »Die Kapitalisten des 21. Jahrhunderts«[392] Werner Rügemer stellt die – rein rhetorische – Frage: »*Ist Deutschland unabhängig, so dass es ohne fremdes Eingreifen schicksalhafte Entscheidungen für das eigene Land treffen kann?*« Er antwortet: »*Leider sind diese Hoffnungen in den letzten Jahren verflogen, und Deutschland ist nicht wirklich zur Lokomotive Europas geworden, sondern eher zu einem treuen und hilfreichen Lakaien für seine Herren aus Übersee. Praktisch auf Empfehlung von außen trifft Berlin Entscheidungen, die der eigenen Wirtschaft Verluste zufügen ...*«[393] Die NATO sieht Rügemer als »*Vorwärtsposten für die internationale Expansion der USA*« an. Er schreibt: »*Alle NATO-Gründungsmitglieder – außer Island, Portugal und Italien – hatten 1945 die UNO mitbegründet. Aber die NATO war ein Bündnis, das die UNO-Charta, Artikel 1 ›Selbstbestimmung der Nationen‹, von Anfang an dauerhaft verletzte. NATO-Mitglieder zogen mit in die von den USA angeführten, zahlreichen heißen Kriege des zu Unrecht so genannten ›Kalten Krieges‹.*«[394]

Inzwischen haben sich die USA auch mit China angelegt, das wirtschaftlich wie militärisch seinen eigenen Weg verfolgt. In Kanada wurde auf Veranlassung der USA die Finanzchefin des großen chinesischen Technologiekonzerns Huawei, Meng Wanzhou, wegen angeblichen Verstoßes gegen Iran-Sanktionen verhaftet.[395] Die USA setzen ihre illegalen Sanktionen in aller Welt mit brachialer Gewalt durch, indem sie alle Staaten sanktionieren, die gegen ihre rechtswidrigen Boykottmaßnahmen verstoßen.[396] Sie forderten die Auslieferung Wanzhous, um sie zu bestrafen, es war aber auch ein Schlag gegen die chinesische Konkurrenz.

---

[392] Werner Rügemer: Die Kapitalisten des 21. Jahrhunderts: gemeinverständlicher Abriss zum Aufstieg der neuen Finanzakteure, Köln 2018

[393] World Economy, 16.1.2019, www.world-economy.eu/details/article/kann-deutschland-noch-selbst-entscheiden/

[394] World Economy, 20.4.2019, www.world-economy.eu/pro-contra/details/article/nato-die-gruendungsluege-gastbeitrag/

[395] Vgl. FAZ, 6.12.2018, www.faz.net/aktuell/wirtschaft/unternehmen/festnahme-bei-huawei-amerika-zieht-im-handelskrieg-alle-register-15927321.html

[396] Dazu: Jens Berger: Ein weiteres Beispiel für die Weltmachtansprüche des US-Imperiums, NachDenkSeiten, 23.4.2019, www.nachdenkseiten.de/?p=51103

Im Mai 2019 setzten die USA Huawei wegen »Spionageverdachts«, so Trump, auf eine schwarze Liste und forcierten damit den Handelsstreit mit China, das Gegenmaßnahmen ergriff.[397] US-Außenminister Pompeo forderte die deutsche Regierung anlässlich eines Besuchs in Berlin nachdrücklich auf, die von Washington gegen Huawei verhängten Sanktionen zu befolgen und den Technologiekonzern beim Ausbau des deutschen Mobilfunknetzes nicht zu berücksichtigen. Datennetzwerke, in denen US-Informationen flössen, dürften nicht der Kommunistischen Partei Chinas zugänglich sein; China bedrohe die nationale Sicherheit der USA, Europas und der westlichen Demokratien weltweit, so Pompeo.[398] Höchst aggressive Töne! China ist dabei, die USA wirtschaftlich zu überholen, und das passt nicht zu den geopolitischen Vorstellungen Washingtons.

Den Grund für den rapiden Aufstieg der chinesischen Wirtschaft sieht im Frühjahr 2019 der ehemalige US-Präsident Jimmy Carter (91) in der Friedenspolitik Chinas. Die USA, die er für das »*kriegerischste Land der Welt*« hält, sollten sich nach seiner Ansicht an China ein Beispiel nehmen. In seiner Amtszeit habe er das Verhältnis zu China normalisiert, das sieht er gefährdet. Carter stellte die Frage: »*Wissen Sie, wie oft China seit 1979 Krieg gegen jemanden geführt hat?*« Er antwortete: »*Niemals! Und wir sind im Krieg geblieben.*« Während China Frieden gehalten und sein Wirtschaftswachstum vorangebracht habe, hätten die Vereinigten Staaten Billionen für das Militär und ihre Kriege ausgegeben und in den 242 Jahren ihres Bestehens nur 16 Jahre keinen Krieg geführt. Die USA seien »*das kriegsfreudigste Land*« und übten ständig Druck auf andere Staaten aus.[399]

Eine Schande für westliche Regierungen und Medien in der Jagd der US-Administration auf Andersdenkende, Dissidenten oder Konkurrenten ist die Verfolgung des ehemaligen CIA-Mitarbeiters und

---

[397] Spiegel Online, 16.5.2019, www.spiegel.de/wirtschaft/unternehmen/usa-setzen-huawei-auf-schwarze-liste-a-1267868.html

[398] Vgl. N-tv, 31.5.2019, www.n-tv.de/politik/Pompeo-warnt-Deutschland-vor-Huawei-Deal-article21059484.html

[399] Zit. wie Sputnik Deutschland, 21.4.2019, https://de.sputniknews.com/politik/20190420324756411-ex-praesident-jimmy-carter-nennt-usa-das-kriegerischste-land-der-welt-/

Whistleblowers Edward Snowden, der in Russland Asyl erhalten hat. Kein anderes westliches Land wollte ihn aufnehmen. Tragischer noch ist die Situation des WikiLeaks-Mitbegründers Julian Assange, der sieben Jahre in einem Zimmer der ecuadorianischen Botschaft in London verbrachte, weil ihm in den USA lebenslange Haft oder die Todesstrafe droht.[400] Die deutschen Medien spielten mit, obwohl sie den Enthüllungen Schlagzeilen verdanken. Der Journalist Uli Gellermann kommentierte erbittert: »*Statt Solidarität der Journalisten der Tagesschau mit dem Enthüllungs-Journalisten Assange der Versuch, ihn als russischen Agenten zu diffamieren. Mit einem Rückgriff auf eine Meldung vom 22. 08. 2018: ›Dealte Assange mit russischen Agenten?‹ Hier ist das Fragezeichen nur eine Absicherung, ein Feigenblatt. Die zu gut bezahlten Redakteure der Tagesschau werfen mit Verdächtigungen auf einen ehrlichen, mutigen Berufskollegen.*«[401] Die USA machen, was sie wollen, doch kaum jemand protestiert, und Gegenwehr ist tödlich.

Wladimir Putin sagte in seiner Rede zum Beitritt der Krim zur Russischen Föderation am 18. März 2014: »*Sie glauben an ihre Erwähltheit und Exklusivität, daran, dass sie die Geschicke der Welt lenken dürfen und daran, dass immer nur sie allein Recht haben können. Sie handeln so, wie es ihnen einfällt: Mal hier, mal da wenden sie Gewalt gegen souveräne Staaten an, bilden Koalitionen nach dem Prinzip ›wer nicht mit uns ist, ist gegen uns‹. Um ihren Aggressionen das Mäntelchen der Rechtmäßigkeit zu verleihen, erwirken sie entsprechende Resolutionen bei internationalen Organisationen, und wenn das aus irgendeinem Grunde nicht gelingt, dann ignorieren sie sowohl den UN-Sicherheitsrat, als auch die UNO als Ganzes. So war es in Jugoslawien … Danach folgten Afghanistan, Irak und unverhohlene Verletzungen der UNSC-Resolution zu Libyen, als man anstelle der Einrichtung einer sogenannten Flugverbotszone mit Bombardements begann.*«[402]

[400] Vgl. NachDenkSeiten, 12.4.2019, www.nachdenkseiten.de/?p=50933

[401] Rationalgalerie, 17.4.2019, www.rationalgalerie.de/kritik/schmutz-zulage-fuer-tagesschau.html. Zur Meinungsmanipulation durch die ARD-Tagesschau: Uli Gellermann/Friedhelm Klinkhammer/Volker Bräutigam: Die Macht um acht. Der Faktor Tagesschau, Köln 2017

[402] Zit. wie Wolfgang Bittner: Die Eroberung Europas durch die USA, Abdruck der gesamten Rede, S. 80-96

Anlässlich eines Staatsbesuches Wladimir Putins am 8. Juni 2018 in China haben sich er und der chinesische Staatspräsident Xi Jinping auf eine entschlossene Gegenposition zur US-amerikanischen Aggressionspolitik verständigt. Sie erklärten, der UN-Sicherheitsrat trage die Hauptverantwortung für den Weltfrieden und die Weltsicherheit. Diese führende Rolle des Weltgremiums sei zu stärken, und beide Länder würden »*Versuchen von Staaten entgegenwirken, militärische Aktionen in einem anderen Land ohne Mandat des UN-Sicherheitsrats beziehungsweise ohne Zustimmung der Regierung des jeweiligen Landes durchzuführen*«.[403] Eine geradezu epochale Entscheidung! Und eine nachdrückliche Warnung an die US-Regierung, künftig Kriege unter Verstoß gegen die Charta der Vereinten Nationen zu führen. Aber diese höchst bedeutende Information wurde der amerikanischen und westeuropäischen Öffentlichkeit weitgehend vorenthalten.

Ebenso dürftig war die Berichterstattung darüber, dass die Länder, die sich von dem Finanzdiktat der USA mit ihrer Weltleitwährung unabhängig machen wollen, in den Jahren 2014 und 2015 Konkurrenzinstitutionen zur Weltbank und zum Internationalen Währungsfonds gegründet haben: die Asian Infrastructure Investment Bank (AIIB) und die New Development Bank (NDB). Diese von China und Russland initiierten Gründungen werden von den USA zwar boykottiert,[404] aber sie waren nicht zu verhindern. Der AIIB gehören inzwischen 66 Länder an, darunter auch Deutschland, Frankreich, Italien, Spanien und Großbritannien. Nur zögerlich wird von westeuropäischen Politikern und ihren Hofberichterstattern wahrgenommen, dass sich zurzeit eine neue multipolare Weltordnung herausbildet – mit welchen Ergebnissen und Folgen, ist freilich noch nicht zu überschauen.

---

[403] Sputnik Deutschland: Putin und Xi Jinping erklären: Niemand soll je wieder ohne UN-Mandat intervenieren, 8.6.2018, https://de.sputniknews.com/politik/20180608321066737-putin-und-xi-wollen-fremde-militaerintervetionen-verhindern/?utm_referrer=https%3A%2F%2Fzen.yandex.com

[404] Schon seit Längerem versuchen die USA die BRICS-Staatengruppe zu entzweien, indem sie in Brasilien und Indien intrigieren.

Die Ukraine: destabilisiert, geplündert, zerrüttet

Zentrum des Herzlandes

Anfang des 20. Jahrhunderts entwickelte der britische Geograf Halford Mackinder (1861–1947) die sogenannte Herzland-Theorie von der »Weltinsel«, die aus den zusammenhängenden Kontinenten Europa, Asien und Afrika besteht.[405] Nach dieser Theorie, die sich später der polnisch-US-amerikanische Politologe und langjährige Präsidentenberater Zbigniew Brzezinski (1928–2017) in seinem Buch »Die einzige Weltmacht« (1997) zu eigen machte, beherrscht das Herzland, wer über Osteuropa verfügt – in dessen Zentrum die Ukraine liegt –, und wer die Herrschaft über Osteuropa besitzt, beherrscht die Weltinsel und damit die Welt.[406] Die antiquiert anmutende Grundidee Mackinders, die jedoch nicht voreilig abgetan werden sollte, lautet:

>*Who rules Eastern Europe commands the Heartland*
>*Who rules the Heartland commands the World Island*
>*Who rules the World Island commands the World.«[407]*

Mackinder sah durch eine sich aus dem Zentrum des eurasischen Kontinents entfaltende Landmacht, die unabhängig von den Weltmeeren wäre, die Vorherrschaft der britischen Seemacht

---

[405] Halford Mackinder: The geographical pivot of history, 1904. In: Democratic Ideals and Reality, web.archive.org/web/20090305174521/www.ndu.edu/inss/books/Books%20-%201979%20and%20earlier/Democratic%20Ideals%20and%20Reality%20-%201942/DIR.pdf
[406] Vgl. http://cfschultze.de/wp-content/uploads/mackinders-heartland-theorie.pdf
[407] Halford Mackinder: Democratic Ideals and Reality, Washington 1919, Neuausgabe 2015, S. 106

und damit die universale Hegemonie Englands gefährdet. In diese Richtung wies die fortschreitende technische Entwicklung, die eine wirtschaftliche und verkehrsmäßige Erschließung weiter Teile des Kontinents ermöglichte. Mackinders »Herzland« war das Gebiet des Russischen Reiches und der späteren Sowjetunion, und seine Theorie stellte seinerzeit eine Warnung vor dem Verlust der britischen Dominanz dar.

Die USA haben in diesem Konstrukt keine herausragende, großartige Bedeutung, die sie jedoch beanspruchen. Daraus wird ersichtlich, warum sie – in Fortsetzung der Imperialpolitik Englands – eine Kooperation Deutschlands mit Russland seit mehr als einem Jahrhundert verhindern und seit dem Ende der Sowjetunion auf einen Regimewechsel in der Ukraine hingearbeitet haben, was in Russland mit der Regierung Jelzin nicht ganz gelungen war, in Kiew aber 2014 schließlich zum Erfolg führte.

Die Aufteilung der Welt nach der Herzland-Theorie von Halford Mackinder

Als souveräner Staat existiert die Ukraine erst seit dem Ende der Sowjetunion. Eine erste Staatsgründung reicht allerdings ins 9. Jahrhundert zurück, in die Epoche der Kiewer Rus, einem Großreich auf dem Gebiet der heutigen Staaten Russland, Ukraine und Weißrussland, dessen politisches und kulturelles Zentrum Kiew war.[408] An die angeblich glorreiche Vergangenheit der Kiewer Rus knüpfen heute nationalistische Kräfte an.

Zbigniew Brzezinski schrieb Ende der 1990er-Jahre: »*Die Ukraine, ein neuer und wichtiger Raum auf dem eurasischen Schachbrett, ist ein geopolitischer Dreh- und Angelpunkt, weil ihre bloße Existenz als unabhängiger Staat zur Umwandlung Russlands beiträgt. Ohne die Ukraine ist Russland kein eurasisches Reich mehr ... Wenn Moskau allerdings die Herrschaft über die Ukraine mit ihren 52 Millionen Menschen, bedeutenden Bodenschätzen und dem Zugang zum Schwarzen Meer wiedergewinnen sollte, erlangte Russland automatisch die Mittel, ein mächtiges, Europa und Asien umspannendes Reich zu werden.*«[409] Das war eine Hauptsorge der USA mit ihrem unipolaren Anspruch, und deshalb bemächtigten sie sich der Ukraine sozusagen auf »kaltem Wege«, wogegen sich in Westeuropa kaum Widerstand regte. Im Gegenteil, die Europäische Union begrüßte die Erweiterung ihres Wirtschaftsraumes und Einflussgebietes und in Billigung der Interventionspolitik der USA die Schwächung Russlands.

Die Ukraine ist das zweitgrößte Land Europas mit mehr als 32 Millionen Hektar fruchtbarem Ackerland, was etwa einem Drittel der gesamten EU-Agrarfläche entspricht. 30 Prozent der weltweiten Vorkommen an der fruchtbaren Schwarzerde liegen in der Ukraine.[410] Kaum bekannt ist, dass sie das drittgrößte Mais- und das fünftgrößte Weizenexportland ist und über umfangreiche Bodenschätze wie Steinkohle, Eisenerz, Graphit, Mangan, Kalium, Braunkohle, Erdöl und Erdgas verfügt. Bis 2014 waren die Wirtschaftsbeziehungen zu Russland sehr eng, die Grenze war nahezu offen, es herrschte ein reger Austausch von Waren und Industriegütern.

---

[408] Dazu: Erich Donnert: Das Kiewer Russland – Kultur und Geistesleben vom 9. bis zum beginnenden 13. Jahrhundert, Leipzig 1983

[409] Zbigniew Brzezinski: Die einzige Weltmacht, S. 74 f.

[410] Vgl. Frédéric Mousseau: Die schwarze Erde lockt, der Freitag, 8.4.2015, www.freitag.de/autoren/der-freitag/die-schwarze-erde-lockt

Regime Change in Kiew 2014

Ab 2008 verhandelte die Europäische Union mit der Ukraine über ein Assoziierungsabkommen. Doch seit 2011 stagnierten die Verhandlungen, weil die Regierung Janukowytsch der Forderung aus der EU, insbesondere Deutschlands, nach einer Freilassung der in Haft befindlichen kriminellen Ex-Ministerpräsidentin Julia Timoschenko nicht nachkam. Janukowytsch verweigerte schließlich im November 2013 die Ratifizierung des Abkommens, weil das den bedingungslosen Anschluss an die Europäische Union unter Zurückweisung Russlands und Missachtung der von Moskau initiierten Zollunion (ab 2015 Eurasische Wirtschaftsunion) bedeutet hätte.

Daraufhin kam es zu Einmischungen in die innerstaatlichen Angelegenheiten des Landes und in Kiew zu Protesten westlich orientierter Bürger. Das war der Anfang der sogenannten Maidan-Revolte, an der von Anfang an nicht nur demokratisch-oppositionelle Kräfte beteiligt waren, sondern maßgeblich auch Nationalisten und ausländische Geheimdienste. Aus einem Anfang Februar 2014 abgehörten Telefonat der EU-Beauftragten des US-Außenministeriums, Victoria Nuland, mit dem US-Botschafter in Kiew, Geoffrey Pyatt, ging hervor, dass Washington bereits das Szenario für die Zeit nach dem lange vorbereiteten Staatsstreich plante und seinen Günstling, den Oligarchen Arsenij Jazenjuk, favorisierte, der dann auch Ministerpräsident wurde.[411] Seine Stiftung Open Ukraine pflegte intensive Beziehungen zum US-Außenministerium und zur NATO und wurde von einflussreichen westlichen Organisationen gesponsert.[412]

Angela Merkel bevorzugte zwar den ehemaligen Boxer Vitali Klitschko als Ministerpräsidenten, aber die US-Regierung hatte andere Pläne. Botschafter Pyatt sagte in dem Telefonat mit Nuland: »*Ich denke, wir sind drin. Das Klitschko-Ding ist ganz klar das kompli-*

---

[411] Vgl. Albrecht Müller: Vom Abbau der Konfrontation in Europa zum Wiederaufbau der Konfrontation. Die Toten von Kiew sind die Opfer dieses Wahnsinns, NachDenkSeiten, 19.2.2014, www.nachdenkseiten.de/?p=20781

[412] Vgl. Ossietzky 9/2014, S. 293-295

zierte Elektron hier. Besonders die Ankündigung, er solle Stellvertreten-
der Premierminister werden ...« Darauf antwortete Victoria Nuland:
»Ich finde nicht, dass Klitsch in die Regierung gehen sollte. Ich glaube,
das ist nicht nötig. Ich halte das für keine gute Idee ... Ich denke mal,
Yats ist der Mann mit Erfahrung in der Wirtschaft und im Regieren.
Er ist der ... was er braucht, sind Klitsch und Tjahnybok außen vor.«[413]

Von westlichen Politikern und Medien wurde kurzfristig – und folgenlos – die von Nuland im Interview geäußerte Verwünschung »Fuck the EU« erörtert. Man ging sofort wieder zur Tagesordnung über, und das war der Regime Change in Kiew. Ende Februar 2014 kam es, unterstützt von auswärtigen Kräften, zum Putsch gegen die gewählte Regierung Janukowytsch, der um sein Leben fürchten musste und nach Russland flüchtete. Im Verlauf dieses Umsturzes wurden in Kiew auf dem Maidan-Platz und in Odessa, wo Nationa-listen das Gewerkschaftshaus in Brand setzten, weit mehr als hun-dert Menschen ermordet. Als kurz darauf die russische Sprache als Zweitsprache abgeschafft werden sollte und hasserfüllte Propaganda gegen die russischstämmige Bevölkerung stattfand, waren die Folgen Autonomie- bzw. Separationsbestrebungen in der Ostukraine und auf der Krim.

Am 12. März 2014 wurde Jazenjuk, der bereits am 17. Februar zu Besuch bei Kanzlerin Merkel in Berlin war, von Präsident Obama empfangen. Zuvor hatte US-Außenminister John Kerry ihm die volle Unterstützung der Vereinigten Staaten und Kreditgarantien in Höhe von einer Milliarde Dollar zugesagt. Der ultrakonservative Senator und ehemalige Präsidentschaftskandidat der Republikaner John McCain (1936–2018) hatte dem Vorsitzenden der rechtsext-remen Swoboda-Partei, Oleg Tjahnybok, schon im Dezember 2013 seine Unterstützung im Kampf gegen die rechtmäßige Regierung zugesichert.[414] In Kiew gaben sich McCain, Kerry, Vizepräsident Joe Biden und CIA-Chef John Brennan die Klinke in die Hand.

---

[413] Zit. nach Antikrieg TV, 9.2.2014, www.youtube.com/watch?v=FWJCNs6txL4 (21.1.2019)
[414] Vgl. AG Friedensforschung, www.ag-friedensforschung.de/regionen/Ukraine/ demos.html

In der Ostukraine ging es zunächst lediglich um mehr Selbstverwaltung, aber dagegen wandten sich die neuen Machthaber unter Führung des damaligen Ministerpräsidenten Arsenij Jazenjuk und des neu ernannten Staatspräsidenten Petro Poroschenko, einem Profiteur des neoliberalen Umschwungs, mit brachialer Gewalt. Ein innerstaatlicher Konflikt sollte von Kiew aus mit Unterstützung der USA militärisch gelöst werden, worauf sich die Gebiete Donezk und Luhansk unabhängig erklärten und des Beistands aus Russland versicherten: Beginn des seither andauernden Bürgerkriegs mit mehr als 10 000 Toten, vielen Verletzten und mit zerstörten Städten und Dörfern. Die Krim spaltete sich ebenfalls ab und beantragte nach einem Referendum und der Unabhängigkeitserklärung die Aufnahme in die Russische Föderation.[415] Der niederländische Publizist und Politikwissenschaftler Karel van Wolferen kommentierte: »*Die vermeintlichen ›Rebellen‹ haben geantwortet auf beginnende ethnische Säuberungen*«, Kiew führe »*einen Bürgerkrieg gegen russisch sprechende Ostukrainer, die nicht regiert werden möchten von einer Sammlung von Verbrechern, Abkömmlingen ukrainischer Nazis und in den IWF und die EU verliebten Oligarchen*«.[416]

Dass die USA den Regime Change maßgeblich vorbereitet und die Ukraine dadurch zu einem Satellitenstaat gemacht haben, geht auch aus Äußerungen hochrangiger Politiker hervor. So sprach der damalige US-Präsident Barack Obama am 1. Februar 2015 in einem CNN-Interview von dem »*Deal*«, der nach der Flucht von Janukowytsch mit den Putschisten ausgehandelt worden sei.[417] Und die EU-Beauftragte des US-Außenministeriums, Victoria Nuland, hatte schon am 13. Dezember 2013 renommiert, die USA hätten fünf Milliarden Dollar »*zur Unterstützung des Strebens des ukraini-*

---

415 Dazu das Kapitel: »Die Krim-Separation von 2014«

416 NachDenkSeiten, 29.8.2014, www.nachdenkseiten.de/?p=23045, sowie Die Ukraine, korrupter Journalismus und der Glaube der Atlantiker, NachDenkSeiten, 14.8.2014, www.nachdenkseiten.de/upload/pdf/20140814_van%20Wolferen_TheUkraine_de.pdf

417 Vgl. RT Deutsch, https://deutsch.rt.com/10795/international/obama-im-cnn-interview-wir-ueberraschten-putin-mit-deal-zum-machttransfer-in-der-ukraine/

schen Volkes nach einer stärkeren, demokratischen Regierung«[418] investiert.

Im Mai 2014 äußerte sich Ex-Bundeskanzler Helmut Schmidt zu den Ereignissen in der Ukraine. Er warf der EU-Kommission vor, sich zu sehr in die Weltpolitik einzumischen, und wandte sich gegen den Versuch, »die Ukraine einzugliedern«: »Das ist Größenwahn, wir haben dort nichts zu suchen.« Schmidt forderte von den »Beamten und Bürokraten in Brüssel« mehr Zurückhaltung: »Die verstehen davon zu wenig! Und sie stellen die Ukraine vor die scheinbare Wahl, sich zwischen West und Ost entscheiden zu müssen.« Weiter sagte er: »Ich halte nichts davon, einen dritten Weltkrieg herbeizureden, erst recht nicht von Forderungen nach mehr Geld für Rüstung der Nato. Aber die Gefahr, dass sich die Situation verschärft wie im August 1914, wächst von Tag zu Tag.«[419]

Dem hielt der ehemalige EU-Kommissar Günter Verheugen entgegen: »EU-Politiker, nicht Beamte, haben sich offen mit dem sogenannten Euro-Maidan solidarisiert und nicht gesehen oder sehen wollen, dass es sich weder um eine landesweite noch um eine homogene Bewegung handelte. Europäische Politiker erwiesen sich als blind für die innenpolitischen Spannungen zwischen der Ost- und der Westukraine … Ohne Not wurde die neue ukrainische Regierung nach der Entmachtung Janukowytschs sofort rückhaltlos unterstützt, obwohl diese Regierung noch nicht einmal im eigenen Land das Vertrauen der Mehrheit genießt, antirussisch ist und ihr völkisch gesinnte Kräfte angehören. Weil europäische politische Eliten nur noch in Kategorien wie prorussisch und proeuropäisch denken konnten und den Konflikt statt den Dialog mit Russland bevorzugten, haben sie – und nicht die Brüsseler Bürokraten – die schwerste Krise in Europa in diesem Jahrhundert mit ausgelöst. Ein Gutteil der Verantwortung dafür liegt in Berlin.« Verheugen fügte noch hinzu: »… solange wir weiter, wie die ›Schlafwandler‹, in dieser Entweder-oder-Ideologie befangen, außenpolitisch durch die Gegend

[418] Zit. wie der Freitag, 22.4.2014, www.freitag.de/autoren/hans-springstein/5-milliarden-dollar-fuer-den-staatsstreich. Vgl. auch Sputnik Deutschland, 22.4.2014, https://de.sputniknews.com/politik/20140422268328546-Nuland-USA-investieren-5-Milliarden-Dollar-in-Unterstztung-der/
[419] Zit. wie Spiegel Online, 16.5.2014, www.spiegel.de/politik/ausland/ukraine-krise-helmut-schmidt-wirft-eu-groessenwahn-vor-a-969773.html

taumeln, verschärfen wir die Lage täglich mit. Prorussisch und proeuropäisch sind keine Gegensätze, denn auch Russland ist Teil Europas.«[420]

Das war allerdings nur die Hälfte der Wahrheit. Denn sowohl Helmut Schmidt als auch Günter Verheugen vermieden es, auf die Einflussnahme der USA einzugehen. Sich die Ukraine als Brückenland von großer geostrategischer Bedeutung einzuverleiben, entsprach ebenso der EU-Expansionspolitik wie der Imperialpolitik der USA. Am 27. Juni 2014 unterzeichnete Petro Poroschenko das Assoziierungsabkommen mit der EU, das unter anderem Bestimmungen zur Außen- und Sicherheitspolitik enthält und durch das westliche Konzerne in erheblichem Umfang begünstigt werden.[421]

Wie sich immer mehr zeigt, gehen die Intentionen US-amerikanischer Imperialpolitik in Europa aber weit über die Okkupation der Ukraine und auch Jugoslawiens hinaus. Der ehemalige Staatssekretär im deutschen Verteidigungsministerium, Willy Wimmer analysiert das wie folgt: *»Es fing im allgemeinen Bewusstsein mit den Behauptungen aus den westlichen Hauptstädten an, die uns alle geradewegs in den ordinären Angriffskrieg gegen Jugoslawien geführt haben. Heute ist dem letzten Betrachter klar, dass dieser Krieg gegen ein Gründungsmitglied der Vereinten Nationen zwei zentralen Zwecken diente. 1. die Militärkontrolle der Vereinigten Staaten über den gesamten Balkan mit seiner Westeuropa dienenden Infrastruktur sicherzustellen und den strategischen Fehler aus dem Zweiten Weltkrieg mit unterlassener Stationierung amerikanischer Bodentruppen auf dem Balkan auszubügeln. 2. den Aufmarsch der NATO gegen die russische Westgrenze dadurch einzuleiten, dass die traditionellen Verbindungen Russlands zum Balkan gekappt werden sollten. Damit wurde der Fahrplan zur Strangulierung Russlands, ohne das ein Ende des Kalten Krieges in Europa nicht denkbar gewesen wäre, eingeleitet. Es blieb daher nicht bei Jugoslawien ...«*[422]

---

[420] Zit. wie Spiegel Online, 19.5.2014, www.spiegel.de/politik/deutschland/ukraine-krise-helmut-schmidt-von-ex-eu-kommissar-verheugen-kritisiert-a-970150.html

[421] Vgl. EUR-Lex, Assoziierungsabkommen mit der Ukraine – Zusammenfassung der Dokumente, https://eur-lex.europa.eu/legal-content/DE/TXT/?uri=LEGISSUM%3A280101_1

[422] NachDenkSeiten, 10.4.2018, www.nachdenkseiten.de/?p=43391

Mit dem Umsturz in Kiew begann dann nach längeren Vorbereitungen durch die CIA, westliche Geheimdienste und Nichtregierungsorganisationen – die sich die zunächst friedliche Maidan-Bewegung westlich orientierter Ukrainer zunutze machten – der neue Kalte Krieg gegen Russland. Die USA ließen den schon überwunden geglaubten West-Ost-Konflikt wieder aufleben, um die gigantische Aufrüstung und ihre Aggressionspolitik zu rechtfertigen. Das nächste Hauptziel ist – falls es nicht zum »großen Krieg« kommt, vor dem auch Michail Gorbatschow warnte[423] – der Regime Change in Moskau.

Präsident Petro Poroschenko verabschiedet ukrainische Elitesoldaten vor ihrer Verlegung in den Donbass. Deutlich erkennbar beim Soldaten links im Bild: ein Emblem der Waffen-SS auf der Brust

---

[423] Vgl. Spiegel Online: Der Vertrauensverlust ist katastrophal, 11.1.2015, www.spiegel.de/politik/ausland/gorbatschow-warnt-vor-grossem-krieg-in-europa-a-1012201.html

Ein Staat am Rande des Zusammenbruchs

Am 21. Juli 2014 verbreitete im *heute-journal* der für Ausfälle gegen Russland bekannte Moderator Claus Kleber seine erstaunlichen Erkenntnisse über die Zustände in der Ukraine: *»Propaganda auf allen wichtigen russischsprachigen Kanälen lässt Millionen Menschen immerhin glauben, in Kiew, der Hauptstadt der Ukraine, herrschen blutrünstige Faschisten, die einen Genozid an Russischstämmigen in der Ostukraine planen. Wir und viele Medien sind Hinweisen nachgegangen, ob das stimmt. Und wir haben festgestellt, es gibt diese Faschisten nicht, jedenfalls nicht an verantwortlicher Stelle in Kiew. Und trotzdem bekommen wir immer noch Zuschriften, die das behaupten.«*[424]

Bekannt war zu dieser Zeit bereits, dass im Kiewer Parlament, der Werchowna Rada, Faschisten wie Oleg Tjahnybok und Andrij Parubij saßen und in der Ostukraine faschistische Kampfverbände im Einsatz waren, darunter das sogenannte Asow-Regiment, dessen stellvertretender Kommandeur Wadim Trojan kurz darauf zum Polizeichef von Kiew ernannt wurde.[425] Besagter Andrij Parubij, der am 14. April 2016 Parlamentspräsident wurde, äußerte am 4. September 2018 in einem Interview, Adolf Hitler sei in den 1930er-Jahren *»die größte Persönlichkeit«* gewesen, *»die eine direkte Demokratie praktiziert«* habe, *»wir sollten das nicht vergessen«.*[426] Auf einer Bundespressekonferenz danach gefragt, gaben Regierungssprecher Steffen Seibert und die Sprecherin des Auswärtigen Amtes, Maria Adebahr an, davon nichts zu wissen, obwohl einige Medien darüber berichtet hatten.[427] Das kennzeichnet die Einstellung der deutschen Regierung zum »Schurkenstaat« Ukraine: Während ständig gegen

---

[424] Zit. nach www.youtube.com/watch?v=SmTMELrdazg&feature=youtu.be&t=32 (22.1.2019)

[425] Vgl. welt.de, 12.11.2014, www.welt.de/politik/ausland/article134280586/Rechtsradikaler-wird-Polizeichef-in-Kiew.html. Seit 2016 ist Trojan stellvertretender Leiter der nationalen Polizei.

[426] Zit. wie RT Deutsch, 6.9.2018, https://deutsch.rt.com/europa/75599-ukrainischer-parlamentschef-hitler-war-grosser-praktiker-direkter-demokratie/

[427] Vgl. RT Deutsch, 14.9.2018, www.youtube.com/watch?v=-f6B5ilLgkY (22.1.2019)

Russland gehetzt wird, brauchen Nationalisten und Faschisten keine Kritik zu befürchten. Sie haben freie Hand und nutzen das zur systematischen Jagd auf Oppositionelle. Aber das ist westlichen Politikern und Medien keine Stellungnahme wert.

So gab es nur kurze Meldungen über die Morde an den regierungskritischen ukrainischen Journalisten Oles Busina und Pawel Scheremet. Keine Proteste der Bundesregierung, Steinmeiers, der EU oder des Europarats. Keine Forderungen nach unverzüglicher Aufklärung. Zur »Liquidierung« Businas am 16. April 2015 bekannte sich eine »Ukrainische Aufstandsarmee«; verdächtigte Rechtsextremisten wurden nach kurzer Inhaftierung wieder freigelassen. Der am 20. Juli 2016 durch eine Autobombe getötete Scheremet hatte kurz vor seiner Ermordung veröffentlicht, dass rechte Freiwilligenbataillone Gerichtsverhandlungen gegen korrupte Geschäftsleute verhinderten.[428]

Dass der in ukrainischer und russischer Sprache sendende Fernsehkanal »Inter« am 4. September 2016 mit Molotow-Cocktails in Brand gesetzt wurde, weil er unter anderem Programme mit russischen Schlagerstars gebracht hatte, war nicht der Rede wert, obwohl die Mitarbeiter nur knapp mit dem Leben davonkamen; niemand wurde zur Rechenschaft gezogen.[429] Ebenso wenig wurden die Morde auf dem Maidan-Platz und in Odessa aufgeklärt. Von wem auch? In den Führungspositionen von Polizei, Geheimdienst und Innenministerium sitzen Nationalisten und Mörder.

Nur beiläufig erfuhr die Öffentlichkeit von einer Serie mysteriöser Todesfälle ukrainischer Oppositioneller. Mindestens sieben der Opfer – ehemalige hohe Amtsträger, Funktionäre und Politiker – waren Mitglieder der »Partei der Regionen«, der auch der gestürzte Ministerpräsident Wiktor Janukowytsch angehörte. Mehrere von ihnen haben angeblich Selbstmord begangen, so der ehemalige Vorsitzende des Regionalrates in Kharkow, Nikolai Sergienko, der ehemalige Bürgermeister von Melitopol, Sergei Walter, der Polizeichef von

428 Vgl. Telepolis, 29.11.2017, www.heise.de/tp/features/Warum-Journalisten-und-Andersdenkende-in-der-Ukraine-Angst-haben-3904197.html
429 Vgl. Telepolis, 6.9.2019, www.heise.de/tp/features/Kiewer-Fernseh-Kanal-Inter-wegen-Russlandfreundlichkeit-in-Brand-gesteckt-3314389.html

Melitopol, Sergey Bordyuga und der ehemalige Abgeordnete Stanislaw Melnik. Der frühere Parlamentsabgeordnete Oleg Kalaschnikow wurde in seinem Kiewer Haus mit Schusswunden tot aufgefunden; der ehemalige Leiter des staatlichen Grundstücksfonds, Michael Chechetow, stürzte am 27. Februar 2015 aus einem Fenster seiner Wohnung; am 12. März wurde der ehemalige Gouverneur von Zaporozhzhye, Alexander Peklushenko, mit einem Genickschuss tot aufgefunden. Obwohl es keine Abschiedsbriefe gab und die Umstände auf Mord schließen ließen, war die offizielle Version des ukrainischen Innenministeriums bei Chechetow und der Kriminalpolizei bei Peklushenko »Selbstmord«.[430] Kein Aufschrei bei westlichen Politikern und Journalisten.

Skandale, Provokationen, Verfolgung Oppositioneller und politische Morde. Die Kiewer Ukraine wird offensichtlich unter Protektion der USA von einer Ansammlung von korrupten Politikern, verbrecherischen Nationalisten und Mördern beherrscht, die es sich auf Kosten der immer ärmer werdenden Bevölkerung gut gehen lassen. Und wie schon im Irak profitieren die US-amerikanische Politikerkaste und die Wirtschaftseliten auch hier. Zum Beispiel wurden in den Verwaltungsrat des privaten ukrainischen Öl- und Gasunternehmens Burisma gleich nach dem Staatsstreich der Sohn des ehemaligen US-Vizepräsidenten Joe Biden, Hunter Biden, und ein Vertrauter von Ex-Außenminister John Kerry, Devon Archer, berufen.[431] Im Management erhielten auch Alan Apter, ein früher bei Merrill Lynch und J. P. Morgan tätiger Investmentbanker, sowie der polnische Ex-Staatspräsident Aleksander Kwasniewski lukrative Posten.[432] Vetternwirtschaft und Korruption, wohin man blickt.

[430] Vgl. RT Deutsch, 16.4.2015, www.rtdeutsch.com/17071/headline/mord serie-gegen-oppositionspolitiker-in-der-ukraine-haelt-an-und-die-westlichen-medien-schweigen/. Dazu auch: Zeit Online, 17.4.2015, www.zeit.de/politik/ausland/2015-04/ukraine-morde-busina-upa
[431] Vgl. Zeit Online, 14.5.2014, www.zeit.de/wirtschaft/2014-05/joe-biden-ukraine-gas-sohn-hunter-devon-archer-john-kerry
[432] Vgl. Börse Online, 24.8.2014, www.boerse-online.de/nachrichten/mei nungen/Das-kann-gut-gehen-1000254382 (24.1.2019). Siehe auch: Telepolis, 15.5.2014, www.heise.de/tp/news/Polen-Wie-sauber-ist-die-ukrainische-Buris ma-Holding-2190614.html

Dennoch investieren EU und IWF weiterhin Milliarden in diesen maroden Staat, in dem sich unter den gegebenen Umständen nichts ändern wird. Die bodenlose Niederträchtigkeit der Inszenierung eines Journalistenmords, der sofort Russland angelastet wurde,[433] ist nur eine von vielen Ungeheuerlichkeiten, mit denen in den vergangenen Jahren Politik gemacht wurde. Sie werden immer wieder von anderen Hetz- und Wahnsinnsattacken gegen Russland abgelöst. Zwar sind die europäischen Politiker und Medien etwas vorsichtiger geworden, nachdem sich das Verhältnis zu den USA unter Donald Trump abgekühlt hat. Aber der »böse Feind« steht nach wie vor im Osten, weswegen die Sanktionen beibehalten werden und auch die Bundeswehr massiv aufgerüstet wird. Das verlangen die »Freunde« in der Ukraine und jenseits des Atlantiks von der Berliner Regierung.

Die Ukraine ist bankrott, sie hängt nur noch am Tropf des IWF und der EU. Nach Recherchen der Journalisten Friedhelm Klinkhammer und Volker Bräutigam (ehemalige Mitarbeiter des Norddeutschen Rundfunks) haben bis Mitte 2018 etwa acht Millionen Ukrainer ihre Heimat auf der Flucht vor Armut und Arbeitslosigkeit verlassen. Das Land sei mit 13 Milliarden Euro bei der EU und mit weiteren 11 Milliarden US-Dollar beim Internationalen Währungsfonds verschuldet. *»Diese Last wäre nur zu tragen, wenn ihr ein angemessenes Bruttosozialprodukt gegenüberstünden«,* so die Autoren. Ihre Prognose: *»Wie das Poroschenko-Regime jedoch die im nächsten Jahr fälligen ersten Rückzahlungsraten aufbringen und seinen Tilgungsverpflichtungen nachkommen will, ist völlig unklar … Die EU und der IWF machen Druck, dass die ukrainische Regierung endlich die Beschränkungen für den Verkauf von Ackerland [den wertvollen »Schwarzen Böden«] aufhebt, an dem internationale Investoren der Agrarindustrie großes Interesse haben. Außerdem soll das Ausfuhrverbot für Rundhölzer demnächst abgeschafft werden. Die ukrainischen Wälder dürften bald Vergangenheit sein.«* Über die Situation in der Ukraine Mitte 2018 schrieben die Autoren: *»Sein bis ins Mark korruptes*

---

[433] Dazu das Kapitel »Der Fall Babtschenko«

Regime des Oligarchen Poroschenko hält sich nur mithilfe der USA, der EU und besonders Deutschlands sowie per Kollaboration mit faschistoidem Gesindel mühsam im Amt. Wie lange noch?«[434]

Kurz nach dem Staatsstreich im März 2014 hatte der russische Präsident Wladimir Putin in seiner Rede im Kreml, in der er den Beitritt der Krim zur Russischen Föderation begründete, erklärt: »*Wir wollen Freundschaft mit der Ukraine, wir wollen, dass sie ein starker, souveräner und sich selbst genügender Staat ist. Für uns ist die Ukraine ja einer der wichtigsten Partner, es gibt unzählige gemeinsame Projekte, und ungeachtet aller Dinge glaube ich an ihren Erfolg. Und das Wichtigste: Wir wollen, dass Frieden und Einvernehmen auf ukrainischem Boden einkehren, und gemeinsam mit anderen Ländern wollen wir darin umfassende Unterstützung leisten. Doch ich wiederhole es: Nur die Bürger der Ukraine selbst sind dazu in der Lage, im eigenen Haus für Ordnung zu sorgen.«[435]*

Aufgrund der Faktenlage war davon auszugehen, dass Putin es ernst meinte. Doch die USA und die EU kappten mit ihren Günstlingen Jazenjuk und Poroschenko sämtliche Beziehungen zu Russland – eine der vielen von dem USA zu verantwortenden Tragödien.

Die Ukraine 2019

An einer Aufklärung über die prekäre Situation der ukrainischen Bevölkerung, die tatsächlichen maroden Verhältnisse in der Kiewer Ukraine und die verbrecherische Politik Poroschenkos und seiner Komplizen fehlt es nach wie vor. Auch die angekündigten Bemühungen des seit Mai 2019 im Amt befindlichen Präsidenten Wolodymyr Selenskyj werden wohl kaum Wirkung zeigen. Die ukrainischen Medien hetzen gegen Russland, und westliche Medien übernehmen seit dem Staatsstreich meist unbeanstandet die fragwürdigen oder

---

[434] Neue Rheinische Zeitung Online, 22.8.2018, www.nrhz.de/flyer/beitrag.php?id=25127, sowie Zeit Online, 16.3.2015, www.zeit.de/wirtschaft/2015-03/ukraine-landwirtschaft-schwarzerde-monsanto

[435] Zit. wie Wolfgang Bittner: Die Eroberung Europas durch die USA, S. 94

falschen Erklärungen des Kiewer Regimes. Über Geschehnisse, die nicht ins Bild passen, wird nicht oder unzureichend berichtet.

Das gilt auch für die von Poroschenko schon länger betriebene und Ende 2018/Anfang 2019 durchgesetzte Abspaltung der Orthodoxen Kirche in der Ukraine von der Russisch-Orthodoxen Kirche entgegen jahrhundertealten Traditionen – ein historisches Ereignis.[436] Dass der Ökumenische Patriarch von Konstantinopel (im Phanar in Istanbul) seinen Segen dazu gab, deutet auf die Einflussnahme der CIA hin.[437] Mit Blick auf Russland sagte Poroschenko, dass *»ihre Kirche, ihre Truppen, ihre Waffen«* in der Ukraine nichts zu suchen hätten. Die Verbindung von Kirche, Truppen und Waffen ist bezeichnend. Der Kriegsherr schaffte sich eine Staatskirche mit seinen Untertanen. Den orthodoxen Würdenträgern, die sich nicht unverzüglich beugten, rief er zu: *»Geht nach Hause. Das hier sind unsere Kirchen, unsere Truppen, unsere Waffen.«* Und hasserfüllt setzte er hinzu: *»Die Ukraine trinkt nicht länger das Gift aus dem Moskauer Kelch.«[438]*

Seit dem 22. Februar 2014 ist in der Ukraine nichts mehr so, wie es war, aber das Neue, das Andere, erweist sich für die Bevölkerung als eine kaum noch zu ertragende Belastung. Das wird von westlichen Politikern und Journalisten bemäntelt oder verschwiegen. Geflissentlich übergehen sie den in Kiew inszenierten Regime Change von 2014, als habe er niemals stattgefunden.

Die ehemalige Abgeordnete der Werchowna Rada, Jelena Bondarenkova, die heute dem unabhängigen Zentrum für Meinungsfreiheit vorsteht, sagte im März 2019 in einem Interview mit der tschechischen Zeitung *Mlada Fronta: »Es war einfach ein brutaler Staatsputsch. Ich weiß aber, dass westlich von der Ukraine das Wort in den Medien und politischen Kreisen nicht populär ist. Ganz ein-*

---

[436] Dazu: Telepolis, 5.1.2019, www.heise.de/tp/features/Ukraine-Vormarsch-gegen-Russland-4264186.html

[437] Vgl. RT Deutsch, 17.12.2018, https://deutsch.rt.com/europa/81218-ukraine-poroschenko-grundet-ukrainische-nationalkirche-mithilfe-cia/

[438] Zit. wie RT Deutsch, 9.11.2018, https://deutsch.rt.com/europa/79032-geht-nach-hause-petro-poroschenko-will-ukrainische-orthodoxe-kirche-verbannen/

fach. Westliche Strukturen spielten in diesem Staatsumsturz eine ganz schlimme Rolle. Sie waren mit ihm einverstanden und waren ihm behilflich ...« Über die Ereignisse in Kiew im Frühjahr 2014 urteilte die Politikerin: *»Maidan war politisches Tschernobyl. Und unmittelbar nach der Schießerei spielte sich im Parlament ein weiteres Verbrechen ab. Das war die Annahme des Gesetzes über Amnestie, das die Organisatoren des Aufstandes gleich am folgenden Tag unter massiver Abschreckung der Abgeordneten durchgesetzt haben. So haben die sich selber von der Verantwortung für viele Verbrechen, einschließlich den schlimmsten, freigesprochen. Sie haben sich für Verbrechen wie Staatsumsturz, gesetzwidriges Ergreifen der Macht, Morde, Folter, Raub, Besetzung der Staatsgebäude und Institutionen, Entführungen und gesetzwidriges Einsperren der Menschen und eine ganze Menge weiterer Verstöße gegen die Gesetze begnadigt.«*

Erschütternd, wie die ehemalige Parlamentarierin ihre eigene Situation beschreibt: *»Ich hatte schreckliche Angst, wie nie im Leben. Mir wurde mit meinem Tod gedroht, mit dem Tod meiner Kinder, sie können sich gar nicht vorstellen, wie brutal der Druck war.«* Hier wird besonders deutlich, dass die Ukraine nicht das bedauernswerte Opfer einer russischen Aggression ist, vielmehr die Machthaber und ihre Komplizen – mit Rückendeckung von den USA – die Bevölkerung in brutaler Weise unterdrücken.

Über die ukrainischen Medien sagte Bondarenkova: *»Es wurden an die zehn Journalisten getötet, die bedeutendsten von ihnen waren Oleg Buzina und Pavel Šeremed. Diese Morde untersuchte niemand. Weitere Zeitungsjournalisten sind eingesperrt. Redaktionen von Oppositionsmedien, die der gegenwärtigen Staatsmacht unbequem sind, wurden blockiert, verboten, ausgeraubt, ausgebrannt, die Zeitungsjournalisten werden entführt, zusammengeschlagen ... Wir wissen über Schwarze Listen von unbequemen Journalisten, Medien, Einträgen in Sozialnetze, aber auch Büchern, Filmen, Musik.«* Der ukrainische Sicherheitsdienst (SBU) verfolge *»alle aktiven und mutigen Menschen, Politiker, Blogger, Journalisten. Sie haben die modernste Ausstattung vom CIA und sind auch von Amerikanern ausgebildet in neuen Möglichkeiten des Monitoring von Menschen. Allerdings befinden sich auch* *ihre Server mit diesen Informationen in den USA, einschließlich der Abhörprotokolle.«[439]*

In der Monatszeitschrift *Blätter für deutsche und internationale Politik* schrieb der in Kiew lebende deutsche Journalist Paul Simon über das dortige tägliche Leben: *»Die Korruption prägt in der Ukraine den Alltag: Es gibt bestechliche Ärzte, Polizisten, Beamte oder Professoren, die Universitätsabschlüsse für ein paar hundert US-Dollar verkaufen. Die Korruption erschöpft sich aber nicht nur im Fehlverhalten einzelner, oft kümmerlich bezahlter Beamter, sondern formt die Grundstruktur der politischen Ökonomie – und gerade deshalb ist sie so schwer zu bekämpfen. Es ist ein System, in dem Macht reich macht und Reichtum mächtig, in dem zwar die Form des bürgerlichen Staates existiert, aber letztlich doch Netzwerke im Hintergrund den Staat kontrollieren, um sich zu bereichern.«* Simon resümiert: *»In den 1990er Jahren brach nicht nur die Wirtschaft zusammen, sondern ein ganzes um die Industrie- und Agrarproduktion organisiertes Gesellschaftssystem. Während Millionen Menschen verarmten oder das Land verließen, übernahmen halbkriminelle Oligarchen-Clans die Kontrolle über den Staat.«[440]*

Am 31. März 2019 wurde in der Ukraine gewählt, und es zeichnete sich von vornherein eine Mehrheit für den Herausforderer Wolodymyr Selenskyj[441] ab, einen durch das Fernsehen bekannt gewordenen Komiker. Trotz Wahlkampfunterstützung durch Angela Merkel[442] erlitt der Amtsinhaber Petro Poroschenko bei der Stichwahl am 21. April 2019 eine schwere Niederlage. Er bekam nur 25,3 Prozent der Stimmen, sein Herausforderer 73,2 Prozent.[443]

---

[439] Zit. wie NachDenkSeiten: Die Russen nahmen die Krim nicht den Ukrainern, sondern den Amerikanern,1.4.2019, www.nachdenkseiten.de/?p=50595

[440] Zit. wie Infosperber, 20.1.2019, www.infosperber.ch/Artikel/Politik/Ukraine-Neonazis-Rechtsextreme-Europa-schweigt

[441] Wolodymyr Selenskyj (Wladimir Selenski), 1978 in der sowjetischen Ukraine als Sohn jüdischer Eltern geboren, studierte Rechtswissenschaft und war als Schauspieler, Synchronsprecher, Drehbuchautor, Fernsehmoderator und Filmproduzent tätig.

[442] Vgl. Süddeutsche Zeitung, 12.4.2019, www.sueddeutsche.de/politik/merkel-ukraine-poroschenko-1.4407750

[443] Vgl. NachDenkSeiten, 22.4.2019, www.nachdenkseiten.de/?p=51089

Selenskyj ist dem Vernehmen nach ein Protegé des mit Poroschenko verfeindeten kriminellen Milliardärs Ihor Kolomojskyj. Dem Oligarchen, der aus Angst vor Strafverfolgung in Israel lebt, gehören 50,1 Prozent der Anteile an dem Fernsehsender 1+1, bei dem Selenskyj unter Vertrag stand. Im Wahlkampf hatte er versprochen, gegen die Korruption vorzugehen, den Minsker Friedensprozess zu beleben und den Krieg in der Ostukraine zu beenden. Obwohl er einen erheblichen Stimmenanteil im russischsprachigen Süden und Osten der Ukraine erzielte, hat er eine Koalition mit der russlandfreundlichen Opposition in der Werchowna Rada ausgeschlossen. Wladimir Putin sieht er als Feind an, und er tritt für den Beitritt der Ukraine zur NATO ein.

Der in Moskau lebende Journalist und Buchautor Ulrich Heyden kommentierte nach der Wahl in den *NachDenkSeiten: »Fünf Jahre lang hatten die großen deutschen Medien die Politik von Präsident Petro Poroschenko schöngeredet und die reale soziale Situation in der Ukraine, die massiv gestiegenen Lebenshaltungskosten, die katastrophal schlechte Gesundheitsversorgung, die massenhafte Abwanderung von Arbeitskräften und den Zerfall der Infrastruktur verschwiegen. Doch nun wird es offensichtlich: Die steigenden sozialen Unsicherheiten und der fortdauernde Krieg in der Ostukraine mit schon 13 000 Toten quittierten die Ukrainer bei der Wahl mit einer Proteststimme gegen die gesamte politische Klasse.«[444]*

Inwieweit diese Protestwahl positive Folgen für die beklagenswerte ukrainische Bevölkerung haben wird, ist auch Monate danach nicht zu erkennen. Heyden fuhr fort: *»Das Hauptziel des Westens war es, die Ukraine zu einem Frontstaat gegen Russland aufzubauen. Doch die eisenharte antirussische Politik Kiews, das Kappen der wirtschaftlichen Verbindungen zu Russland, die fanatische ›Dekommunistisierung‹, das Ausmerzen linker Gedanken und Symbole, und die kulturelle Abschottung von Russland durch das Kappen von sozialen Netzwerken, all das hat das wirtschaftliche und politische Leben in der Ukraine abgewürgt. Und eben das will man im Westen nicht öffentlich eingestehen.«*

---

[444] Vgl. ebd.

Einerlei wie der Westen reagiert: Einen wirklich grundlegenden politischen Wandel kann es in der Ukraine momentan nicht geben. Selenskyj, im Wahlkampf unterstützt von dem ultrarechten Oligarchen Kolomojskyj und US-Günstlingen wie dem früheren georgischen Staatspräsidenten Michail Saakaschwili, forderte schon kurz nach seiner Wahl eine Verschärfung der Sanktionen gegen Russland.[445] Der Einfluss der USA auf das Land bleibt erst einmal bestehen, wer auch immer Präsident ist. Aber viel schlechter als mit dem anmaßenden russophoben Kriegsherrn Poroschenko kann es nicht werden.

---

[445] Vgl. Focus Online, 24.4.2019, www.focus.de/politik/ausland/nach-wahl sieg-in-der-ukraine-selenskyj-fordert-verschaerfung-der-sanktionen-gegen-russ land_id_10628614.html

Die Krim-Separation von 2014

Die im März 2014 erfolgte Abspaltung der Halbinsel Krim von der Kiewer Ukraine und der Anschluss an die Russische Föderation – angeblich eine völkerrechtswidrige Annexion – ist der vorgeschobene Anlass für die Aggressions- und Sanktionspolitik der westlichen Allianz unter Führung der USA mit der NATO gegen die Russische Föderation. »Annexion« ist zu einem Kampfbegriff geworden, der zur Propaganda gegen Russland und zur Agitation gegen dessen Präsidenten Wladimir Putin dient. Damit werden auch die Sanktionen gerechtfertigt sowie die mit ungeheurem Aufwand betriebene Aufrüstung und Stationierung von Streitkräften an den russischen Grenzen, insbesondere in den baltischen Staaten und Polen, wo eine regelrechte Russland-Phobie geschürt wird.[446] Angeblich wurde der Ukraine-Konflikt – als Beginn des erneuten Kalten Krieges – von Russland verursacht. Aber die Chronologie der Ereignisse beweist etwas anderes und entlarvt die Brandstifter.

Wurde die Krim von Russland annektiert?

Nach völkerrechtlicher Definition ist eine Annexion die gewaltsame Aneignung des Gebietes eines Staates durch einen anderen Staates, und sie erfolgt zumeist mit kriegerischen Mitteln und auf Dauer.[447]

---

[446] Zum Beispiel hat die russophobe litauische Präsidentin Dalia Grybauskaite wiederholt die »Annexion der Krim« zum Anlass genommen, vor der Gefahr einer russischen Invasion zu warnen, Vgl. Spiegel Online, 19.6.2018, www.spiegel.de/politik/ausland/litauen-praesidentin-dalia-grybauskaite-im-interview-a-1212292.html

[447] Vgl. Hans-Jürgen Schlochauer/Herbert Krüger/Hermann Mosler/Ulrich Scheuner: Wörterbuch des Völkerrechts, Bd. 1, 2. Aufl., Berlin 1960, S. 68 ff.

Es stellt sich also die Frage, ob die Separation der Krim, bei der kein einziger Schuss gefallen ist, tatsächlich als Annexion im völkerrechtlichen Sinne gesehen werden kann.

Dazu hat der Strafrechtler und Rechtsphilosoph Reinhard Merkel, der dem Deutschen Ethikrat angehört, im April 2014 einen detaillierten Artikel in der *Frankfurter Allgemeinen Zeitung* veröffentlicht.[448] Merkel schreibt: »*Annexionen verletzen das zwischenstaatliche Gewaltverbot, die Grundnorm der rechtlichen Weltordnung. Regelmäßig geschehen sie im Modus eines ›bewaffneten Angriffs‹, der schwersten Form zwischenstaatlicher Rechtsverletzungen. Dann lösen sie nach Artikel 51 der UN-Charta Befugnisse zur militärischen Notwehr des Angegriffenen und zur Nothilfe seitens dritter Staaten aus – Erlaubnisse zum Krieg auch ohne Billigung durch den Weltsicherheitsrat.*«[449]

Hätte es sich bei den Vorgängen auf der Krim um eine Annexion gehandelt, wären also die Kiewer Ukraine zur Notwehr gegen die Russische Föderation sowie dritte Staaten, zum Beispiel die USA, ohne eine UN-Resolution zur Nothilfe befugt gewesen. Das hätte offenen Krieg gegen Russland bedeutet, aber das ist nicht geschehen. Denn es gab keine Annexion. Reinhard Merkel warnt dementsprechend vor dem inflationären, leichtfertigen Gebrauch des Begriffs. Er kommt zu dem Ergebnis: »*Freilich bietet dessen abstrakte Definition auch allerlei irreführenden Deutungen Raum. Aus einer von ihnen scheint sich das völkerrechtliche Stigma ableiten zu lassen, das der Westen derzeit dem russischen Vorgehen aufdrückt und an dem er die eigene Empörung beglaubigt. Aber das ist Propaganda. Was auf der Krim stattgefunden hat, war etwas anderes: eine Sezession.*«[450]

[448] Reinhard Merkel: Kühle Ironie der Geschichte, FAZ, 8.4.2014, www.faz.net/aktuell/feuilleton/debatten/die-krim-und-das-voelkerrecht-kuehle-ironie-der-geschichte-12884464.html
[449] Ebd.
[450] Ebd.

Die Gründe für die Abspaltung der Krim

Eine Sezession bedeutet im Völkerrecht die Abspaltung eines Landesteils von einem Staat *»mit dem Ziel, einen neuen souveränen Staat zu bilden oder sich einem anderen Staat anzuschließen«*[451]. Das ist auf der Krim geschehen, und zwar nach einem des Längeren von auswärtigen Mächten, insbesondere den USA, vorbereiteten blutigen Putsch gegen die legitime Regierung Janukowytsch in Kiew.[452]

Dass die USA bei diesem Regime Change eine entscheidende Rolle gespielt haben, womit sich bereits die damalige Europa-Beauftragte im US-Außenministerium, Victoria Nuland, gebrüstet hatte,[453] bestätigte US-Präsident Barack Obama 2015 im Interview bei CNN. Zur sogenannten Annexion der Krim durch Russland sagte er: *»Putin traf die Entscheidung in Bezug auf die Krim nicht etwa aus einer großen Strategie heraus, sondern einfach, weil er von den Protesten des Maidan und der Flucht von Janukowytsch überrascht wurde, nachdem wir einen Deal zur Machtübergabe ausgehandelt hatten.«*[454] Womit erwiesen ist, dass der West-Ost-Konflikt von den USA zu verantworten ist, die durch dessen Eskalation bestimmte, bereits genannte Ziele verfolgen.

Unmittelbar nach dem in Kiew eingefädelten Regime Change wurde von den Putschisten ein Verbot des Russischen als Zweitsprache beschlossen (später zurückgenommen). Die ehemalige ukrainische Ministerpräsidentin Julia Timoschenko drohte, sie wolle *»dem Drecksack Putin in die Stirn schießen«* und *»die russischen Hunde fertigmachen«*.[455] Der Vorsitzende der rechtsextremen Swoboda-

---

[451] https://de.wikipedia.org/wiki/Sezession (12.1.2019)

[452] Dazu: Wolfgang Bittner: Die Eroberung Europas durch die USA, S. 22 f., 80 ff., 117, 135, 154

[453] Schon am 13. Dezember 2013 renommierte Victoria Nuland in Washington damit, dass die USA mehr als fünf Milliarden Dollar für den »Regime Change« in der Ukraine investiert hätten. Vgl. ebd., S. 18 in Verbindung mit S. 17, Fn. 16

[454] Zit. wie RT Deutsch, 1.2.21015, https://deutsch.rt.com/10795/internati onal/obama-im-cnn-interview-wir-ueberraschten-putin-mit-deal-zum-macht transfer-in-der-ukraine/

[455] Zit. wie Ossietzky 18/2014, S. 614. Siehe auch Spiegel Online, 25.3.2014, www.spiegel.de/politik/ausland/timoschenko-telefonat-putin-in-die-stirn-schiessena-960554.html

Partei, Oleg Tjahnybok, hatte dazu aufgerufen, »*Russensäue, Juden-schweine und andere Unarten*« zu bekämpfen.[456]

Vitali Klitschko, Radoslaw Sikorski (poln. Außenminister), Frank-Walter Steinmeier, Oleg Tjahnybok, Arsenij Jazenjuk (v. l. n. r.) in Kiew am 20. Februar 2014

Unter diesen Umständen war es verständlich, dass es auf der Krim zu Separationsbestrebungen und im weiteren Verlauf zu einer Sezession kam. Festzustellen ist: Es gab keine gewaltsame oder kriegerische Aneignung der Krim durch Russland, vielmehr fand nach dem Kiewer Staatsstreich ein Referendum statt, bei dem die Wahlbeteiligung nach Angaben der Abstimmungskommission 83,1 Prozent betrug und sich 96,77 Prozent der Abstimmenden für einen Anschluss an Russland aussprachen.[457] Dem Referendum folgte eine Erklärung der staatlichen Unabhängigkeit, und erst danach stellte die Autonome Republik Krim den Antrag auf Aufnahme in die Russische Föderation, dem stattgegeben wurde. Das war also die

---

[456] Zit. wie Berliner Zeitung, 9.3.2014, www.berliner-zeitung.de/politik/rechte-parteien-ukraine-npd-und-swoboda-gegeneuropa,10808018,26505664.html. Tjahnybok ist weiterhin Fraktionsvorsitzender seiner Partei im ukrainischen Parlament.

[457] Vgl. Sputnik Deutschland, 17.3.2014, https://de.sputniknews.com/poli tik/20140317268050290-Krim-Referendum-9677-Prozent-stimmenfr-Wie dervereinigung-mit/

friedlich verlaufene Abspaltung der Krim von der Kiewer Ukraine, in deren Parlament bis heute Faschisten sitzen.

War der Anschluss der Krim an Russland völkerrechtswidrig?

In seinem Zeitungsessay kommt der Jurist Reinhard Merkel zu dem Schluss, dass die Abspaltung der Krim sowie das vorausgegangene Referendum völkerrechtskonform waren und nicht völkerrechtwidrig, wie allgemein behauptet wird. Dann macht Merkel allerdings Einschränkungen: Sowohl die Sezession als auch das Referendum verstießen gegen die ukrainische Verfassung. Das sei aber keine Frage des Völkerrechts, und da die ukrainische Verfassung Russland nicht binde, konnte es dem Antrag auf Beitritt der Krim stattgeben. Dennoch sei die Aufnahme der Krim in die Russische Föderation schon zwei Tage nach ihrer Abspaltung und aufgrund der militärischen Präsenz Russlands außerhalb seiner Pachtgebiete völkerrechtswidrig gewesen. Daraus folge jedoch nicht, dass die Separation der Krim *»null und nichtig«* und der nachfolgende Beitritt zu Russland eine *»maskierte Annexion«* sei. Vielmehr habe es sich um eine Sezession gehandelt.

Merkel kommt noch zu weitergehenden Schlüssen. Er vertritt die Auffassung, die völkerrechtswidrige russische Militärpräsenz habe zwar das zwischenstaatliche Interventionsverbot verletzt, *»auch wenn gerade sie einen blutigen Einsatz von Waffengewalt verhindert haben mag«.* Das mache aber *»die davon ermöglichte Sezession keineswegs nichtig«,* berechtige andere Staaten jedoch zu *»Gegenmaßnahmen, zum Beispiel Sanktionen«.* Merkel dazu: *»Deren Verhältnismäßigkeit hat sich allerdings an ihrem tatsächlichen Anlass zu bemessen und nicht an einem fingierten Schreckgespenst: an einer militärischen Nötigung auf fremdem Staatsgebiet also, nicht aber einer gewaltsamen Annexion … Adressaten der Gewaltandrohung waren nicht die Bürger oder das Parlament der Krim, sondern die Soldaten der ukrainischen Armee. Was so verhindert wurde, war ein militärisches Eingreifen des Zentralstaats* *zur Unterbindung der Sezession. Das ist der Grund, warum die russischen Streitkräfte die ukrainischen Kasernen blockiert und nicht etwa die Abstimmungslokale überwacht haben.«*[458]

Dem ist in der Grundaussage, dass die Sezession und das Referendum völkerrechtskonform waren, zuzustimmen, nicht jedoch den weiteren Schlussfolgerungen, die militärische Präsenz Russlands auf der Krim außerhalb seiner Pachtgebiete, also der begleitende Schutz des Referendums durch russische Soldaten, sowie die unmittelbare Anerkennung der Republik Krim durch Russland seien völkerrechtswidrig gewesen. Merkels Argumentation kann unter Berücksichtigung der Begleitumstände aus folgenden Gründen nicht überzeugen:

Nachdem bereits ukrainisches Militär einsatzbereit war und sich nationalistische Kampfverbände aus dem Zentralstaat auf dem Weg zur Krim befanden, fürchtete die weit überwiegende russischstämmige Bevölkerung zu Recht ernsthafte Repressalien und Krieg. Insofern war der Einsatz der im Pachtgebiet in Sewastopol stationierten russischen Einheiten zur Absicherung einer ordnungsgemäßen Durchführung der Wahlen und zum Schutz ihres Flottenstützpunktes am Schwarzen Meer nicht zu beanstanden.

Bei der Klärung der Frage, ob die ergriffenen Maßnahmen völkerrechtskonform waren, muss zum einen auf die Gefährdungslage der Krimbevölkerung nach dem Staatsstreich abgehoben werden, aber ebenso auf die Tatsache, dass die USA mit der NATO den russischen Flottenstützpunkt Sewastopol im Visier hatten. Hätte sich die Krim nicht der Russischen Föderation angeschlossen, sondern innerhalb der Ukraine von der Kiewer Putschregierung ihre Bürger- und Menschenrechte eingefordert, sähe es dort heute so aus wie in der Ostukraine: Bürgerkrieg mit zerstörten Städten und Dörfern, Tausenden Toten, Hundertausenden Flüchtlingen. Außerdem hätte die NATO unmittelbaren Zugriff auf den Hauptstützpunkt der russischen Schwarzmeerflotte bekommen.

Die ehemalige ukrainische Parlamentarierin Jelena Bondarenkova sagt, dass *»die Russen die Krim nicht den Ukrainern, aber den Ameri-*

---

[458] Reinhard Merkel, a.a.O.

kanern weggenommen haben«. Es sei unter anderem um US-Militärstützpunkte nahe Russland gegangen. Und sie fragt: *» Wissen Sie, dass in dem Mikolaj Gebiet in der Stadt Ocakov schon so eine Basis gebaut wird? Lassen Sie sich nicht einreden, dass die Amerikaner die Ukrainer bedauerten, weil sie die Krim verloren haben. Die Amerikaner sind ärgerlich nur dafür, dass die Russen ihnen zuvorgekommen sind.«*[459]

Nicht vergessen werden darf, dass die Krim ohnehin 171 Jahre zu Russland gehört hatte und 1954 von Chruschtschow – wie es heißt, aufgrund einer Wodkalaune – unter Verstoß gegen die Verfassung der UdSSR an die Ukraine »verschenkt« wurde, was seinerzeit jedoch nicht mehr bedeutete, als dass sie von einer Sowjetrepublik zur anderen kam.

Da gemäß Artikel 51 der UN-Charta in einem Konfliktfall Notwehr des Angegriffenen und Nothilfe seitens anderer Staaten rechtens ist, kann das nach der Unabhängigkeitserklärung auch auf die Krim Anwendung finden. Denn von einem Konfliktfall war in der damaligen Situation auszugehen. In Kiew hatte es zahlreiche Opfer gegeben, ukrainische Einheiten und Nationalistenverbände waren bereit, auf der Krim zu intervenieren, und in der Ostukraine begann kurz darauf ein mörderischer Bürgerkrieg. Ob die ukrainische Verfassung nach dem Putsch überhaupt noch Geltung hatte, ist im Übrigen zu bezweifeln. Es herrschten Willkür und in Teilen des Landes kriegerische Zustände, und nach dem Regime Change war die Ukraine dem Zugriff der USA ausgeliefert. Damit war auch die Garantie ihres territorialen Bestandes durch Russland nach dem sogenannten Budapester Memorandum[460] von 1994 obsolet.

Insofern war die unverzügliche Aufnahme der Republik Krim in die Russische Föderation geboten, um ein Massaker an der russischstämmigen Bevölkerung auf der Krim zu verhindern. Auch die Anwesenheit russischen Militärs vor den ukrainischen Kasernen war

---

[459] Zit. wie www.nachdenkseiten.de/?p=50595
[460] Im Budapester Memorandum von 1994 (einer Denkschrift oder auch Absichtserklärung) garantierte Russland der Ukraine im Gegenzug zu deren Atomwaffenverzicht die bestehenden Grenzen. Die USA pochen auf diese Vereinbarung, obwohl sie selber ständig das Völkerrecht missachten, Verträge brechen und sich in die inneren Angelegenheiten anderer Staaten einmischen.

während des Referendums erforderlich, um die Durchführung der Wahlen und damit das Selbstbestimmungsrecht der Krimbewohner und ihren Schutz zu gewährleisten – es war sozusagen eine humanitäre Intervention sui generis und somit völkerrechtskonform.

Unter Berücksichtigung der Fakten und aller Umstände sind die Sezession und der Anschluss der Krim an die Russische Föderation weder rechtlich noch sonst wie zu beanstanden. Der Begriff Annexion ist auf diese Vorgänge nicht anwendbar und dient allein propagandistischen Zwecken.

Langzeitstrategie und unipolarer Anspruch der USA

Berufen, die Welt zu beherrschen

Nach Auffassung ihrer Machteliten sind die Vereinigten Staaten von Amerika »the land of the free and the home of the brave«, wie es auch die Nationalhymne verkündet. Und »God's Own Country« ist dazu berufen, die Welt zu beherrschen. Zur Durchsetzung dieses unipolaren Anspruchs haben sie seit dem 19. Jahrhundert eine Langzeitstrategie entwickelt, wozu die Aufrechterhaltung einer übermäßig hochgerüsteten Armee und die Einrichtung zahlreicher Militärstützpunkte in aller Welt gehören.

Dabei ist nicht zu übersehen, dass die US-amerikanische Gesellschaft in weiten Teilen und bis in den Kongress hinein religiösfundamentalistisch fanatisiert ist. Bis in die Gegenwart ist hier die Wahlverwandtschaft zwischen Puritanismus und Kapitalismus, eine »ökonomische Prädestinationslehre« – wen Gott liebt, den lässt er reich werden – tief verwurzelt. Darüber hinaus sind viele der Hardliner offensichtlich der Ansicht, dass alles, was den USA nützt, letztlich der ganzen Welt zugutekommt, woraus sich ihr Anspruch auf globale Vorherrschaft ergibt.

Dieser durch nichts gerechtfertigten Hybris folgte auch die Politik des mit einem gewinnenden Lächeln daherkommenden Präsidenten Barack Obama, der in einer Rede vor der Militärakademie in Westpoint die USA als die *»einzige unverzichtbare Nation«* bezeichnete, als Dreh- und Angelpunkt aller Allianzen von Europa bis Asien,

»unübertroffen in der Geschichte der Nationen.«⁴⁶¹ Damit bekundete Obama, was schon lange praktizierte Politik der Vereinigten Staaten war, die seit dem 20. Jahrhundert ihren imperialen Anspruch auch gegenüber Europa, insbesondere Deutschland, durchzusetzen verstanden.

Diese Machtpolitik hatte ihren Anfang spätestens 1823, als Präsident James Monroe dem US-Kongress die Grundzüge einer langfristigen Außenpolitik der Vereinigten Staaten vorstellte: keine Duldung der Einmischung anderer Länder auf dem amerikanischen Doppelkontinent, zugleich Schutz- und Interventionsanspruch der USA in Lateinamerika.⁴⁶² Damit legten die USA die Hand auf Mittel- und Südamerika.

1904 ermächtigte dann Theodore Roosevelt (1858–1919, Präsident 1901–1909) die USA pauschal zur Ausübung einer »internationalen Polizeigewalt« und zur kompromisslosen Durchsetzung wirtschaftlicher und strategischer Interessen. Sein Wahlspruch war: *»Sprich sanft und trage einen großen Knüppel, dann wirst du weit kommen.«⁴⁶³* Nachdem zuvor sämtliche Verträge mit den indianischen Ureinwohnern gebrochen worden waren und die letzte vernichtende Schlacht 1890 am Wounded Knee geschlagen war, galt das in erster Linie den lateinamerikanischen Ländern im »Hinterhof der USA«, aber auch Marokko und Korea, wenig später weltweit.

Ganz dem entsprach eine Aussage des nachfolgenden Präsidenten Woodrow Wilson: *»Da der Handel sich über die nationalen Grenzen hinwegsetzt und der Unternehmer die Welt als seinen Markt beansprucht, muss die Flagge seiner Nation ihm folgen und die verschlossenen Türen der Nationen müssen aufgesprengt werden ... Die von den Finanziers erworbenen Konzessionen müssen von den Staatsministern*

---

⁴⁶¹ www.whitehouse.gov/the-press-office/2014/05/28/remarks-president-united-states-military-academy-commencement-ceremony

⁴⁶² Sog. Monroe-Doktrin

⁴⁶³ Vgl. Theodore Roosevelt: The strenuous Life. Essays and Addresses, New York 1906, sowie Theodore Roosevelt typed letter signed as governor of New York, 26.1.1900, https://historical.ha.com/itm/autographs/u.s.-presidents/theodore-roosevelt-typed-letter-signed-as-governor-of-new-york-two-pages-9-x-115-albany-new-york-january-26-190/a/6054-34087.s

garantiert werden, selbst wenn die Souveränität widerspenstiger Natio-nen dabei verletzt würde.«[464]

Barack Obama formulierte das am 11. Februar 2016 in einem Interview gegenüber dem US-Fernsehsender Vox so: »*Wir müssen gelegentlich den Arm von Ländern umdrehen, die nicht das tun, was wir von ihnen wollen. Wenn es nicht die verschiedenen wirtschaftlichen oder diplomatischen oder, in einigen Fällen, militärischen Druckmittel gäbe, die wir haben, wenn wir diese Dosis Realismus nicht hätten, wür-den wir auch nichts erledigt bekommen … die amerikanische Führung kommt teilweise aus unserer Anpackmentalität. Wir sind das größte, mächtigste Land der Erde … wir haben niemanden Ebenbürtiges im Sinne von Staaten, die die Vereinigten Staaten angreifen oder provozie-ren könnten.«*[465]

Das Ziel, Weltmacht Nr. 1 zu sein, erreichten die USA endgül-tig nach dem Zweiten Weltkrieg, als Präsident Harry S. Truman am 12. März 1947 vor beiden Häusern des Kongresses verkündete: »*Ich glaube, es muss die Politik der Vereinigten Staaten sein, freien Völkern beizustehen, die sich der angestrebten Unterwerfung durch bewaffnete Minderheiten oder durch äußeren Druck widersetzen. Ich glaube, wir müssen allen freien Völkern helfen, damit sie ihre Geschicke auf ihre Weise selbst bestimmen können … Wenn sie freien und unabhängigen Nationen helfen, ihre Freiheit zu bewahren, verwirklichen die Verei-nigten Staaten die Prinzipien der Vereinten Nationen. Die freien Völ-ker der Welt rechnen auf unsere Unterstützung in ihrem Kampf um die Freiheit. Wenn wir in unserer Führungsrolle zaudern, gefährden wir den Frieden der Welt – und wir schaden mit Sicherheit der Wohlfahrt unserer eigenen Nation.«* [466]

---

[464] Zit. wie Wilfried Röhrich: Politik als Wissenschaft – Ein Überblick, Opladen 1986

[465] Zit. wie RT Deutsch, 12.2.2015, https://deutsch.rt.com/11745/international/obamas-diplomatie-verstaendnis-wir-muessen-gewalt-anwenden-wenn-laender-nicht-das-machen-was-wir-wollen/. Vgl. auch: der Freitag, 15.2.2015, www.frei tag.de/autoren/hans-springstein/der-us-praesident-hat-wieder-klartext-geredet

[466] Sog. Truman-Doktrin, zit. wie Manfred Görtemaker u. a.: Das Ende des Ost-West-Konflikts?, S. 58

Diese »Unterstützung« freier Völker durch die USA sollte nach Wilsons altruistischen Worten zwar *»vor allem wirtschaftliche und finanzielle Hilfe«* umfassen, *»die die Grundlage für wirtschaftliche Stabilität und geordnete politische Verhältnisse bildet«*, doch die Realpolitik ging den üblichen Weg im Sinne und zum Vorteil der USA sowie zumeist zulasten und zum Nachteil der »freien Völker«, wie ein Blick in die Geschichte bis zur unmittelbaren Gegenwart beweist.[467]

Der Publizist Werner Rügemer hat die Einflussmöglichkeiten und Einflussnahmen der USA auf die europäische, insbesondere die deutsche Wirtschaft, analysiert und kommt zu bestürzenden Ergebnissen: *»Das wichtigste unternehmerische Kapitaleigentum im westlichen Kapitalismus wird heute von verschiedenen Typen von Finanzakteuren organisiert. Die vom eingesetzten Kapital her größten sind Blackrock & Co. Dann folgen Blackstone & Co, also die Private Equity-Investoren, volkstümlich ›Heuschrecken‹ genannt. Sie haben seit Ende der 1990er Jahre etwa 10 000 mittelständische Unternehmen in Deutschland aufgekauft, verwertet, weiterverkauft oder an die Börse gebracht. Dann kommen die Hedgefonds, die Wagniskapital-Investoren – sie bringen die start ups ins Rennen –, die elitären Investmentbanken wie Macquarie und Rothschild, die Privatbanken wie Metzler, Pictet, die traditionellen Banken wie die Deutsche Bank. Die USA sind der größte Kapital-Standort und der wichtigste militärische, geheimdienstliche und mediale Machtblock zur Sicherung dieses Systems. Auch die wichtigsten globalen Finanzdienstleister sind mit den USA verbunden: die großen drei Ratingagenturen, die Wirtschaftskanzleien wie Freshfields, die Unternehmensberater wie McKinsey, die Wirtschaftsprüfer‹ wie PricewaterhouseCoopers, die PR-Agenturen wie Soros' Renaissance – ich nenne sie die zivile Privatarmee des westlichen Kapitalismus.«*[468]

Im ökonomischen und auch militärstrategischen Konzept der USA hat Russland keinen Platz. Der ehemalige Direktor des einfluss-

---

[467] Ende der 1940er-Jahre zogen die USA einen Großteil ihrer Truppen aus Deutschland ab, um sie 1950 im Korea-Krieg einzusetzen, bei dem etwa vier Millionen Menschen umkamen und das Land geteilt wurde.
[468] Werner Rügemer: Die Wahrheit ist auf unserer Seite, Neue Rheinische Zeitung Online, 21.11.2018, www.nrhz.de/flyer/beitrag.php?id=25399

reiche Thinktanks Stratfor, George Friedman, hat zu dieser egozentrischen, friedensgefährdenden Politik in seiner Rede am 4. Februar 2015 am Chicago Council on Global Affairs die bemerkenswerte Aussage gemacht, das Hauptanliegen der Vereinigten Staaten sei seit mehr als einem Jahrhundert, eine Kooperation zwischen Deutschland und Russland unter allen Umständen zu verhindern.[469]

Aufsehen erregte das lediglich in den sogenannten alternativen Medien. Das gleiche gilt für die Ausführungen Zbigniew Brzezinskis, der Eurasien als das »Schachbrett der USA« ansah, auf dem sie ihre Züge im Kampf um die globale Vorherrschaft machten. Brzezinski schrieb In seinem Buch »Die einzige Weltmacht«, in dem er die geopolitische Strategie der USA nach dem Untergang der Sowjetunion entwickelt hat: *»Inwieweit die USA ihre globale Vormachtstellung geltend machen können, hängt aber davon ab, wie ein weltweit engagiertes Amerika mit den komplexen Machtverhältnissen auf dem eurasischen Kontinent fertig wird – und ob es dort das Aufkommen einer dominierenden, gegnerischen Macht verhindern kann.«*[470]

In diesem Kontext ist auch die Äußerung Henry Kissingers vom 2. Februar 2014 zu sehen, wonach der Regime Change in Kiew sozusagen die Generalprobe für das sei, *»was wir in Moskau tun möchten«*.[471]. Das wiederum sagte ganz offen und unverschämt der ehemalige US-Vizepräsident Joe Biden 2014 in seinem Vortrag an der Harvard Kennedy School in Cambridge, wo er prahlte, dass Russland ruiniert werde, wenn es sich nicht den USA öffne.[472]

Aus den über mehr als ein Jahrhundert wiederholten Äußerungen der US-Spitzenpolitiker ergibt sich ein Gesamtbild der monopolaren Imperialpolitik der USA, die der frühere Stabschef des

---

[469] Vgl. AntikriegTV: US-Strategie, YouTube, 17.3.2015, www.youtube.com/watch?v=vln_ApfoFgw

[470] Zbigniew Brzezinki: Die einzige Weltmacht, S. 15

[471] Zit. wie Anneliese Fikentscher/Andreas Neumann: Kiew: Generalprobe für Moskau, www.nrhz.de/flyer/beitrag.php?id=20079 (26.02.14)

[472] Vgl. newscan, 5.1.2015, www.youtube.com/watch?v=JLO7uKVarB8 (25.1.2019)

US-Außenministers Colin Powell, Lawrence Wilkerson, mit den Worten charakterisierte: *»Zum Teufel mit dem Rest der Welt.«*[473]

Die rote Linie von der Ostsee zum Schwarzen Meer

Zweifellos waren Barack Obama die Grundzüge der US-Langzeitstrategie bekannt, doch er verstand es meisterhaft, das zu verschleiern, so auch in seiner letzten Rede als US-Präsident vor der UN-Vollversammlung am 28. September 2015 in New York, wo die Feierlichkeiten zum 70. Jahrestag der UNO stattfanden.[474] Bei dieser Gelegenheit erklärte er zum wiederholten Mal, Washingtons Ziel sei, *»zu verhindern, dass größere Länder kleineren ihren Willen aufzwingen«.* Russlands Präsident, der in die Ukraine einmarschiert sei und die Krim annektiert habe, versuche auch die anderen abgespaltenen Republiken der ehemaligen UdSSR zu annektieren. Obama unterstrich die wirtschaftliche und militärische Macht der USA und damit den Anspruch auf globale Vorherrschaft. Er bestritt jedoch, dass die USA und Israel Gewalt anwendeten, vielmehr gehe Gewalt von Russland und Syrien aus; Libyen habe er angegriffen, um *»ein Massaker«* zu verhindern.[475]

Wladimir Putin entgegnete Obama, nach dem Ende des Kalten Krieges habe sich *»ein einziges Herrschaftszentrum in der Welt erhoben«,* das *»exzeptionelle«* Land, das keine Kompromisse oder Beachtung der Interessen anderer kenne. Washington verdrehe die Wörter und wiederhole seine Fehler, indem es sich auf Gewalt stütze, was Armut und soziale Zerstörung zur Folge habe. Putins Rede

---

[473] Zit. wie Florian Linse, NachDenkSeiten, 8.8.2018, www.nachdenkseiten. de/?p=45368

[474] Online unter www.youtube.com/watch?v=U97XoBr_JbQ (13.3.2019)

[475] Vgl. hierzu Paul Craig Roberts: Obama vergöttlicht die amerikanische Hegemonie, antikrieg.com, 28.9.2015, www.antikrieg.com/aktuell/2015_09_29_obama.htm), sowie phoenix, 28.9.2015, www.youtube.com/watch?v=U97XoBr_JbQ (13.3.2019). sowie N-tv, 28.9.2015, www.n-tv.de/politik/Erst-spucken-dann-sprechen-article16029571.html (13.3.2019)

gipfelte in der Frage an Obama: »*Begreifen Sie, was Sie angerichtet haben?*«[476]

Der US-amerikanische Ökonom und Publizist Paul Craig Roberts, stellvertretender Finanzminister während der Regierung Reagan, kommentierte die Reden Obamas und Putins: »*Obamas Anspruch, die ›internationalen Normen‹ zu repräsentieren, war eine Bekräftigung der Hegemonie der Vereinigten Staaten von Amerika, und wurde als solche von der Generalversammlung erkannt. Die Welt ist konfrontiert mit zwei antidemokratischen Schurkenregierungen – den Vereinigten Staaten von Amerika und Israel –, die glauben, dass ihr ›Exzeptionalismus‹ sie über das Recht stellt. Internationale Normen heißt die Normen Washingtons und Israels. Länder, die sich nicht an die internationalen Normen halten, sind Länder, die sich nicht den Diktaten Washingtons und Israels beugen. Die Präsidenten Russlands, Chinas und des Irans akzeptierten Washingtons Definition von ›internationale Normen‹ nicht. Die Grenzen sind gezogen. Wenn die Menschen in Amerika nicht zu Verstand kommen und die Kriegstreiber in Washington hinauswerfen, ist Krieg unsere Zukunft.*«[477]

Wie verlogen die Äußerungen Obamas sind, beweisen die langjährigen Planungen seit etwa Mitte der 1990er-Jahre. Willy Wimmer, ein ausgewiesener Experte für globale Sicherheit, berichtet in seinem Buch »Die Akte Moskau« von einem Besuch beim CIA in Langley/Virginia.[478] Seinerzeit, Ende der 1980er-Jahre herrschte Tauwetter. Wimmer erfuhr von einem Wechsel der Politik und dass die damalige Sowjetunion nach Einschätzung des CIA rein defensive Absichten im Rahmen des Warschauer Paktes verfolge. Kurz darauf wurde der Pakt dann auch aufgelöst. Anstatt nun auch die NATO zugunsten eines gesamteuropäischen Verteidigungsbündnisses unter Einbeziehung Russlands aufzulösen, vollzogen die USA 1991 eine drastische Kehrtwende. Die NATO wurde entgegen den

---

[476] Zit. wie Paul Craig Roberts, a.a.O. Putins Rede online unter www.youtube. com/watch?v=qTjVtC9MTsg. Transkript: www.luftpost-kl.de/luftpost-archiv/ LP_13/LP18515_011015.pdf

[477] Paul Craig Roberts, a.a.O.

[478] Willy Wimmer: Die Akte Moskau, Höhr-Grenzhausen 2014, S. 12 f.

Zusicherungen bei der deutschen Vereinigung nach Osten bis an die russischen Grenzen vorgeschoben und entwickelte sich zu einem Aggressionsbündnis, das die Sicherheit Russlands bedroht und zu einem erneuten West-Ost-Konflikt und damit in den neuen Kalten Krieg führte.

Wie Wimmer berichtet, nahm er im Mai 2000 an einer Konferenz in Bratislava/Slowakei teil, auf der die Führungsspitze des US-Außenministeriums den anwesenden Regierungschefs das neue Strategiekonzept vorstellte, das die kurze Epoche relativen Friedens in Europa beendete.[479] Ohne vorherige Konsultationen wurde vorgetragen, die Vertrags- und Bündnisverbindungen zwischen Washington und den Staaten Mittel- und Osteuropas seien künftig so zu gestalten, dass von den baltischen Staaten bis zum ukrainischen Odessa eine »rote Linie« gezogen werde. Östlich davon, so wurde festgelegt, befände sich die Russische Föderation, westlich der Linie sei *alles amerikanisch bestimmt«*. Das entspricht inzwischen der besonders von Polen ausgehenden Politik, die sich unter Präsident Jaroslaw Kaczynski zu einem national-egoistischen Faktor innerhalb der Europäischen Union entwickelt hat, und zwar im Einvernehmen mit den USA gegen Interessen der EU. Im Zusammenwirken mit den baltischen Staaten, Bulgarien und Rumänien scheint sich hier eine Form des in den 20er-Jahren des vergangenen Jahrhunderts unter Marschall Józef Piłsudski angestrebten Intermarum-Bündnisses gegen Russland herauszubilden, was zu einer Spaltung Westeuropas führen könnte.[480]

In Bratislava hieß es weiter, auch die Rechtsordnung sei von dieser Regelung betroffen, »*die von nun an über das Statut zum Internationalen Kriegsverbrechertribunal in Den Haag mit seinen angelsächsischen Rechtsgrundsätzen aus der jahrhundertelangen Bindung Kontinentaleuropas an die römische Rechtstradition gelöst und umge-*

---

[479] Ebd., S. 15 f.
[480] Dazu: Wolfgang Bittner: Die Eroberung Europas durch die USA, S. 250 f. Siehe auch John Brankly: Intermarum – Polen wird zur US-Hand in Europa, World Economy, 10.5.2019, www.world-economy.eu/pro-contra/details/article/intermarium-polen-wird-zur-us-hand-in-europa/

baut werden solle«. Zutiefst beunruhigend ist Wimmers Resümee: *»Das Ende des Kalten Krieges sollte Europa eine friedliche Zukunft garantieren. Heute müssen wir sehen, dass wir einem neuen Weltkrieg und der Zerstörung unserer Länder so nah sind wie seit 1945 nicht mehr. Die NATO, wir und unsere Partner in diesem Bündnis haben unermessliches Leid über Nachbarregionen gebracht, und das Elend drängt nun über unsere Grenzen.«[481]*

Das ist die Einschätzung eines erfahrenen Politikers, der jahrzehntelang die Geschicke Deutschlands und Europas in vorderster Linie im Blick hatte und mehrmals als Sonderbeauftragter der deutschen Bundesregierung im In- und Ausland tätig war. Die Entwicklung eines friedlichen Europas, das globale Strahlkraft gehabt hätte, wurde von den USA gezielt unterbrochen und wird bis in die Gegenwart verhindert.

---

[481] Wimmer: Die Akte Moskau, S. 20

Russland am Pranger

Angebliche Giftgaseinsätze

Seit Jahren wird Russland nun schon vor der Weltöffentlichkeit werbewirksam angeklagt. Sobald Konflikte entstehen oder irgendwo Giftgas eingesetzt wird, ob in Syrien oder gegen einen ehemaligen Doppelagenten in London, wird Russland verantwortlich gemacht. Bei den ausufernden Beschuldigungen in der Giftgasaffäre Skripal kann jedoch inzwischen davon ausgegangen werden, dass es sich um eine ins Monströse gesteigerte Propagandakampagne handelte. Die Untersuchungen, an denen Russland nicht beteiligt wurde, führten zu keinem belastenden Ergebnis. [482]

Dasselbe gilt für angebliche Giftgasangriffe des syrischen Militärs auf Dschihadisten in der besetzten Stadt Duma am 7. April 2018. Dabei sollten nach Angaben dubioser Informanten, wie der Syrischen Beobachtungsstelle für Menschenrechte, zahlreiche Zivilisten, darunter viele Kinder, getötet und verletzt worden sein. Filmmaterial der sogenannten Weißhelme (White Helmets), einem PR-Projekt für die Publikation von Bild- und Filmmaterial im Sinne der westlichen Propaganda,[483] zeigten anrührende Bilder von leblosen Körpern und Kindern mit Atemmasken in einem Krankenhaus.

Das NATO-nahe Recherchenetzwerk Bellingcat, das sich auch mit nicht nachprüfbaren Informationen in der Skripal-Affäre hervorgetan hatte, verbreitete ein Video, auf dem *»gelber Gestank, wie*

---

[482] Siehe das Kapitel »Der Fall Skripal«.
[483] Zur »Syrischen Beobachtungsstelle für Menschenrechte« und zu den Weißhelmen siehe Wolfgang Bittner: Die Eroberung Europas durch die USA, S. 197 ff., mit weiteren Nachweisen

er *von früheren Angriffen mit Chlorgas in Syrien bereits bekannt ist«* zu erkennen war.[484] So berichtete *ARD-faktenfinder*[485] und zeigte Fotos von gelbem Rauch in Duma und Kinder, *»die gegen Symptome wie Atemnot kämpften«.* Außerdem hieß es in diesem Onlineportal der *Tagesschau* zur Aufklärung und Eindämmung von Fake News unter der Überschrift »Wie Russland Syrien-Resolutionen blockiert«: *»Mehr als sieben Jahre dauert der Syrienkrieg nun schon, immer wieder gab es Kriegsverbrechen. Bestrafen konnten die UN sie jedoch nie – auch weil Russland bereits zehn Resolutionen blockierte.«*[486] Das passt allerdings zur einseitigen und nicht selten lügenhaften Berichterstattung der *ARD-Tagesschau.* Denn unterschlagen wurden die Gründe der Ablehnung und dass Russland erst im September 2014 auf Anforderung der syrischen Regierung in dem seit 2011 währenden Krieg Militärhilfe leistet.

Die Propaganda richtete sich gegen Syrien und Russland. Obwohl keine seriösen Untersuchungsergebnisse bekannt waren, machte die Bundesregierung als verlässlicher Vasall der USA unverzüglich den syrischen Präsidenten Baschar al-Assad, in den Medien als »Machthaber« oder »Diktator« bezeichnet, verantwortlich. Regierungssprecher Steffen Seibert erklärte: *»Auch bei diesem Giftgaseinsatz deuten die Umstände auf die Verantwortlichkeit des Assad-Regimes hin ... Das Vorgehen des Regimes ist abscheulich, es ist menschenverachtend, und es verstößt gegen elementare Regeln des humanitären Völkerrechts, und das darf nicht ungesühnt bleiben.«* Russland müsse als Hauptunterstützer von Assad seine »Blockadehaltung« im UN-Sicherheitsrat aufgeben und eine Untersuchung von Chemiewaffeneinsätzen in Syrien zuzulassen. Die britische Regierung forderte eine gemeinsame

---

[484] ARD-faktenfinder, 12.4.2018, https://faktenfinder.tagesschau.de/ausland/ angriff-duma-101.html

[485] faktenfinder soll nach Angaben der ARD politische Propaganda, Gerüchte, Lügen und Halbwahrheiten im Internet sammeln und richtigstellen. Vgl. Catharina Schick: Fake News aufspüren und aufklären, Tagesspiegel, 3.4.2017, www.tagesspiegel.de/gesellschaft/medien/ard-gruendet-faktenfinder-fake-news-aufspueren-und-aufklaeren/19608588.html

[486] tagesschau.de, 15.4.2018, www.tagesschau.de/faktenfinder/ausland/veto-russ land-un-sicherheitsrat-101.html

»*starke und robuste internationale Reaktion*«, wobei keine Option ausgeschlossen werden dürfe.[487]

US-Präsident Trump befahl kurz darauf einen völkerrechtswidrigen Angriff auf Syrien, bei dem unter Beteiligung britischen und französischen Militärs am 14. April 2018 mehr als hundert Raketen abgefeuert wurden.[488] Im Nachhinein stellte der Wissenschaftliche Dienst des Bundestages auf Antrag der Partei Die Linke die Völkerrechtswidrigkeit fest: »*So stellen sich die alliierten Luftangriffe dann im Ergebnis eher als unverhohlene Rückkehr zu einer Form der – völkerrechtlich überwunden geglaubten – bewaffneten Repressalie im ›humanitären Gewand‹ dar.*«[489] Doch das interessierte nicht einmal die Bundesregierung.

Russland hatte mehrmals neutrale Untersuchungen gefordert und Resolutionen im UN-Sicherheitsrat eingebracht, die blockiert wurden. Am 13. Februar 2019 teilte dann der in Syrien tätige BBC-Produzent Riam Dalati nach Befragung von Zeugen, unter ihnen ein Arzt, mit: »*Nach fast sechsmonatigen Untersuchungen kann ich zweifelsfrei beweisen, dass die Krankenhausszene von Duma gestellt war. In dem Krankenhaus gab es keine Todesopfer.*«[490] Soweit die deutschen Medien überhaupt darauf eingingen, wurde das Untersuchungsergebnis abgetan, *ARD-faktenfinder* hielt eine Berichtigung seiner Fake News nicht für nötig.

Von der BBC, die ebenfalls Propaganda gegen Syrien und Russland gemacht hatte, war zu vernehmen: Selbst wenn die Szenen in dem Krankenhaus inszeniert waren, sei unbestritten, dass ein Giftgasangriff stattgefunden habe. Die BBC ging jedoch nicht darauf

---

[487] tagesschau.de: Deutschland macht Assad verantwortlich, 9.4.2018, www.tagesschau.de/ausland/syrien-angriff-sicherheitsrat-107.html

[488] Vgl. Spiegel Online, 22.2.2019, www.spiegel.de/politik/ausland/donald-trump-angriff-auf-syrien-hundert-raketen-sind-noch-keine-strategie-a-120 2913.html

[489] Deutscher Bundestag, Wissenschaftliche Dienste: Völkerrechtliche Implikationen des amerikanisch-britisch-französischen Militärschlags vom 14. April 2018 gegen Chemiewaffeneinrichtungen in Syrien, 18.4.2018, Az.: WD2-3000-048/18, /www.bundestag.de/resource/blob/551344/f8055ab0bba0ced333ebc d8478e74e4e/wd-2-048-18-pdf-data.pdf

[490] Zit. wie Zeitpunkt, 20.2.2019, www.zeitpunkt.ch/index.php/videos-des-angeblichen-gasangriffs-duma-waren-inszeniert

ein, wer für diesen Angriff verantwortlich gewesen war. Dalati hatte geschrieben, auch nach seinen Recherchen habe es die Attacke gegeben, »*alles andere rund um den Angriff wurde jedoch konstruiert, um eine maximale Wirkung zu erreichen*«[491].

Die Behauptung, das syrische Militär habe in Duma Giftgas eingesetzt, obwohl die Stadt kurz vor der Einnahme stand, ist allerdings nach wie vor abwegig, zumal Syrien seine Vorräte an chemischen Kampfstoffe bereits 2014 unter internationaler Kontrolle vernichtet hat.[492] Vielmehr ist davon auszugehen, dass die Dschihadisten diesen Gasangriff, wie andere zuvor schon, vorgetäuscht haben, um die Anti-Assad-Allianz zu stärken und die Weltgemeinschaft gegen die syrische Regierung weiter aufzubringen.[493]

Angebliche Hackerangriffe Russlands

Bei Hackerangriffen ist es wie mit dem Giftgas. Insbesondere im US-Wahlkampf 2016 soll Russland mit Hackerangriffen Stimmung gegen Hillary Clinton gemacht und damit die Wahl zugunsten Trumps beeinflusst haben. Barack Obama machte Wladimir Putin persönlich für Cyberattacken gegen die Demokratische Partei verantwortlich. Er kündigte Vergeltungsmaßnahmen gegen Russland an: »*Einige werden wir öffentlich vollziehen, einige so, dass sie davon wissen, aber nicht jeder andere.*«[494]

---

[491] Zit. wie Sputnik Deutschland: BBC distanziert sich von Aussage eigenes Produzenten zu Duma-Fakes, 14.2.2019, https://de.sputniknews.com/politik/20190214323968366-bbc-duma-fakes/

[492] Vgl. Spiegel Online, 19.8.2014, www.spiegel.de/politik/ausland/giftgas-aus-syrien-usa-melden-zerstoerung-der-chemiewaffen-a-986816.html

[493] Nach einer neuen eingehenden Begutachtung des Physikers Professor Theodore Postol vom Massachusetts Institute of Technology waren die Giftgasangriffe in Duma am 7.4.2018 und in Chan Schaichun/Idlib am 4.4.2017 inszeniert und Untersuchungsergebnisse durch Mitglieder der Organisation for the Prohibition of Chemical Weapons (OPCW) professionell gefälscht. Vgl. acTVism Munich, 5.7.2019, www.youtube.com/watch?v=rmFKD1hVk5U (5.7.2019)

[494] Zit. wie Tagesspiegel/DPA, 17.12.2016, www.tagesspiegel.de/politik/scheidender-us-praesident-obama-rechnet-mit-putin-und-russland-ab/14992278.html

Die Verliererin der Präsidentschaftswahl Hillary Clinton unterstellte Putin, ihre Wahl aus Rache verhindert zu haben, weil er mit ihr noch eine Rechnung offen gehabt habe, und dabei sei es nicht nur gegen sie gegangen, sondern es habe sich um einen Angriff auf *unser Land«* gehandelt.[495] Sie berief sich auf veröffentlichte Erkenntnisse der US-Dienste CIA, FBI und NSA wegen der angeblichen Hackerangriffe Russlands.

Die unbewiesenen, infantil anmutenden Behauptungen Obamas und Clintons, offizielle russische Stellen hätten zugunsten Donald Trumps und gegen Hillary Clinton Cyberattacken durchgeführt, wurden von Politikern und in den Medien so lange wiederholt, bis die amerikanische Öffentlichkeit davon überzeugt war. Auch wenn konkrete Belege dafür fehlten, hieß es immer wieder, Putin persönlich habe die Operation befohlen, das könne man *»mit hoher Sicherheit«* sagen.[496] Kolportiert wurde das auch in Deutschland, unter anderem von der Wochenzeitung *Die Zeit,* in der zu lesen war: *»Der Befehl kam aus dem Kreml: Die US-Geheimdienste sind sicher, dass Putin Hacker-Angriffe zur US-Wahl anordnete ...«[497]*

Dazu stellten ehemalige hochrangige CIA-Mitarbeiter, die mit Schwerpunkt in den Bereichen Cyber-Aufklärung und -Sicherheit tätig waren, fest: *»Wir haben uns die verschiedenen Behauptungen über Hackerangriffe angesehen. Für uns ist es ein Kinderspiel, sie zu widerlegen.«[498]* Dieser ernstzunehmende Expertenbericht wurde weitgehend ignoriert, denn er passt nicht zur Feindpropaganda.

---

[495] Vgl. Christoph von Marschall, Tagesspiegel, 16.12.2016, www.tagesspiegel.de/politik/39-tage-nach-der-us-wahl-clinton-gibt-putin-mitschuld-an-ihrer-niederlage/14992054.html

[496] Vgl. CIA/NSA, Background to »Assessing Russian Activities and Intentions in Recent US Elections«: The Analytic Process and Cyber Incident Attributions, 24.2.2019, www.dni.gov/files/documents/ICA_2017_01.pdf

[497] Zit. wie Zeit Online, 7.1.2017, www.zeit.de/politik/ausland/2017-01/us-geheimdienst-russland-wladimir-putin-donald-trump-wahlbeeinflussung

[498] Vgl. Veteran Intelligence Professionals for Sanity, Behauptungen über Hackerangriffe im US-Wahlkampf ohne Beweis, 12.12.2016, https://consortiumnews.com/2016/12/12/us-intel-vets-dispute-russia-hacking-claims/, zit. wie www.nachdenkseiten.de/?p=36395

Der Börsenmakler Dirk Müller schrieb in seinem Buch »Macht-beben«: »*Das mächtigste Land der Welt, das Land mit den besten und größten Geheimdiensten der Welt, das über die größte Militärmacht der Geschichte verfügt und in dem wenige Personen über die komplette Medienlandschaft herrschen, ein Land, das zum Mars fliegt und weiß der Henker was noch alles tut, erklärt von sich selbst, es sei nicht in der Lage, eine Präsidentschaftswahl durchzuführen, bei der die Wahl-automaten nicht manipulierbar seien. Man will uns erzählen, russische Internetaktivisten hätten mit gekauften Facebook-Anzeigen – im Wert von 100 000 US-Dollar!!! – die Wahl des amerikanischen Präsidenten beeinflusst.*«[499]

Während die ans Tageslicht gekommene weltumspannende Ab-hör- und Spionagetätigkeit des US-Geheimdienstes NSA nach kur-zem Aufbegehren wieder vergessen wurde, witterten Politiker und Journalisten ständig russische Cyberattacken auf Einrichtungen der westlichen »freien Welt«, zum Beispiel auf die OSZE, auf Estlands Internet oder den Deutschen Bundestag. Im Dezember 2016 erregte eine Panikmeldung die amerikanische Öffentlichkeit. Die *Washing-ton Post* hatte berichtet: »*Russische Hacker drangen Behörden zufolge in ein US-Stromnetz ein.*« Die Meldung, die von vielen Medien in den USA und in Europa sofort ungeprüft übernommen wurde, musste Tage später dementiert werden, nachdem sich herausstellte, dass ein Mitarbeiter des Unternehmens einen Fehler begangen hatte.[500]

Richtiggestellt werden musste auch die Falschmeldung, ein aus Russland gesteuerter Hackerangriff habe im November 2016 Hun-dertausende Telekom-Anschlüsse lahmgelegt. *Die Welt* war sofort von einem »*digitalen Warnschuss ins Wohnzimmer*« ausgegangen, von der »*Vorwegnahme des Szenarios, vor dem seit dem Wahlkampf die USA stehen und jetzt womöglich auch Deutschland*«.[501] Und der Schuss kam angeblich von »*Putins Schreibtisch*«, auch wenn es dafür

---

[499] Dirk Müller: Machtbeben, S. 39

[500] Vgl. Washington Post, 31.12.2016, www.washingtonpost.com/world/natio nal-security/russian-hackers-penetrated-us-electricity-grid-through-a-utility-in-vermont/2016/12/30/8fc90cc4-ceec-11e6-b8a2-8c2a61b0436f_story.html

[501] Zit. wie welt.de, 29.11.2016, www.welt.de/debatte/kommentare/article1 59833296/Warum-die-Spur-der-Hacker-so-oft-nach-Moskau-fuehrt.html

keinen Beweis gab. Erst drei Monate später kam aus London die Nachricht, dass britische Ermittler einen Hacker verhaftet hatten, dem vorgeworfen wurde, den Router der Deutschen Telekom angegriffen zu haben.[502]

Einen Höhepunkt erreichte die Kampagne im Juli 2018, als – bezeichnenderweise kurz vor einem Treffen von Donald Trump und Wladimir Putin – zwölf russische »Agenten« wegen Wahlmanipulationen angeklagt wurden.[503] Der russischen Regierung wurde offiziell direkte Einmischung in die amerikanische Innenpolitik vorgeworfen. Ein Treppenwitz der Geschichte! Denn es ist inzwischen bekannt, dass die zweite Amtszeit des Vorgängers von Wladimir Putin, des Alkoholikers Boris Jelzin, von »US-Experten« vorbereitet wurde. Zur Jelzin-Wahl titelte seinerzeit das *Time Magazine: »Die geheime Geschichte, wie vier US-Berater Umfragen, Zielgruppen, Negativwerbung und all die anderen Techniken des amerikanischen Wahlkampfes benutzten, um Boris Jelzin gewinnen zu helfen.«[504]* Zwei Amtsperioden Jelzins hatten unter Einwirkung der USA gereicht, um Russland an den Rand des Ruins zu bringen.

Foreign Economic Espionage in Cyberspace

Wie selbstverständlich wird bei Hackerangriffen staatliche Beauftragung aus Russland oder China unterstellt (im Bild: Cover eines Reports des National Counterintelligence and Security Center über Cyberspionage aus dem Ausland)

[502] Vgl. Focus Online, 23.2.2017, www.focus.de/digital/internet/drei-monate-nach-hacker-angriff-britische-ermittler-nehmen-mutmasslichen-telekom-hacker-in-london-fest_id_6693033.html

[503] Vgl. Zeit Online, 14.7.2018, www.zeit.de/politik/ausland/2018-07/russische-hackerangriffe-us-justiz-anklage-wahlkampf

[504] Michael Kramer: »Rescuing Boris", TIME, 15.7.1996, http://content.time.com/time/subscriber/article/0,33009,984833-1,00.html

Ermittlungen wegen Russland-Kontakten

Am 17. Mai 2017 wurde der ehemalige FBI-Direktor Robert Mueller vom US-Justizministerium mit der Aufklärung möglicher illegaler Russlandkontakte Donald Trumps, seines Sohnes Don und seines Schwiegersohns Jared Kushner sowie weiterer Mitarbeiter beauftragt.[505] Im Rahmen der Ermittlungen, hinter denen die Anti-Trump-Koalition stand, wurden die Verdächtigen verhört und mit Strafen bedroht. Angeblich hätten Mitarbeiter des russischen Militärnachrichtendienstes GRU mit einigen Trump-Mitarbeitern in Verbindung gestanden und die US-Wahlen manipuliert.[506] Die einflussreichen Trump-Gegner beabsichtigten, Anklagepunkte für ein Amtsenthebungsverfahren (Impeachment) gegen den Präsidenten zu sammeln. Zuvor hatte bereits der auf Ausgleich mit Russland bedachte Nationale Sicherheitsberater Michael Flynn nach nur 23-tägiger Amtszeit wegen »*Kontakten zu ausländischen Stellen*« zurücktreten müssen.[507]

Donald Trump wurde unter anderem vorgehalten, er habe bei einem Besuch in Moskau Sex mit Prostituierten gehabt, davon gäbe es beim russischen Geheimdienst ein Video, das den Präsidenten erpressbar mache. Die *Süddeutsche Zeitung* titelte sibyllinisch: »*Hätte Putin Trump in der Hand – wegen eines heiklen Videos?*«[508] Und der von Trump entlassene ehemalige FBI-Direktor James Comey erging sich in einem Buch in schwülen Einzelheiten. Trump bestritt die Existenz eines Sexvideos. Da Comey keine Trump belastenden Beweise vorweisen konnte, sah er sich – mit großer Medienresonanz

---

[505] Vgl. Handelsblatt, 16.5.2018, www.handelsblatt.com/politik/international/trump-russland-und-die-us-wahlen-ein-jahr-us-sonderermittler-was-robert-mueller-bisher-erreicht-hat/22571306.html?ticket=ST-603783-jxnxaM9S99bsGTnKJFeF-ap6

[506] welt.de, 28.10.2017, www.welt.de/politik/ausland/article170129626/Erste-Anklagen-wegen-illegaler-Russland-Kontakte-stehen.html

[507] Vgl. FAZ, 14.2.2017, www.faz.net/aktuell/politik/trumps-praesidentschaft/ruecktritt-michael-flynn-der-erste-verlaesst-das-house-of-trump-14877035.html

[508] Süddeutsche Zeitung, 5.1.2017, www.sueddeutsche.de/politik/usa-haette-putin-trump-in-der-hand-wegen-eines-sexvideos-1.3329730

– bemüßigt, auf dessen Charakter einzugehen: »*Dieser Präsident ist skrupellos und fühlt sich nicht an die Wahrheit und institutionelle Werte gebunden.*«[509] Doch das dürfte auf fast alle US-Präsidenten der Vergangenheit zutreffen sowie auf Comey selbst und zahllose Mitarbeiter in Regierung, Militär und Wirtschaft der USA.

Des Weiteren wurde Trump 2016 vorgeworfen, das »*russische Regime*« habe ihm »*seit mindestens fünf Jahren geholfen*« und ihn auch bei den Präsidentschaftswahlen unterstützt. Dazu waren in Washington »Dokumente« in Umlauf, in denen es hieß: »*Das Ziel, von Putin abgesegnet, ist, Streit und Spaltung in das westliche Bündnis zu tragen.*«[510] In der *Süddeutschen Zeitung* war zu lesen: »*Der Deal zwischen den beiden: Putin hilft Trump zu gewinnen; Trump macht als Präsident eine Politik, die Putin passt, unter anderem was die Ukraine angeht, die Nato oder auch Syrien.*«[511]

Behauptungen, Unterstellungen, Vermutungen, Bösartigkeiten. Nichts von alledem war geeignet, ein Impeachment-Verfahren gegen den verhassten Präsidenten einzuleiten, nichts ließ sich letztlich beweisen. Trump bezeichnete die Beschuldigungen, die gegen ihn, seine Familienangehörigen und Mitarbeiter erhoben wurden, als eine Hexenjagd. Allerdings verschickte er dazu zahlreiche, sich zum Teil widersprechende Twitter-Mitteilungen, die ihn zusätzlich angreifbar machten, sodass die Wühlarbeit gegen ihn weiterging.

Wladimir Putin nahm zu den Gerüchten, Vermutungen und Beschuldigungen in einer Pressekonferenz am 17. Mai 2017 wie folgt Stellung: »*Anfangs, als wir diesen Prozess des internen politischen Kampfes beobachteten, brachte uns das zum Lachen. Aber heute ist es nicht nur traurig, es gibt Anlass zur Sorge, denn [man fragt sich] zu was diese Menschen noch in der Lage sind, die solchen Unsinn produzieren? Es ist schwer zu glauben, aber all dies geschieht auf der Grundlage, um antirussische Stimmungen zu schüren. Es überrascht mich, dass sie die*

[509] Zit. wie stern.de, 13.4.2018, www.stern.de/politik/ausland/gibt-donald-trump-in-james-comeys-buch-zu--dass-es-ein-sextape-mit-prostituierten-gibt--7940070.html
[510] Zit. wie Süddeutsche Zeitung, 5.1.2017, www.sueddeutsche.de/politik/usa-haette-putin-trump-in-der-hand-wegen-eines-sexvideos-1.3329730
[511] Ebd.

innenpolitische Situation in den Vereinigten Staaten mit antirussischen Slogans zerrütten – entweder sind sie dumm und verstehen nicht, dass sie ihrem eigenen Land damit schaden oder sie verstehen es genau, und dann sind sie gefährliche und skrupellose Leute.«[512]

In einem Interview bei *NBC News* wurde Putin von der Fernsehmoderatorin Megyn Kelly vorgehalten: *»Viele Amerikaner hören den Namen Wladimir Putin. Und sie denken: ›Er regiert ein Land voller Korruption, ein Land in dem Journalisten, die zu kritisch sind, am Ende ermordet werden könnten, ein Land , in dem Dissidenten Gefängnis oder Schlimmeres erwartet.‹ Was ist Ihre Botschaft an Leute, die das glauben?«* Putin antwortete: *»Ich möchte sagen, dass Russland sich fraglos auf einem demokratischen Weg entwickelt. Niemand sollte irgendwelche Zweifel daran haben. Tatsache ist, dass wir hier sehen, wie in der politischen Rivalität und einigen anderen hiesigen Entwicklungen Dinge geschehen, die typisch auch für andere Länder sind, ich sehe darin nichts Ungewöhnliches. Wir haben Kundgebungen, oppositionelle Kundgebungen. Und die Menschen hier haben das Recht, ihren Standpunkt zu äußern. Wenn aber Leute bei der Äußerung ihrer Standpunkte die geltenden Gesetze, das in Kraft befindliche Recht brechen, versuchen die für die Einhaltung der Gesetze zuständigen Behörden natürlich die Ordnung wiederherzustellen ...«*[513] Und Putin fragte nach: *»Warum denken Sie berechtigt zu sein, uns solche Fragen zu stellen und – nicht nur Sie tun es andauernd – zu moralisieren und uns vorzuschreiben, wie wir zu leben haben?«* Darauf einzugehen, hielt die Starmoderatorin der NBC nicht für nötig.

Auf die Frage nach einem geheimen russischen Dossier mit Erpressungsmaterial gegen Donald Trump, gesammelt während eines Moskau-Besuchs, antwortete Putin, das sei Blödsinn: *»Viele Amerikaner kommen hierher. Es gibt Repräsentanten von hundert Unternehmen aus den USA, die nach Russland gekommen sind ... Und wir helfen ihnen bei der Ausführung ihrer Vorhaben in Russland und werden versuchen, alles in eine Richtung zu lenken, dass sie hier erfolgreich*

[512] Zit. wie RT Deutsch, 18.5.2017, https://deutsch.rt.com/kurzclips/50816-russland-hetze-in-usa-putin/

[513] Zit. wie http://en.kremlin.ru/events/president/news/54688

arbeiten und Profit machen können. Und sollten sie alle anschließend deswegen verhaftet werden? Haben Sie Ihren Verstand verloren? Was ist mit der Freiheit der Wirtschaft? Was mit den Menschenrechten? Denken Sie, wir sammeln jetzt Schmutz über jeden von ihnen? Seid ihr denn alle richtig im Kopf?«[514]

Diese Einschätzung teilte der bekannte US-amerikanische Journalist Seymour Hersh. In einem FAZ-net-Interview gefragt, ob die Russen mit WikiLeaks-Material die US-Wahlen beeinflusst haben könnten, meinte er: »Die Vorstellung, dass die Russen von Assange irgendwas bekommen haben, ist total verrückt. Was ich dazu zu sagen habe, will eh niemand hören. Dass die Demokraten, die von den Russen gehackt wurden, unverschlüsselte Gmail-Konten benutzen haben? Kommen Sie, meine Kinder erzählen mir, wie wichtig Verschlüsselung ist. Die Russen knacken Gmail-Konten? Jeder kann Gmail-Konten knacken, da hackt man sich in einer Minute rein. Und was stand da drin? Dass die Parteiführung der Demokraten Bernie Sanders hasste und Clinton bevorzugte. Hallo? Das brauchten die Leute noch mal schriftlich? Was ist denn das große Ding, das die Russen vor dieser Wahl bekommen haben? Ich gucke mir das an, aber keiner der Verantwortlichen, wenn man sie direkt fragt, was selten passiert, sagt: ›Wir wissen ganz genau Bescheid.‹ Es wird nur immer von allen angenommen, dass es die Russen waren ...«[515]

Damit traf Hersh den Kern der Sache. »Was haben wir denn bislang genau«, fragte er, »außer dass Trump mit den Russen Geschäfte machen und ein Gebäude in Russland bauen wollte? Da wäre er nicht der erste. Als ich vor ein paar Jahren das letzte Mal in Russland war, habe ich im Hyatt übernachtet – auch eine amerikanische Hotelkette, die sie da gebaut haben. Okay, würden Sie von einem Immobilienunternehmer einen Gebrauchtwagen kaufen? Nein. Das sind Ganoven, Hochstapler. Trump ist von all diesen Tunichtguten umgeben, die angeklagt werden für Dinge, mit denen die ihren Lebensunterhalt verdienen. Typen wie

---

[514] Ebd.
[515] Zit. wie FAZ, 5.3.2019, www.faz.net/aktuell/politik/trumps-praesidentschaft/seymour-hersh-zu-russlands-rolle-bei-der-usa-praesidentenwahl-2016-16067157.html

Paul Manafort[516] und Roger Stone[517] kann man jeden Tag anklagen,
da gibt es Hunderte von in Washington. Ich weiß nicht, was Mueller
machen wird. Er wird nichts Definitives haben, nur eine Menge zu den
Geldgeschäften. Wahrscheinlich kommen Trumps Berater ins Gefängnis.
Aber zu denken, dass sich die Russen mit solch einem Trickbetrüger ein-
lassen? Ich kaufe diese Geschichte nicht ab, nicht bei dieser Fallhöhe.
Diese Geschichte ist doch ein einziger großer Schwindel.«[518]

In der Tat wurden die Ermittlungen zum sogenannten *Russiagate*
Ende März 2019 schließlich mit einer Erklärung von Justizminis-
ter William Barr vorläufig abgeschlossen. In der Erklärung heißt es:
»Die Ermittlungen wiesen nicht nach, dass Mitglieder der Trump-Kam-
pagne mit der russischen Regierung bei deren Versuchen, die Wahl zu
beeinflussen, zusammenarbeiteten oder dass sie eine Verschwörung mit
dieser bildeten.«[519] Eine Verschwörung mit dem Kreml hat es demnach nicht gegeben. Doch hinsichtlich einer Justizbehinderung gibt
der Bericht Muellers keine eindeutige Auskunft. Dieser Anschuldi-
gung soll weiter nachgegangen werden, und wie auch immer diese
Untersuchungen ausgehen: Donald Trump wird sich seiner Gegner,
die ihn verbissen bekämpfen, nicht entledigen können – ein Trauer-
spiel für die Washingtoner Politik.[520]

Über einen völlig anderen, durchaus üblichen und selbstver-
ständlichen Umgang mit den Beziehungen zu Russland berichtete

---

516 Paul Monafort, US-amerikanischer Lobbyist und Politikberater mit fragwürdigen Klienten, 2016 Wahlkampfmanager von Donald Trump.

517 Roger Stone, »Spin-Doctor« für die Republikanische Partei und Berater
für die Präsidentschaftskampagne Donald Trumps. Er publizierte Bücher zum
Kennedy-Mord, über das Ehepaar Bill und Hillary Clinton und über »The Bush
Crime Family«.

518 Zit. wie FAZ, 5.3.2019, www.faz.net/aktuell/politik/trumps-praesiden
tschaft/seymour-hersh-zu-russlands-rolle-bei-der-usa-praesidentenwahl-
2016-16067157.html

519 Zit. wie FAZ, 25.3.2019, www.faz.net/aktuell/politik/trumps-praesident
schaft/mueller-bericht-triumph-von-donald-trump-16106570.html

520 Das Ende von »Russiagate« stellte für viele US-Amerikaner eine Desillusi-
onierung dar. Der kanadische Arzt und Suchttherapeut Gabor Maté geht in
einem Interview u. a. auf die Psyche der US-Bevölkerung ein, und er hält Donald Trump für zutiefst traumatisiert. Vgl. Caitlin Johnstone: Eine Erklärung
des Russiagate-Narrativs aus psychologischer Perspektive, KenFM, 29.6.2019,
https://kenfm.de/tagesdosis-29-6-2019-das-amerikanische-trauma/

Albrecht Müller in einem hochinteressanten Podiumsgespräch im Dezember 2018 in Frankfurt am Main.[521] Anfang der 1970er-Jahre pflegte er in seiner Funktion als Leiter der Öffentlichkeitsarbeit und Wahlkampfleiter unter Willy Brandt enge Kontakte mit russischen Diplomaten und Journalisten. Ein Angehöriger der russischen Botschaft sei zu vertraulichen Gesprächen sogar zu ihm nach Hause gekommen. Entspannung zwischen West und Ost sei angesagt gewesen. Jetzt wären solche Kontakte zwar noch möglich, aber sie würden umgehend »als Feindberührung« sanktioniert werden, sagte Müller. »Misstrauensaufbau« statt Verständigung finde statt. In Russland seien die Menschen »enttäuscht darüber, wie ihre ausgestreckte Hand und die ausgestreckte Hand des russischen Präsidenten zurückgewiesen wird«. Darüber fände sich kaum ein Bericht in den deutschen Medien.

In demselben Podiumsgespräch regte Willy Wimmer an, gegen die praktizierte Aggressionspolitik mit gelben Westen auf die Straße zu gehen. Auch die ehemalige Russland-Korrespondentin der ARD Gabriele Krone-Schmalz zeigte sich »revolutionär«: »Eine Riesendiskrepanz besteht in der öffentlichen Meinung und der veröffentlichten Meinung.« Die meisten Menschen wollten keine Sanktionen gegen Russland, keine Eskalation, sondern eine Entspannungspolitik, aber das finde sich weder in den Leitmedien noch in der Politik, und das dürfe sich die Mehrheit »eigentlich nicht bieten lassen«.

Diese Ansicht, die Mehrheit müsse sich gegen Sozialabbau, Militarisierung, Kriegshetze und die Aggressions- und Interventionspolitik wehren, ist nicht neu, wir finden sie täglich in den alternativen Medien, hören sie in Diskussionsgruppen und Veranstaltungen fortschrittlicher Kreise. Was also wäre zu tun? Die Antwort fällt schwer. Zurzeit würde jeder revolutionäre Versuch (wofür es allerdings keine Anhaltspunkte gibt) im Keim erstickt werden, denn die Herrschafts- und Stabilitätssicherungen sind inzwischen perfekt organisiert. Etwaige »Rädelsführer« wären umgehend verhaftet oder »eliminiert«,

---

[521] Vgl. Westend Redezeit: Warum Frieden mit Russland, 10.12.2018, www.youtube.com/watch?v=GqPciPJMCqY (12.2.2019)

Notstand oder Kriegsrecht könnte ausgerufen, Militär eingesetzt werden. Wie rigoros die Staatsgewalt gegen unbotmäßige Bürger vorgeht, zeigte sich im Verlauf der Gelbwesten-Demonstrationen in Frankreich, bei denen es Tote, Hunderte zum Teil schwer Verletzte und Tausende Inhaftierte gab. Die Demonstrierenden haben zwar einige soziale Verbesserungen erreicht, aber Emmanuel Macron führte seine neoliberale Politik unbeirrt weiter.

Demnach wäre ein grundlegender Politikwechsel in einer »Scheindemokratie« von vornherein aussichtslos, sodass nur eine diffuse Hoffnung auf Veränderung bliebe. Doch das erscheint defätistisch. Es stellt sich die Frage, warum sich die fortschrittlichen Kräfte in Parteien, Gewerkschaften, Wirtschaft, Wissenschaft und Kultur nicht zusammenschließen, um auf legalem Wege einen Politikwechsel herbeizuführen.

Wenn innerhalb weniger Tage in Bayern mehr als eine Million Menschen ein Volksbegehren gegen das Bienensterben unterstützen[522] und Hunderttausende Schüler für mehr Klimaschutz auf die Straße gehen,[523] müsste es möglich sein, Millionen für Frieden, Abrüstung und normale Beziehungen zu Russland zu mobilisieren. Das passiert aber nicht. Offenbar hat sich die Indoktrination einerseits und die Angst vieler Menschen vor Repressalien andererseits inzwischen so weit durchgesetzt, dass in existenziellen politischen Fragen Apathie herrscht, völliges Desinteresse an positiven gesellschaftlichen Veränderungen. Das würde auf Jahrzehnte hinaus Stagnation bedeuten, widerspricht allerdings jeder historischen Erfahrung. Denn die zivilisatorischen Errungenschaften, von denen die Menschen heute profitieren, sind erkämpft worden, wenn auch unter unsäglichen Mühen und Opfern. Jeder Erfahrung nach wird es weitergehen.

---

[522] Vgl. Spiegel Online, 12.2.2019, www.spiegel.de/politik/deutschland/bayern-bienen-volksbegehren-erfolgreich-a-1252932.html
[523] Vgl. MDR, 25.1.2019, www.mdr.de/nachrichten/politik/inland/klimastreik-schueler-fridaysforfuture-100.html

Tendenzjournalismus und offene Russophobie

In der Jahrespressekonferenz am 20. Dezember 2018 in Moskau fragte eine Journalistin des *Wall Street Journal* Wladimir Putin in der ihm gegenüber von westlichen Medienvertretern praktizierten provozierenden Weise: *»Im Westen sehen viele Politiker, Experten und einfache Menschen eine Bedrohung durch Russland. Sie glauben sogar, dass Sie als russischer Präsident die Welt beherrschen wollen. Wollen Sie wirklich die Welt beherrschen, und was ist das eigentliche Ziel Ihrer Außenpolitik?«*[524]

Wladimir Putin antwortete in der ihm eigenen Sachlichkeit: *»Was die Weltbeherrschung angeht, so wissen wir, wo sich der Staat findet, der so etwas versucht, und das ist nicht Moskau, wo dieser Staat liegt, das ist mit der führenden Rolle der Vereinigten Staaten in der Weltwirtschaft verbunden, das ist verbunden mit den Ausgaben für die Verteidigung. Über 700 Milliarden Dollar werden für die Verteidigung ausgegeben und bei uns sind es 46 Milliarden ... Diese Vorwürfe sind darauf ausgerichtet, die Probleme und die Fragen innerhalb der NATO zu lösen. Man braucht ja eine äußere Bedrohung für einen Zusammenhalt in der NATO, man braucht ja einen Gegner, und das gelingt ja mit Russland.«*

Zur Frage nach der russischen Außenpolitik sagte Putin: *»Das eigentliche Ziel unserer Außenpolitik besteht darin, günstige Bedingungen für die Entwicklung der Russischen Föderation im Bereich der Wirtschaft und der sozialen Bereiche zu schaffen. Wir möchten Fortschritt für unser Land sichern, damit unser Land in der Welt einen würdigen Platz als gleicher Partner unter Gleichen einnimmt.«*

Im Vergleich zu den Parolen und zu der Propaganda, die von westlichen Politikern und Journalisten zu vernehmen sind, muten manche Verlautbarungen des russischen Präsidenten geradezu wie Friedensbotschaften an. Er hat jahrelang um ein gutes Verhältnis zu Westeuropa, insbesondere zu Deutschland, geworben, geradezu gerungen, und wurde immer wieder zurückgewiesen.

---

[524] Zit. nach RT Deutsch: Große Pressekonferenz von Wladimir Putin, www.youtube.com/watch?v=oWGYU4sSncU (ab Min. 2:55:10; 22.12.2018)

In einer auf Verständigung ausgerichteten Rede am 24. Oktober 2014 auf der Waldai-Konferenz in Sotschi sprach Wladimir Putin zum wiederholten Mal über die *»Notwendigkeit der Heranbildung eines einheitlichen Raumes der wirtschaftlichen und humanitären Zusammenarbeit vom Atlantik bis zum Stillen Ozean«.* Der logische Weg, so Putin, *»wäre der einer Kooperation von Ländern und Gesellschaften und die Suche nach gemeinsamen Antworten auf vermehrt auftretende Fragen, ein gemeinsames Risikomanagement«.* Stattdessen gebe es *»Versuche, die Welt zu zerschlagen, Trennlinien zu ziehen«* und erneut *»ein Feindbild zu schaffen wie in Zeiten des Kalten Krieges und damit das Recht auf die Führungsrolle oder, wenn Sie so wollen, das Diktat zu erlangen«.* Er trat der Behauptung entgegen, *»Russland sei bestrebt, irgendein Imperium wiederzuerrichten«,* das entbehre jeder Grundlage, Russland verlange *»nicht nach einem besonderen, außerordentlichen Platz in der Welt«,* erwarte aber, dass man seine Interessen berücksichtige und seine Position achte.[525]

Dass diese Bemühungen Putins um Verständigung und Frieden in den USA und den westeuropäischen Staaten nicht thematisiert worden sind, zeugt nicht allein von Ignoranz, vielmehr wird alles verschwiegen oder ins Gegenteil verkehrt, was nicht in den Feindbildaufbau der westlichen Allianz unter Führung der USA passt. Dabei wird auf die Atomkriegsgefahr, auf die der russische Präsident mehrmals dezidiert hingewiesen hat, gar nicht erst eingegangen.[526]

Ein markantes Beispiel für den Tendenzjournalismus in den deutschen Medien, eines von unzähligen, ist immer wieder das *ZDF-heute-journal.* Der Blick in eine Sendung vom 12. Februar 2019, diesmal nicht moderiert von dem russlandfeindlichen Atlantiker Claus Kleber, sondern von der ebenso russophoben Marietta

---

[525] Zit. wie www.nachdenkseiten.de/upload/pdf/141107_Rede_Putin_Diskussionsclub_Waldai_deutsch.pdf

[526] Vgl. RT Deutsch: Putin: Atomkriegsgefahr wird oft unterschätzt – sie ist nicht weniger akut als zu früheren Zeiten (Auszug aus der Jahrespressekonferenz vom 20.12.2018), www.youtube.com/watch?v=VMk8JuHNqVc (22.12.2018)

Slomka[527], steht für viele dieser die öffentliche Meinung vergiftenden Indoktrinationen. Im Ton einer allwissenden Märchenerzählerin bringt Slomka dem Fernsehpublikum als Erstes nahe, dass Venezuelas Nicolás Maduro ein Mann von gestern sei, »*unfähig, sein Land in eine bessere Zukunft zu führen ... auch wenn inzwischen um die 50 Länder, darunter Deutschland und die USA, den jungen Oppositionsführer Guaidó als Interimspräsidenten anerkannt haben*«. Das zeige zwar, »*wie sehr Maduro international isoliert ist – aber das war auch schon vorher so. Außerdem halten Russland und China weiter an ihm fest. Solange das Militär Maduro nicht fallen lässt, hat die Opposition einen schweren Stand. Diktatoren haben ein großes Beharrungsvermögen, egal wie sehr die Bevölkerung leidet.*«

Danach kommt Propaganda live gegen die venezolanische Regierung: Inflation, unerschwingliche Preise, »*zu viele hier sind aufs Stehlen angewiesen*«, das sei Alltag in Venezuela, dem sich nur die regierungstreue Oberschicht entziehen könne. »*Und so haben sich wieder Zehntausende auf den Straßen von Caracas versammelt, um gegen die Regierung zu demonstrieren*«. Ihr Hoffnungsträger sei Juan Guaidó. »*Menschen verhungern ... und in den Krankenhäusern sterben sie, weil es keine Medikamente gibt*«, sagt ein Mann. »*Ich bete mein Lebtag zu Gott, dass er uns hilft*«, sagt eine Frau.

Dass zahlreiche Länder Guaidó als Interimspräsidenten nicht anerkannt haben, dass die spanischstämmige venezolanische Oberschicht von Miami aus einen Regierungswechsel vorantreibt und dass ein großer Teil der Bevölkerung aufgrund der strangulierenden US-Sanktionen darbt und keine Medikamente bekommt, wird verschwiegen. Soweit die viel gepriesene ZDF-»Berichterstattung« zu Venezuela.

---

[527] Wer berichtet wie Marietta Slomka, wird hochgeehrt: 2002 wurde Slomka in der Kategorie Beste Moderation Information für den Deutschen Fernsehpreis und als Shooting Star für die Goldene Kamera nominiert. 2003 wurde sie erneut neben Claus Kleber (ZDF) und Peter Kloeppel (RTL) für den Deutschen Fernsehpreis in derselben Kategorie nominiert. 2013 erhielt das heute-journal den Deutschen Fernsehpreis für die Beste Informationssendung. 2015 bekam Slomka den Hans-Joachim-Friedrichs-Preis verliehen.

Warum Deutschland künftig Flüssiggas aus den USA einführen und zwei Importterminals bauen will, erklärt eine andere Moderatorin: *»Dabei geht es auch darum, die Abhängigkeit Deutschlands von russischem Gas zu senken und die Amerikaner zu besänftigen.«* Und dann kommt der perfide Endspurt von Marietta Slomka, eine Litanei, die gerne auch Politiker wie Norbert Röttgen oder Annegret Kramp-Karrenbauer als Schandtaten der »bösartigen Russen« in der Talkshow bei Anne Will vortragen: *»Die Liste der Konflikte zwischen Russland und dem Westen ist lang geworden: Die Annexion der Krim und der Krieg in der Ostukraine, zu dem der Abschuss des Passagierflugzeugs MH17 gehört, die Anschläge auf Kreml-Gegner in England, die Hacker-Angriffe in Deutschland und den USA, die Einflussnahme auf den amerikanischen Präsidentschaftswahlkampf, die systematische Verbreitung von Fake News und die Propaganda in westlichen Ländern durch Internettrolle und kremlgelenkte Medien und schließlich der Ausstieg von Amerikanern und Russen aus dem INF-Abrüstungsabkommen.«*

Danach wird noch eine *»Charmeoffensive«* Russlands in Deutschland *»mit unverfänglicher Kultur, Ballett, Folklore und klassischer Musik«* hämisch vorgestellt und schlechtgemacht: *»Schon die deutsche Presse ist kritisch, aber erst recht die russischsprachigen Exilmedien wie der Berliner Fernsehsender Ost-West[528].«*

Jetzt weiß der Fernsehzuschauer über Venezuela, Russland und amerikanisches Frackinggas Bescheid. Es hört sich alles recht vernünftig und logisch an, doch nichts ist hinterfragt, die Behauptungen sind nicht bewiesen. Und immer wieder stellt sich die Frage, ob die für derartige Sendungen Verantwortlichen, die sich über die Benennung als »Lügenpresse« empören, wirklich das glauben, was sie verbreiten. Ein Land, das solche öffentlich-rechtlichen Nachrichtenmagazine hat, braucht zur Indoktrination und Verbreitung von Fake News keine anonymen Trolle im Internet.[529]

---

[528] OstWest ist ein privater, kremlkritischer Propagandasender in Berlin, der in russischer Sprache sendet, angeblich finanziert über Abonnements-Gebühren.
[529] Vgl. Gellermann/Klinkhammer/Bräutigam: Die Macht um acht: Der Faktor Tagesschau

In einem Framing-Manual der ARD, einem internen Strategie-papier, heißt es: »*Denn wir stiften sozialen Frieden und Verständigung durch das gemeinsame Rundfunkprogramm, das menschliches Wohlwollen, Freude an der Unterschiedlichkeit der Menschen und faires Miteinander in den Mittelpunkt stellt. Wir sichern demokratische Transparenz, Kontrolle und Freiheit jenseits des Informationschaos des Internet und mancher Kommerzmedien, indem wir Politik und Wirtschaft als unabhängige Beobachter auf die Finger schauen.*«[530] Wer die Nachrichten des *Deutschlandfunks* hört oder *Tagesschau, heute-journal* usw. einschaltet, wird eines anderen belehrt. Der Herausgeber der *NachDenkSeiten* Albrecht Müller sagte zur angeblichen Seriosität der deutschen Medien: »*Wenn ich heute in die Medien schaue, zum Beispiel Presseklub am Sonntag oder Anne Will auch am Sonntag, dann ist da wirklich ein systematischer Misstrauensaufbau zugange. Deswegen kann ich mich ja über dieses Wort, dass wir keine Lügenpresse hätten, nur wundern. Wir haben das, wir haben eine total manipulierende Medienlandschaft mit wenigen Ausnahmen.*«[531]

Wladimir Putins Rede am 20. Februar 2019 zur Lage der Nation[532] wurde im Westen von Politik und Medien nur beiläufig beachtet, und dann zumeist hämisch und abwertend, obwohl er außerordentlich Wichtiges sagte, zunächst zur inneren sozialen und wirtschaftlichen Entwicklung: »*Dank jahrelanger gemeinsamer Arbeit und der erzielten Ergebnisse können wir jetzt für die Entwicklungsziele für unser Land riesige finanzielle Ressourcen konzentrieren. Keiner hat sie uns geschenkt oder geborgt. Diese Mittel wurden von Millionen unserer Bürger erarbeitet und man muss über sie so verfügen, dass der Wohlstand von Russland vermehrt wird ...*« Als Hauptaufgaben nannte Putin die Förderung der Familie, Bekämpfung der Armut, Versorgung der älteren Generation sowie die Verbesserung von Naturschutz, Ge-

---

[530] Framing-Manual – Unser gemeinsamer, freier Rundfunk ARD, https://cdn. netzpolitik.org/wp-upload/2019/02/framing_gutachten_ard.pdf
[531] Westend Redezeit: Warum Frieden mit Russland, 10.12.2018, www.youtu be.com/watch?v=GqPciPJMCqY (12.2.2019)
[532] Online unter www.youtube.com/watch?v=2f5bGCfu4kI (21.2.2019). Vgl. auch Süddeutsche Zeitung, 20.2.2019: Putin warnt USA vor Rüstungswettlauf, www.sueddeutsche.de/politik/usa-russland-putin-trump-1.4338358

sundheitswesen, Schulbildung, Internetzugang, Kulturteilhabe und so weiter. Der Schlüssel zum Erfolg sei das Wirtschaftswachstum, und in dieser Hinsicht sei Russland in Industrie und Landwirtschaft auf einem guten Wege.

Nachdrücklich stellte Putin fest: *»Russland war und ist ein unabhängiger Staat.«* Prioritäten der Außenpolitik seien die Festigung des Vertrauens, Bekämpfung der weltweiten Gefahren, Ausweitung der Zusammenarbeit in Wissenschaft, Kultur und Technologie, Beseitigung der Hürden in der Kommunikation. Auf dieser Grundlage arbeite Russland in der UNO, der Gemeinschaft Unabhängiger Staaten und in der Gruppe der BRICS-Länder. Auch auf die Kooperation mit China in dem One-Belt-One-Road-Projekt[533] kam Putin kurz zu sprechen, auf eine strategische Zusammenarbeit mit Indien und wirtschaftliche Beziehungen zu Japan. Und er äußerte die Hoffnung auf die Wiederherstellung normaler wirtschaftlicher und politischer Beziehungen mit den westeuropäischen Staaten.

Zum mehr und mehr angespannten Verhältnis zu den USA sagte Putin, sie sollten nicht *»ausgedachte Beschuldigungen«* benutzen, um ihren einseitigen Austritt aus dem INF-Vertrag zu begründen. Man habe die Raketenstationierungen an den Grenzen Russlands vorangetrieben, sodass der Zwang bestehe, darauf zu antworten. Mit dem Bau von Startanlagen in Polen und Rumänien, wo Tomahawk-Raketen eingesetzt werden könnten, verstießen die USA gegen den INF-Vertrag, und Russland sei gezwungen, dem zu begegnen. Letzteres konkretisierte Putin: *»Russland hat nicht vor, solche [Raketen mittlerer Reichweite] als erster in Europa zu stationieren. Aber wenn diese Raketen nach Europa geliefert werden – und die USA haben solche Pläne –, dann wird es zu einer Zuspitzung der Situation in der Weltsicherheit führen und Bedrohungen für Russland schaffen, weil solche Raketen zum Teil nur fünf bis zehn Minuten Flugzeit bis Moskau haben, und das ist eine ernsthafte Bedrohung für uns. In dieser Situation werden wir gezwungen sein – ich unterstreiche –, Gegenmaßnahmen zu treffen.«*

---

[533] Informationen dazu in dem Kapitel »Die neuere Entwicklung«

Dazu stellte Putin fest: »*Russland wird die Rüstungsarten entwickeln und stationieren müssen, die genutzt werden können nicht nur für die Territorien, von wo die direkte Bedrohung kommt, sondern auch für die Territorien, wo die Entscheidung über den Einsatz der Raketenkomplexe getroffen werden, die für uns eine Bedrohung darstellen.*« Die USA hätten bereits versucht, mit dem globalen Raketenabwehrschild eine militärische Dominanz zu erlangen, »*aber sie sollten diese Versuche lassen*«. Denn die Defensivmaßnahmen, das heißt die Entwicklung neuer wirkungsvoller Waffensysteme, liefen planmäßig.

Zur Begründung der Verteidigungsmaßnahmen führte Putin aus: »*In der letzten Zeit setzen die USA in Bezug auf Russland eine Politik um, die kaum als freundschaftlich bezeichnet werden kann. Die legitimen Interessen Russlands werden ignoriert, es werden regelmäßig antirussische Aktionen vorgenommen und organisiert, ohne jeglichen Anlass oder Provokation unsererseits werden neue Sanktionen verhängt und einseitig wird die rechtliche Basis der internationalen Sicherheit demontiert, und dabei wird Russland quasi als die Hauptursache für die USA bezeichnet. Das ist nicht wahr, das sage ich eindeutig. Russland möchte vollwertige und freundschaftliche Beziehungen zu den USA aufbauen. Russland bedroht keinen, und alle Aktivitäten im Bereich der Sicherheit haben nur einen defensiven Charakter, das sind bloß Reaktionen. Wir sind nicht an einer Konfrontation interessiert, ganz besonders gegen so eine Großmacht wie die USA. Aber das bemerken wahrscheinlich unsere Partner nicht, mit welchem Tempo sich die Welt verändert und wohin sich die Welt bewegt. Sie setzen ihre zerstörerische, unheilvolle Politik weiter um ... Ich würde vorschlagen, dass man in diesem Kalkül auch die Geschwindigkeit und Reichweite unserer Rüstungssysteme berücksichtigt.*«

Schon in seiner Rede an die Nation am 1. März 2018 hatte Putin die USA und das westliche »Verteidigungsbündnis« vor einem Krieg gegen Russland gewarnt. Diese Warnung widerholte er ausdrücklich am 20. Februar 2019. Aber er betonte auch mehrmals den unbedingten Willen der russischen Regierung zu Frieden und Kooperation. Es mag sein, dass er einige Vorhaben zu positiv oder zu optimistisch dargestellt hat. Ihn deswegen jedoch als Großsprecher und hinsichtlich russischer Defensivmaßnahmen als Aggressor zu diffamieren, ist böswillig und passt zu der allgemeinen Diktion der westlichen Antirussland-Allianz.

Zur Rede des russischen Präsidenten kam scharfe Kritik von der NATO,[534] und die Überschriften in der Presse lauteten: »*Russischer Präsident droht den USA und beschwichtigt nach innen*«[535], »*Seinen Frust hebt sich Putin bis zum Schluss auf*«[536], »*Russischer Präsident – Erst Wohltäter, dann Angreifer*«[537] oder »*Drohgebärden aus dem Kreml: Putin nimmt Kommando-Zentralen der USA und NATO ins Visier*«[538].

Der *Deutschlandfunk* brachte am 20. Februar 2019 unter dem Titel »Hochmut, Arroganz und Aggressivität« einen Kommentar, der vor Häme und Zynismus strotzte: »*Drei Viertel der Rede Wladimir Putins galten der Innenpolitik und sozialen Fragen. Ihrer gibt es tatsächlich viele, und es werden immer mehr. Steigende Preise, steigende Steuern, das Ausbluten mancher ländlicher Regionen, die hohe Umweltbelastung durch schlecht funktionierende Abfallsysteme, um nur einige Beispiele zu nennen, stören und bedrängen viele Menschen ... aber im Land wird sich wenig tun, weil dieses System nur Funktionsträger, aber kaum Verantwortungsträger kennt.*«[539]

Darunter litten, so der Moskau-Korrespondent des *Deutschlandfunks*, »*die Armen, Kranken und Abgehängten, die Opfer von Gewalt, die Chancenlosen. Für sie sind es weitgehend leere Worte, die der Präsident formuliert hat. An sie muss an einem solchen Tag gedacht werden, an dem der Pomp und die Inszenierung dieser Rede zu überdecken versuchen, welche jämmerlichen Bedingungen dieses Land seinen Menschen*

---

[534] Vgl. Merkur, 20.2.2019, www.merkur.de/politik/nato-bezeichnet-putins-drohungen-als-inakzeptabel-zr-11783827.html

[535] Zeit Online, 20.2.2019, www.zeit.de/politik/ausland/2019-02/wladimir-putin-russland-rede-nation-wirtschaft-sozialpolitik

[536] welt.de, 20.2.2019, www.welt.de/politik/ausland/article189115897/Wladimir-Putins-Rede-Kremlchef-droht-Donald-Trump-mit-Aufruestung.html

[537] Süddeutsche Zeitung, 20.2.2019, www.sueddeutsche.de/politik/putin-rede-an-nation-1.4338410

[538] Stern, 20.2.2019, www.stern.de/politik/ausland/russland--wladimir-putin-droht-in-rede-an-die-nation-der-nato-8589520.html

[539] Deutschlandfunk, 20.2.2019,www.deutschlandfunk.de/putins-rede-zur-lage-der-nation-hochmut-arrogant-und.720.de.html?dram:article_id=441602

mancherorts bietet.« Bezüglich der Warnung Putins an die USA, in Westeuropa atomare Mittelstreckenraketen zu stationieren, sagte der Kommentator: »*Seine westlichen Nachbarn, die Europäer, verhöhnte Putin als willenlose Vasallen Washingtons. Darin zeigt sich eine Mischung aus Hochmut, Arroganz und Aggressivität, die den Stil dieses Präsidenten gegenüber dem Ausland prägt. Diese Tonalität ist längst in die Rhetorik und in das Denken all jener eingesickert, die heute aus den Stuhlreihen zu ihm hinaufsahen. Und deshalb ist auch heute ein Dialog – übrigens ein in der Moskauer Politelite sehr gern verwendetes Wort – wieder ein Stückchen schwieriger geworden.*«

Die *Augsburger Allgemeine* erlaubte sich in erbärmlicher Weise eine Zusammenfassung der üblichen Anschuldigungen, Fehlinterpretationen und Lügen: »*Das Misstrauen Russland gegenüber hat gute Gründe. Die Annektierung der Krim, Giftanschläge, abgeschossene Passagiermaschinen, die Komplizenschaft mit dem syrischen Diktator Baschar al-Assad, Menschenrechtsverletzungen und die Ausbremsung des demokratischen Wandels – tief bestürzt starren Deutschland und Europa auf Präsident Putin, der die Eskalationsspirale immer schneller drehen lässt. Doch Entspannungspolitik setzt Vertrauen voraus. Und dass Wladimir Putin nicht gewillt ist, dieses zurückzugewinnen, macht er mit jeder seiner Aussagen deutlich. Bei seiner 15. Rede an die Nation wunderte sich kaum mehr jemand, dass der Kremlchef dem Westen eher die geballte Faust als die ausgestreckte Hand entgegenstreckt.*«[540]

Wer das alles zur Kenntnis nimmt, muss sich erneut fragen, ob sich die Journalisten dieser Machwerke im Klaren darüber sind, dass sie Propaganda und Hetze verbreiten und dass so etwas kriminell ist.[541] Aber wo kein Kläger, da kein Richter. Politiker, die damit nicht einverstanden sind, halten sich lieber zurück, um nicht auf die Abschussliste zu kommen. Denn wer aus dem Mainstream ausschert, wird fertiggemacht oder bis auf Weiteres kaltgestellt, wie zum Bei-

---

[540] Augsburger Allgemeine, 20.2.2019, www.augsburger-allgemeine.de/politik/Moskau-und-der-Westen-Wie-aus-Freunden-Fremde-wurden-id53547651.html
[541] Zahlreiche Beispiele zu tendenziöser oder falscher Berichterstattung in der Tagesschau: Gellermann/Klinkhammer/Bräutigam: Die Macht um acht: Der Faktor Tagesschau

spiel der ehemalige Außenminister Sigmar Gabriel, der zum NATO-Gipfel am 11. und 12. Juli 2018 sagte: *»Auf Amerika ist unter Trump kein Verlass. Er gibt dem nordkoreanischen Diktator eine Bestandsgarantie und will gleichzeitig in Deutschland einen Regimewechsel. Das können wir uns schwer bieten lassen ... Wenn er von uns Milliarden zurückfordert für die Militärausgaben der USA, dann müssen wir von ihm Milliarden zurückfordern, die wir für die Flüchtlinge ausgeben müssen, die gescheiterte US-Militärinterventionen zum Beispiel im Irak produziert haben.«[542]*

Doch die Einschätzung, Donald Trump sei allein für die widersprüchliche und zum Teil chaotische US-Politik verantwortlich, ist falsch. Der Film »Vice – Der zweite Mann« des amerikanischen Filmproduzenten und Drehbuchautoren Adam McKay beleuchtet, was sich seinerzeit während der Regierungszeit von Präsident George W. Bush hinter den Kulissen in Washington abspielte und aller Wahrscheinlichkeit so ähnlich weiter abspielt.[543] Aufgrund der Unfähigkeit Bushs übernahm der eiskalte, machthungrige Vizepräsident Dick Cheney die politische Macht im Weißen Haus. In einer Analyse des Geschehens schreibt der Journalist Tobias Riegel über den *»mächtigsten Vize-Präsidenten aller Zeiten«* und seine Machenschaften: *»Es ist ein Strudel aus politischer Korruption, militärischer Skrupellosigkeit und persönlichem Machthunger: Man kann die laut einem neuen Hollywood-Film von einer Gruppe um Ex-US-Vizepräsident Dick Cheney verübten Kriegsverbrechen, Rechtsbeugungen und Schmutzkampagnen gar nicht aufzählen, so viele sind es: Dazu gehören unter anderem Angriffskriege, Folter, illegale Überwachung und Finanz-Deregulierungen.«* Die Fakten, die McKay in seinem Film ausbreitet, scheinen zu stimmen. Tobias Riegel schreibt: *»Mit stoischer*

---

[542] Zit. wie RT Deutsch: Sigmar Gabriel greift Trump an: US-Präsident strebt einen »Regimewechsel« in Deutschland an, 13.7.2018, https://deutsch.rt.com/inland/72907-sigmar-gabriel-greift-trump-an/

[543] Der Film »Vice – Der zweite Mann« von Adam McKay, nominiert für Oscar und Golden Globe. Dazu: Andreas Busche: »Cheney hat sich vermutlich als Patriot gesehen«, Gespräch mit Adam McKay, Tagesspiegel, 20.2.2019, www.tagesspiegel.de/kultur/vice-regisseur-adam-mckay-cheney-hat-sich-vermutlich-als-patriot-gesehen/24014412.html

Beharrlichkeit arbeitete die Cheney-Gruppe fortan beflügelt von den 9/11-Anschlägen an den Kriegen gegen Afghanistan und Irak. Begleitet wurden diese monumentalen Verbrechen von bis dahin unvorstellbaren Medienkampagnen und juristischen Finten, die Folter und Entführung ›legalisieren‹ sollten.«[544]

Zur Russland-Berichterstattung, die Riegel als »*eine einzige Katastrophe*« bezeichnet, schreibt er an anderer Stelle: »*Die Russland-Korrespondenten deutscher Medien könnten unsere Augen und Ohren sein. Dafür müssten sie aber, wenn sie die Entwicklungen im größten Land der Erde beschreiben, einerseits kritisch und mit gebührender Distanz vorgehen. Andererseits aber auch mit Neugier, Respekt und dem Willen zur Verständigung. Stattdessen stellen sich viele deutsche Journalisten in Russland weitgehend blind und taub: Ein ideologischer Filter lässt fast ausschließlich negative Nachrichten passieren und solche, die die Erzählung vom ›Diktator‹ stützen, wie der russische Präsident Wladimir Putin in vielen deutschen Medien bezeichnet wird.*« Die Redakteure der öffentlich-rechtlichen Medien seien »*offiziell und laut Rundfunkstaatsvertrag eindeutig zu einer umfassenden, ausgewogenen, sachlichen und überparteilichen Berichterstattung verpflichtet, um Meinungspluralität zu erzeugen*«, schreibt Riegel. »*Darum werden sie von den Bürgern bezahlt. In Bezug auf die Berichterstattung zu Russland kann von all dem keine Rede sein. Die öffentlich-rechtlichen Medien verstoßen hier permanent gegen ihren Auftrag – die Privatmedien tun das zwar in noch stärkerem Maße. Aber die unterliegen anderen Regeln.*«[545]

---

[544] Zit. wie NachDenkSeiten, 20.2.2019, www.nachdenkseiten.de/?p=49470
[545] Zit. wie NachDenkSeiten, 6.3.2019, www.nachdenkseiten.de/?p=49904

Überwachung, Inquisition, Bellizismus und Dekadenz

Der Einbruch ins Private

In den USA hat mit 9/11 eine neue McCarthy-Ära begonnen. Am 26. Oktober 2001 verabschiedete der Kongress als Reaktion auf den Anschlag vom 11. September 2001 den USA PATRIOT Act, ein Bundesgesetz, das die Bekämpfung des Terrorismus erleichtern sollte. Dadurch werden in den Vereinigten Staaten Bürgerrechte in erheblichem Umfang eingeschränkt. Die Staatsschutzorgane haben quasi freie Hand in der Telefon- und Internetüberwachung, bei Hausdurchsuchungen, Ausforschungen, Abschiebungen usw. Der Auslandsgeheimdienst CIA, der keiner öffentlichen Kontrolle unterliegt, erhielt das Recht, auch im Inland zu ermitteln. Die US-Regierung, die für die Verwüstung ganzer Länder und Millionen Tote verantwortlich ist, nahm die Zerstörung der Doppeltürme des World Trade Centers in New York sowie dubiose Milzbrand-Anschläge zum Anlass für derart schwerwiegende Eingriffe in das US-Rechtssystem.

Bekanntlich kommt mit zeitlicher Verzögerung fast alles aus den USA nach Europa – und beileibe nicht immer Positives. So ist seit mehr als einem Jahrzehnt in Deutschland ein rapide fortschreitender Demokratieabbau zu verzeichnen. Durch das 2008 in Kraft getretene sogenannte BKA-Gesetz[546] wurde das Bundeskriminalamt in eine zentrale Polizeibehörde mit nachrichtendienstlichen Befugnis-

---

[546] Gesetz zur Abwehr von Gefahren des internationalen Terrorismus durch das Bundeskriminalamt vom 25.12.2008, www.bgbl.de/xaver/bgbl/start.xav?startbk=Bundesanzeiger_BGBl&start=//*[@attr_id=%27bgbl108s3083.pdf%27]#__bgbl__%2F2F*%5B%40attr_id%3D%27bgbl108s3083.pdf%27%5D__1557053027298

sen ähnlich dem FBI umgewandelt. Damit wurde die Trennung von Polizei und Geheimdienst – ein Gebot, das nach den bitteren Erfahrungen aus der Nazizeit eingeführt worden war – aufgehoben und das deutsche Sicherheitssystem komplett geändert.

Das BKA-Gesetz lässt Eingriffe in wesentliche Bürgerrechte zu: Online-Durchsuchungen privater Computer, Telefonüberwachung, umfangreiche Datenerfassung und -speicherung, Ausspähung von Wohnungen mit Abhöranlagen und Kameras. Präventivmaßnahmen zur Verhinderung von Straftaten sind erlaubt, Wohnungen von Verdächtigen und deren Kontaktpersonen können heimlich betreten und ausspioniert werden. Ein Zeugnisverweigerungsrecht für die Berufsgeheimnisträger Journalisten, Ärzte oder Rechtsanwälte ist im Rahmen erweiterter Prüfungsbefugnisse des BKA praktisch abgeschafft.

Allerdings sollen die weitreichenden, in die Intimsphäre eingreifenden Maßnahmen nur erlaubt sein, wenn Leib, Leben oder Freiheit einer Person in Gefahr ist, wenn die Grundlagen des Staates bedroht sind oder Sachen von bedeutendem Wert, deren Erhaltung im öffentlichen Interesse geboten ist. Grundsätzlich soll dazu eine richterliche Anordnung erforderlich sein. Aber bei »Gefahr im Verzug«, was in der Praxis schnell mal der Fall ist, darf auf Anordnung des Präsidenten des BKA oder seines Stellvertreters auch sofort gehandelt werden – die richterliche Genehmigung ist nachzuholen.

Zwar hat das Bundesverfassungsgericht für die Wohnraumüberwachung, Online-Durchsuchung und die Datenspeicherung Grenzen gesetzt, um den »Kernbereich privater Lebensgestaltung« zu schützen[547] – so müssen Ermittler die Überwachung unterbrechen, wenn Privates mitgeteilt wird, es dürfen keine Erkenntnisse aus zufällig mitgehörten Privatgesprächen verwendet werden, und Daten dürfen nur unter bestimmten Voraussetzungen gespeichert werden –, ob diese Beschränkungen jedoch in der Praxis und bei womöglich akuter Terrorismusgefahr Beachtung finden, ist zu bezweifeln, zumal die Rigorosität der Staatsschutzorgane dramatisch zugenommen hat.

---

[547] Bundesverfassungsgericht, Urteil v. 27.2.2008., www.bundesverfassungsgericht.de/SharedDocs/Entscheidungen/DE/2008/02/rs20080227_1bvr037007.html

2016 wurde bekannt, dass der Bundesinnenminister einen »Staatstrojaner« (auch »Bundestrojaner« genannt) freigegeben hat,[548] eine Software, mit der staatliche Organe in die Computer und Smartphones von Verdächtigten eindringen und deren Kommunikation überwachen können. Damit werden unter dem Vorwand der Bekämpfung von Terrorismus oder organisierter Kriminalität kaum noch zu kontrollierende schwerwiegende Eingriffe der Geheimdienste in die Privatsphäre ermöglicht – ein weiterer Schritt in den Überwachungsstaat.

Zu denken gibt, dass die gesetzlichen Bestimmungen und Termini, mit denen in der Praxis umgegangen wird, auslegungsfähig sind. Dadurch kann es sehr schnell zu Auswüchsen kommen. Wer zum Beispiel hinsichtlich der Ursachen des Ukraine-Konflikts oder des Krieges in Syrien, des Einsatzes der Bundeswehr im Ausland oder der Mitgliedschaft in der NATO öffentlich andere Ansichten als die Regierung und ihre dienstbaren Medien vertritt, könnte nach Einschätzung von »Verfassungsschützern« eventuell die Grundlagen oder den Bestand des Staates gefährden. Wer eine Friedensdemonstration angemeldet hat, könnte eventuell eine Gefahr für Leib und Leben heraufbeschwören, darf also ausgespäht werden. Die Folgen für die Einzelnen und für die Gesellschaft sind unberechenbar.

Dennoch geht das in Vorbereitung befindliche »Gesetz zur Harmonisierung des Verfassungsschutzes« wieder einige Schritte weiter in den Überwachungsstaat. Danach sollen dem Bundesamt für Verfassungsschutz sowohl Online-Durchsuchungen und der Einsatz von Staatstrojanern erlaubt sein als auch der Zugriff auf die Videoüberwachung des öffentlichen Raumes, zum Beispiel in Bahnhöfen, Flughäfen, Fußballstadien oder auf Autobahnen. Wie in den USA können dann Geheimdienst und Polizei legal zusammenarbeiten (was de facto ohnehin schon lange illegal passiert). Auch der Auslandsgeheimdienst BND soll erweiterte Befugnisse im Inland erhalten.[549]

---

[548] Spiegel Online, 24.2.2016, www.spiegel.de/netzwelt/netzpolitik/bundestrojaner-innenministerium-gibt-spaehsoftware-frei-a-1078656.html
[549] Vgl. netzpolitik.org, 28.3.2019, https://netzpolitik.org/2019/wir-veroeffentlichen-den-gesetzentwurf-seehofer-will-staatstrojaner-fuer-den-verfassungsschutz/

Scharfer Protest gegen dieses Gesetzesvorhaben kam aus der Partei Die Linke. In einer Erklärung der Linksfraktion im Deutschen Bundestag heißt es: »*Dieser geplante verfassungsrechtliche Amoklauf aus dem Hause Seehofer muss schnell gestoppt werden ... Der Gesetzentwurf beinhaltet keineswegs ›maßvolle und sachgerechte Kompetenzerweiterungen‹ des Verfassungsschutzes, wie sie im Koalitionsvertrag der Regierungsfraktionen angekündigt wurden. Vielmehr handelt es sich um einen Horrorkatalog aus der Praxis eines Überwachungsstaates.*«[550]

Auch die SPD hat Einwände gegen das Gesetz zur Harmonisierung des Verfassungsschutzes erhoben, da es gegen den Koalitionsvertrag verstoße. Der SPD-Innenexperte Burkhard Lischka vertrat die Ansicht, der Entwurf habe kaum noch etwas mit der vereinbarten Stärkung der parlamentarischen Kontrolle des Verfassungsschutzes zu tun, man werde dem in dieser Form keinesfalls zustimmen.[551] Abzuwarten bleibt, ob sich die Opposition durchsetzt und das Gesetzesvorhaben noch gestoppt werden kann.

Politische und religiöse Fanatisierung

Was sind das für Zeiten? Die Bevölkerung ist registriert und überwacht, aber viele empfinden das bereits als normal oder befürworten es aufgrund einer Terrorismusgefahr, die von denen verursacht wurde und wird, die davor warnen. Vortragsräume werden verweigert, Bankkonten gekündigt, Mitgliedschaften in Vereinen verhindert, weil jemand als Antisemit diffamiert wird oder einer nicht genehmen, wenn auch im Parlament vertretenen Partei angehört. Politischer und religiöser Fanatismus, wohin man blickt. Denunziation und Intrigen haben Konjunktur, Blockwartmentalität und Hexenjagd. Es wird gehetzt und gespalten, bis in die Parteien hin-

---

[550] Fraktion Die Linke im Bundestag, 26.3.2019, www.linksfraktion.de/presse/pressemitteilungen/detail/geplanten-verfassungsrechtlichen-amoklauf-sofort-stoppen/

[551] Vgl die tageszeitung, 25.3.2019, www.taz.de/Archiv-Suche/!5580037&s=Konrad%2Blitschko%2Bmit%2Bder%2Bspd%2Bist%2Bdas%2Bnicht%2Bzu%2Bmachen/

ein. Offensichtlich gibt es Organisationen – von wem auch immer begründet und gesponsert –, die auf Rufmord und Unterwanderung spezialisiert sind, weltweit.

Die US-Regierung hat eine Sanktionsliste mit 210 russischen Staatsbürgern veröffentlicht. Darauf stehen 114 Politiker und 96 sogenannte Oligarchen, die alle von ihren Verbindungen zum russischen Präsidenten Putin profitiert haben sollen. Unter den Verfemten befindet sich sowohl die Verwaltung des russischen Präsidenten, wie sie auf der Webseite des Kremls aufgeführt wird, als auch das gesamte russische Kabinett einschließlich des Ministerpräsidenten Dmitri Medwedew und des Außenministers Sergej Lawrow. Eine »*beispiellose*« Liste, so der Sprecher Putins, die dokumentiert, dass die USA sämtliche Regierungsmitglieder als Feinde betrachten.[552]

Keine Empörung, kein Protest westlicher Politiker und Medien. Kritiklos kann die US-Regierung sich erdreisten, stets aufs Neue eigenmächtig Sanktionen gegen andere Staaten und deren Bürger zu verhängen. Keine Frage nach der Legitimation. Dabei gehörten sämtliche Präsidenten der letzten Jahre und viele US-Politiker nach Recht und Gesetz vor den Internationalen Strafgerichtshof, zum Beispiel der immer noch so sympathisch auftretende Ex-Präsident Barack Obama, der in seiner Amtszeit sieben Kriege geführt und fast täglich Drohnenmorde genehmigt hat. Wo werden die Interventionskriege der USA und die von ihnen inszenierten blutigen Regimewechsel thematisiert? Stillschweigen, Opportunismus, Anbiederung in Politik und Medien. Schon lange ist das Völkerrecht außer Kraft gesetzt und wird nur noch ins Feld geführt, wenn es ins Kalkül passt. Die USA haben über Jahrzehnte hinweg ein menschenverachtendes System geschaffen, ein Netzwerk der Ausplünderung, Desinformation und Indoktrination über die ganze Welt gespannt. Wer sich dagegen auflehnte, wurde eliminiert, wer sich gegenwärtig wehrt, wie zum Beispiel Russland, China, der Iran, Venezuela oder Nordkorea, wird mit Sanktionen belegt und mit Krieg bedroht.

---

[552] Vgl. FAZ, 30.1.2018, www.faz.net/aktuell/politik/trumps-praesidentschaft/us-regierung-veroeffentlicht-liste-putin-naher-oligarchen-15424537.html

Als Grund für die Sanktionen gegen Russland wird gebetsmühlenartig die angebliche Annexion der Krim im März 2014 angeführt. Dass es sich bei dem Anschluss der Krim an die Russische Föderation nicht um eine Annexion, sondern um eine Sezession gehandelt hat, also eine friedlich verlaufene Abspaltung nach einem Staatsstreich in Kiew mit weitreichenden Folgen, wird von westlicher Seite verbissen ignoriert. Es passt nicht ins Zerrbild von den »aggressiven Russen«, die Westeuropa bedrohen. Wie verlogen diese Politik ist, wird schlagartig deutlich, wenn die US-Regierung Russland wegen der »Annexion« der Krim mit Sanktionen belegt, Präsident Trump jedoch die von Israel 1967 eroberten und 1981 annektierten Golanhöhen als israelisches Staatsgebiet anerkennen will.[553]

Die ständige Wiederholung von Vermutungen, Unterstellungen und Lügen zeigt Wirkung. Scheinheilig werden Recht und Moral bemüht, wo Unrecht geschieht und Verbrechen herrscht. Der Fokus wird auf Belanglosigkeiten gelenkt, Politiker beschäftigen sich mit Ämtergeschacher und Albernheiten. Zu registrieren ist eine zunehmende Auflösung des Privaten, eine politische und religiöse Fanatisierung weltweit sowie eine fortschreitende Entwicklung der Verrohung, Verdummung und Gewaltanwendung. Viele nehmen das als selbstverständlich hin oder wenden sich ab. Politiker beklagen eine »Entpolitisierung«, während die Bevölkerung mit Nebensächlichkeiten abgelenkt, indoktriniert und in die Irre geführt wird.

Die Welt befindet sich im Krieg: Wirtschaftskrieg, Propagandakrieg, Cyberkrieg, Fortwährende Provokationen und militärische Konflikte. Über allem hängt das Damoklesschwert eines großen Krieges, der das Ende der Zivilisation bedeuten würde. Und als sei es das Normalste von der Welt, wird für ein Online-Spiel geworben, das den dritten Weltkrieg simuliert: »Conflict of Nations – World War III.« In der *Bild-Zeitung* ist zu lesen: »*In ›Conflict of Nations: WW3‹ werden Sie direkt in die Wirren eines schwelenden Krieges geworfen. Lange Zeit zum Orientieren bleibt Ihnen nicht – Sie stehen direkt unter Beschuss und*

---

[553] Tagesschau, 22.3.2019, www.tagesschau.de/ausland/reaktion-golanhoehen-101.html

Ihre Berater empfehlen, dass Angriff die beste Verteidigung sei. Schnappen Sie sich also Ihre gepanzerten Spähfahrzeuge oder Jagdpanzer, Stealth-Jagdbomber oder Aufklärungsdrohnen und zeigen Sie Ihren Gegnern, wer hier ein echter Feldherr ist! Auf einer echten Weltkarte lassen Sie Ihre Einheiten von Land zu Land marschieren.«[554] Auf einer Landkarte sind unter anderem die Städte Woronesch und Charkow zu finden, wo im Zweiten Weltkrieg Zehntausende deutsche und sowjetische Soldaten ihr Leben verloren. Kein Schuldbewusstsein bei den Verantwortlichen, sie haben nichts gelernt, weder Schamgefühl noch eine Spur von Moral – sie sind einfach gierig und »cool«.

Moderne Form der Kriegsverherrlichung: Mit sogenannten MMO (Massively Multiplayer Online Games) wie etwa »Conflict of Nations - World War III« wird Krieg spielerisch simuliert. Zielgruppe: Jugendliche und junge Erwachsene

Die Jugend kennt nichts anderes und hat von vielem keine Ahnung. Aber die Älteren wissen, dass es in den 70er- und 80er-Jahren in Deutschland und zahlreichen anderen Staaten besser war, demokratischer, friedlicher, menschenfreundlicher. Jetzt wird organisierte

---

[554] Bild: Conflict of Nations – World War III, www.bild.de/spiele/kostenlos-spielen/strategiespiele/conflict-of-nations-ww3-53117670.bild.html

Kriminalität zum Anlass für eine Aufhebung der Intimsphäre genommen, Terrorismusgefahr führt zu einer fast schon lückenlosen Überwachung, »Verteidigungsbereitschaft« legitimiert die militärische Aufrüstung, Politiker und Medien machen Kriegspropaganda. Wer dagegen aufsteht, fällt schnell der Diffamierung anheim. Aber immer mehr Enttäuschte, Desillusionierte und an der menschenverachtenden Politik Verzweifelnde suchen nach neuen Wegen. Das gibt Hoffnung, trotz allem, auch wenn manche der neuen Wege ins Abseits führen.

Hure Politik

Die Ahndung von Kriegsverbrechen

Der Internationale Strafgerichtshof (IStGH), der für Kernverbrechen des Völkerstrafrechts zuständig ist (Völkermord, Verbrechen gegen die Menschlichkeit, Kriegsverbrechen), nahm Ermittlungen wegen Kriegsverbrechen von Angehörigen der US-Armee und des CIA auf und erhob in einem Zwischenbericht im März 2019 schwere Vorwürfe gegen US-Soldaten und Agenten der CIA.[555] Ihnen wurde vorgeworfen, in Afghanistan, Polen, Rumänien und Litauen Gefangene gefoltert zu haben. Bekannt ist zudem, dass in Afghanistan willkürliche Tötungen von Zivilpersonen stattfanden.

Bereits im September 2018 hatte Sicherheitsberater John Bolton den IStGH »illegitim« genannt und Voruntersuchungen als Angriff auf die Souveränität der Vereinigten Staaten bezeichnet. Er drohte Einreiseverbote, Finanzsanktionen und Strafmaßnahmen gegen das Personal des Gerichts an. In einer Rede in Washington sagte er: *»Die USA werden zu jedem Mittel greifen, um unsere Bürger und die unserer Verbündeten vor ungerechter Verfolgung von diesem illegitimen Gericht zu schützen.«*[556]

Daraufhin kündigte der IStGH an, seine Untersuchungen trotz der Drohungen fortsetzen zu wollen, und betonte: *»Das Gericht ist nicht politisch und handelt strikt innerhalb des rechtlichen Rahmens und*

---

[555] Tagesschau, 15.3.2019, www.tagesschau.de/ausland/strafgerichtshof-vorwuerfe-us-truppen-101-~_origin-fb936e5b-5d7a-4879-aced-81c4d0a3341f.html, vgl. auch Zeit Online, 15.11.2019, www.zeit.de/politik/ausland/2016-11/usa-afghanistan-folter-kriegsverbrechen-ermittlungen-internationaler-strafgerichtshof-den-haag

[556] Zit. wie Zeit Online, 10.9.2018, www.zeit.de/politik/ausland/2018-09/internationaler-strafgerichtshof-bolton-john-usa-sicherheitsberater-drohung

der juristischen Kompetenz, die ihm vom Römischen Statut verliehen wurde.«[557] Das Römische Statut, der Gründungsvertrag, ermächtigt den Strafgerichtshof, Verbrechen in mehr als 120 Mitgliedsstaaten zu verfolgen. Aber die USA sind dem Vertrag nicht beigetreten und erkennen das Gericht nicht an. Dementsprechend kam im März 2019 die Reaktion aus Washington: Die US-Regierung machte ihre Drohungen wahr und kündigte Sanktionen gegen Ermittler des IStGH an. Außenminister Mike Pompeo teilte mit, dass Mitarbeiter des Gerichts, die an Untersuchungen gegen in Afghanistan eingesetzte US-Militärs beteiligt seien, künftig keine Visa für die USA bekämen.[558]

Die heftigen Reaktionen von John Bolton und Mike Pompeo lassen sich dadurch erklären, dass sie selber – wie zahlreiche Soldaten, Befehlshaber und US-Politiker – vom IStGH verurteilt werden könnten. Aber die USA sorgen dafür, dass es nicht dazu kommt. Der ehemalige SPD-Kanzlerkandidat Oskar Lafontaine schrieb: *»Die Verbrecher drohen den Richtern.«*[559]

2002 hatte der US-Kongress sogar ein Gesetz zum Schutz von US-Soldaten vor Verfolgungen durch den Internationalen Strafgerichtshof verabschiedet. Nach dem American Service-Members' Protection Act ist der US-Präsident ermächtigt, *»alle notwenigen Mittel«* anzuwenden, um die Freilassung jedes *»Mitarbeiters der USA oder ihrer Verbündeten zu erwirken, der auf Anweisung des Strafgerichtshofs festgehalten oder inhaftiert wurde«.*[560] Das schließt militärisches Eingreifen ein, weswegen das Gesetz auch »Den-Haag-Invasionsgesetz« genannt wurde.

Drohungen, Nötigung, Sanktionen – das übliche US-Instrumentarium. Gegen die Chefanklägerin, Fatou Bensouda aus Gambia, wurde umgehend ein Einreiseverbot verhängt. Bensouda hatte An-

---

[557] Zit. wie Tagesschau, 16.3.2019, www.tagesschau.de/ausland/usa-afghanistan-strafgerichtshof-101.html

[558] Zeit Online, 15.3.2019, www.zeit.de/politik/ausland/2019-03/afghanistan-ermittlungen-usa-internationaler-strafgerichtshof-sanktionen-einreiseverbot

[559] www.facebook.com/oskarlafontaine/photos/a.198567656871376/2215396221855166/ (28.4.2019)

[560] Vgl. U.S. Department of State, Bureau of Political-Military Affairs, American Service-Members' Protection Act, 30.7.2003, https://web.archive.org/web/20031015053419/www.state.gov/t/pm/rls/othr/misc/23425.htm

fang April 2019 noch erklärt: »*Sie können uns nicht davon abschrecken, unsere Arbeit zu tun.*«[561] Doch kurz darauf wurden die Ermittlungen eingestellt.

Etwas unauffälliger im Umgang mit Kriegsverbrechen bzw. Verbrechen gegen die Menschlichkeit ging man in der Bundesrepublik vor. Nach dem Grundgesetz, Artikel 26 Absatz 1, ist bereits die Vorbereitung eines Angriffskrieges verfassungswidrig: »*Handlungen, die geeignet sind und in der Absicht vorgenommen werden, das friedliche Zusammenleben der Völker zu stören, insbesondere die Führung eines Angriffskrieges vorzubereiten, sind verfassungswidrig. Sie sind unter Strafe zu stellen.*« Dazu gab es die Strafbestimmung des Paragrafen 80 im Strafgesetzbuch, der – mit schärfster Strafandrohung bewehrt – lautete: »*Wer einen Angriffskrieg (Artikel 26 Abs. 1 des Grundgesetzes), an dem die Bundesrepublik Deutschland beteiligt sein soll, vorbereitet und dadurch die Gefahr eines Krieges für die Bundesrepublik Deutschland herbeiführt, wird mit lebenslanger Freiheitsstrafe oder mit Freiheitsstrafe nicht unter zehn Jahren bestraft.*«

Beide Gesetzesbestimmungen kamen jedoch nie zur Anwendung. Als das Netzwerk Friedenskooperative wegen des Angriffskrieges gegen den Irak Anzeige gegen Mitglieder der rot-grünen Bundesregierung erstattete, schrieb der Generalbundesanwalt am 7. Februar 2006 zurück: »*Nach dem eindeutigen Wortlaut der Vorschrift ist nur die Vorbereitung an einem Angriffskrieg und nicht der Angriffskrieg selbst strafbar …*«[562] Diese Ungeheuerlichkeit führte weder zu nennenswerten Protesten noch zu Diskussionen in den Medien, die sich schon vor Jahren als Vierte Gewalt im Staat verabschiedet haben.

Zum 1. Januar 2017 wurde Paragraf 80 dann nahezu unbemerkt von der Öffentlichkeit aus dem deutschen Strafgesetzbuch entfernt. Stattdessen soll ein neu eingefügter Paragraf 80a (»Aufstacheln zum

[561] Zit. wie FPA, 11.4.2019, https://frontpageafricaonline.com/liberia-war-crimes-trial/icc-prosecutor-not-deterred-by-us-visa-revocation/, vgl. auch NachDenkSeiten, 27.4.2019, www.nachdenkseiten.de/?p=51212
[562] Zit. wie Martin Singe: Angriffskriege führen ist nicht strafbar – oder: (Real-)Politik statt Juristerei, Netzwerk Friedenskooperative 1/2006, http://archiv.friedenskooperative.de/ff/ff06/1-10.htm

Verbrechen der Aggression«), der auf Paragraf 13 des Völkerstrafgesetzbuches verweist, einen Ersatz darstellen. Aber dieser Paragraf 13, der wiederum auf die Charta der Vereinten Nationen rekurriert, bietet einen weiten Spielraum für Interpretationen.[563] Er stellt insofern keinen Ersatz für den gestrichenen Paragrafen 80 des Strafgesetzbuches dar, wie verschiedentlich behauptet wurde,[564] zumal die Charta der Vereinten Nationen völkerrechtswidrige Angriffe, die als »humanitäre Interventionen«, »präventive Selbstverteidigung« oder »Nothilfe« (wie zum Beispiel im Kosovo-Krieg) getarnt wurden, in der Vergangenheit nicht verhindert hat.

Sogenannte staatstragende Juristen haben den unmissverständlichen Verfassungsauftrag einfach außer Kraft gesetzt, denn dass nicht nur die Vorbereitung, sondern erst recht die Führung eines Angriffskrieges unter Strafe gestellt werden sollte, ergibt sich von selbst. Mit der Gesetzesänderung ist der Willkür – wie bisher – Tür und Tor geöffnet. Der Gesetzgeber hat die bisherige rechtswidrige Praxis der Kriegsführung durch die deutsche Regierung und deutsches Militär für die Zukunft legalisiert – eines von zahlreichen Beispielen für die fortschreitende Entdemokratisierung und Militarisierung in Deutschland.

Dazu passt, dass Bundespräsident Frank-Walter Steinmeier eine *»Ausweitung des deutschen Bundeswehr-Engagements«* gefordert hat. Er sagte: *»Gerade, weil wir zu den wenigen politisch, demokratisch stabilen Staaten weltweit gehören, wird von uns erwartet, dass wir uns bei der Beilegung von Konflikten stärker beteiligen als vor zehn oder zwanzig Jahren.«*[565] Ein Hauptbetätigungsfeld für die Bundeswehr sieht Steinmeier offensichtlich im Osten Europas, wenn er daran erinnert, *»dass seit der völkerrechtswidrigen Annexion der Krim durch Russland*

---

[563] Dazu: Wolfgang Bittner, Hintergrund.de, 4.7.2017, www.hintergrund.de/poli tik/inland/verbot-der-vorbereitung-eines-angriffskrieges/?highlight=wolfgang %20bittner, sowie Dieter Deiseroth, NachDenkSeiten, 9.5.2017, www.nach denkseiten.de/upload/pdf/170508-v217_22_deiseroth3.pdf

[564] Vgl. Bayerischer Rundfunk, BR24, 2.1.2017, www.br.de/nachrichten/an griffskrieg-100.html (3.5.2019)

[565] Zit. wie welt.de, 16.6.2014, www.welt.de/politik/deutschland/article16559 5858/Steinmeier-fordert-staerkeres-Engagement-der-Bundeswehr.html

die Frage von Krieg und Frieden, die wir auf europäischem Boden für beantwortet hielten, zurückgekehrt ist«.

Nicht nur die USA haben ihre Bellizisten, die ständig hetzen, Aufrüstung propagieren und selbst vor einem Krieg mit Russland nicht zurückschrecken. Das ist auch in Deutschland legal und allerhöchst abgesegnet.

Steinmeiers Rechtsverständnis

Der Fisch beginnt am Kopf zu stinken, heißt es in einem Sprichwort. Das bewahrheitet sich schon seit Längerem tagtäglich, sobald wir in die Zeitung schauen, fernsehen oder Radio hören. So berichtete der *Deutschlandfunk* am 23. März 2016 in seinen Morgennachrichten von einer Beratung des damaligen Bundesaußenministers Frank-Walter Steinmeier[566] mit der Führung in Moskau über die Lage in Syrien. Da hieß es: *»Zunächst ist ein Treffen mit Außenminister Lawrow vorgesehen, bevor er später mit Ministerpräsident Medwedew und Präsident Putin zusammenkommt. Steinmeier forderte erneut die Ablösung des syrischen Präsidenten Assad. Er könne sich nicht vorstellen, dass Assad nach 250 000 Toten und Millionen Flüchtlingen für alle Bevölkerungsgruppen eine annehmbare Figur sei.«[567]*

Erstaunlicherweise schien Herrn Steinmeier nicht bewusst zu sein – oder er hatte dieses Wissen nach Gesprächen in Washington verdrängt –, dass Baschar al-Assad der gewählte Staatspräsident Syriens ist. Wie also kam der Außenminister dazu, seine »Ablösung« zu fordern? Außerdem sprach er von 250 000 Toten und Millionen Flüchtlingen und erweckte den Anschein, als sei der syrische Präsident dafür verantwortlich – eine der üblichen Umkehrungen der Fakten. Denn die Unterstellung, Assad habe den Krieg in Syrien zu verantworten, ist eine der ständig wiederholten Lügen in der Informationsmanipula-

---

566 Frank-Walter Steinmeier (SPD), Bundesaußenminister von 2005 bis 2009, ab 2017 Bundespräsident
567 Deutschlandfunk, 23.3.2016, www.deutschlandfunk.de/steinmeier-poli tische-gespraeche-ueber-syrien-konflikt-in.1i947.de.html?drn:news_id=594780

tion. Log Steinmeier bewusst, oder hat er die Vorgaben aus Washington so sehr verinnerlicht, dass er die Wahrheit nicht mehr erkennt?

Baschar al-Assad antwortete in einem Interview auf die Frage eines ARD-Journalisten, ob er zum Rücktritt bereit sei: *»Nur die syrischen Bürger haben das Recht zu befinden, wer der Präsident sein soll. Als Deutscher lassen Sie sich auch nicht von mir oder von wem auch immer sagen, wer bei Ihnen Kanzler sein soll oder welches politische System Sie wollen ... Mein politisches Schicksal hat nur mit dem Willen des syrischen Volkes zu tun ... Wenn das syrische Volk will, dass ich diesen Platz räume, dann habe ich das sofort und ohne Zögern zu tun.«*[568] Diese eindeutige Aussage, die der syrischen Verfassung entspricht, passte offensichtlich weder dem deutschen Außenminister noch den Vormündern aus Washington ins Konzept, und auch die *Tagesschau* musste sich dazu einer Falschberichterstattung überführen lassen.[569]

Dass Steinmeier – zum Nachteil einer europäischen Friedenspolitik – die Interessen der NATO und der USA vertrat, wurde im September 2016 offenkundig. Wie aus geleakten Unterlagen der montenegrinischen Regierung hervorging, hatte er sich zusammen mit dem einflussreichen sicherheitspolitischen Berater der Bundeskanzlerin Christoph Heusgen engagiert für den Beitritt Montenegros zur NATO eingesetzt, und zwar entgegen den Protesten Russlands und obwohl die Mehrheit der montenegrinischen Bevölkerung sowie der französische Premier und einige weitere NATO-Mitglieder aus guten Gründen dagegen waren – es handelte sich um eine weitere Provokation Russlands durch die NATO.[570]

---

[568] Tagesschau, 1.3.2016, www.tagesschau.de/multimedia/video/video-161735. html, siehe auch ein Interview mit Baschar al-Assad, gekürzt wiedergegeben in: Wolfgang Bittner: Die Eroberung Europas durch die USA, S. 202 ff.

[569] Ausführliche Kritik und Richtigstellung in Kla.tv, ARD-Interview mit Assad – journalistische Leistung im Keller, 4.3.2016, www.kla.tv/index.php?a=s howportal&keyword=allvids&id=7834&from=22.02.2016&to=22.04.2016 (3.5.2019)

[570] Vgl. NachDenkSeiten, 10.11.2016, www.nachdenkseiten.de/?p=35772. Originalquelle: Filip Kovacevic: The Leaked Montenegrin Government Files: Part II – the U.S. Agents of Influence within the German Government; newsbud, 29.9.2016, in: www.boilingfrogspost.com/2016/09/29/the-leaked-montenegrin-government-files-part-ii-the-u-s-agents-of-influence-within-the-german-government/

Der in den USA lebende montenegrinische Wissenschaftler Prof. Filip Kovacevic schrieb dazu am 29. September 2016: »*Abschließend kann man sagen, dass dieser geleakte Regierungsbericht der Republik Montenegro das Ausmaß offenbart hat, in dem sowohl der deutsche Außenminister Steinmeier als auch Merkels Spitzenberater Heusgen entgegen ihrem öffentlichen Auftreten und ihrer Rhetorik bereit waren, als Agenten der anti-russischen US-›Kriegspartei‹ in Europa zu handeln. Dies ist eine ernste Angelegenheit, die nicht nur vom deutschen Volk, dessen Vertreter sie behaupten zu sein, sondern auch von den Bürgern anderer EU-Staaten berücksichtigt werden muss, wenn man bedenkt, dass ähnliche Akteure auch in ihren politischen Eliten tätig sind. Ohne die rechtzeitige Entdeckung und politischen Austausch dieser Individuen kann ein weiterer groß angelegter Krieg in Europa sich hinter der nächsten Ecke verbergen.*«[571]

Gauck plädierte für Menschenrechte – in China

In den Nachrichten des *Deutschlandfunks* vom 23. März 2016 zu Steinmeiers Moskau-Reise wurde auch von einem Staatsbesuch des deutschen Bundespräsidenten (2012–2017) Joachim Gauck in China berichtet. Er habe sich mit dem Staatspräsidenten der chinesischen Volksrepublik, Xi Jinping, in Peking getroffen, so hieß es, und dabei »*für die Respektierung der Menschenrechte und für eine soziale Demokratie geworben*«. In einer Rede vor Studenten an der Tongji Universität in Shanghai habe Gauck dann gesagt, das menschliche Verlangen nach Freiheit werde sich immer wieder Bahn brechen. Materielle Güter oder gesellschaftlicher Status könnten individuelle Freiheitsrechte nicht dauerhaft ersetzen. Wichtig sei aber auch soziale Gerechtigkeit. Sie stärke die Stabilität der Gesellschaft und den inneren Frieden.

Wie Gauck dazu kam, das, was im eigenen Land nicht stattfindet, für China zu fordern, entzieht sich jeglicher vernünftigen Erklärung.

---

[571] Zit. wie NachDenkSeiten, 10.11.2016, www.nachdenkseiten.de/?p=35772 Vgl. auch newsbud, 29.9.2016, www.newsbud.com/2016/09/29/the-leaked-montenegrin-government-files-part-ii-the-u-s-agents-of-influence-within-the-german-government/

Inwiefern werden von der deutschen Regierung, die an verfassungs- und völkerrechtswidrigen Kriegen teilnimmt, bei denen gebombt und getötet wird, die Menschenrechte respektiert? Wo haben wir in Deutschland, einem der reichsten Länder der Welt, bei etwa 20 Millionen Bürgern, die am Rande oder unterhalb des Existenzminimums leben, eine »soziale Demokratie«? Gauck zeigte sich auch beunruhigt von »manchen Nachrichten aus Chinas Zivilgesellschaft«, wie die *Frankfurter Allgemeine Zeitung* berichtete. Er habe sich dabei, ohne konkret zu werden, auf das Vorgehen der chinesischen Regierung gegen Bürgerrechtsanwälte und Menschenrechtler bezogen. Einige habe er in Peking getroffen, wovon er »*tief beeindruckt*« gewesen sei. Immer wieder habe der Bundespräsident die deutsche Geschichte und seine eigenen Erfahrungen »*mit der kommunistischen Herrschaft in der DDR*« angesprochen und den Studenten schließlich zugerufen: »*Nie wieder sollte die Macht über dem Recht stehen!*«[572]

Gaucks Auftritt in China war nicht der einzige, bei dem er sein kaum erträgliches pastorales, bigottes Gehabe an den Tag legte. Respektierung der Menschenrechte, Freiheit für die Chinesen, Verletzung von Bürgerrechten woanders – zugleich trat dieser Bundespräsident für »*mehr Verantwortung Deutschlands in der Welt*« ein, womit unter anderem Kriegseinsätze deutscher Soldaten im Ausland und Aufrüstung gemeint waren.[573]

Ebenso unerträglich ist die Scheinheiligkeit von Bundeskanzlerin Angela Merkel, die sich – noch dazu in der Türkei – »*nicht nur erschreckt, sondern auch entsetzt*« darüber zeigte, was russische Bombardierungen in Syrien »*an menschlichem Leid für Zehntausende Menschen*« angerichtet hatten.[574] Endlich gab es für die Bundeskanzlerin einen Schuldigen für das Leid und das »Flüchtlingsdrama«: Russland

---

[572] Vgl. FAZ, 23.3.2016: www.faz.net/agenturmeldungen/dpa/gauck-wirbt-in-china-fuer-menschenrechte-und-demokratie-14141460.html

[573] Zit. wie FAZ: »Deutschland muss bereit sein, mehr zu tun«. Rede zur Eröffnung der Münchner Sicherheitskonferenz, 31.1.2014, www.faz.net/aktuell/politik/inland/gauck-rede-im-wortlaut-deutschland-muss-bereit-sein-mehr-zu-tun-12778744-p2.html?printPagedArticle=true#pageIndex_1

[574] Zit. wie FAZ, 8.2.2016, www.faz.net/aktuell/bei-tuerkei-besuch-merkel-entsetzt-ueber-russische-bombenangriffe-in-syrien-14058832.html

mit seinen Militäraktionen seit Ende September 2015. Dass in Syrien seit September 2014 von den USA und einzelnen Golfstaaten gebombt wurde, unterschlug Angela Merkel ebenso wie die Tatsache, dass diese Staaten innerhalb des Territoriums des souveränen Staates Syrien Krieg führten und allein die von der Assad-Regierung in Moskau angeforderte Militärhilfe mit dem Völkerrecht vereinbar war.

Obama in Kuba – Verhöhnung des gesunden Menschenverstands

In den deutschen Medien war 2016 viel Begeisterung beim Staatsbesuch Barack Obamas, US-Präsident von 2009 bis 2017, in Kuba zu verzeichnen[575] – auch das ein beschämendes Beispiel für Verlogenheit und tendenziöse Berichterstattung. Allen voran zeigte die *Tagesschau* am 22. März das Spektakel: »*Im Gran Teatro de la Habana hörten die Kubaner einen engagierten US-Präsidenten, der sich an Familien, Freunde und Partner wandte – und immer wieder spanische Sätze in seine Rede einstreute: ›Todos somos Americanos‹, wir sind alle Amerikaner.*«[576] Obama sei gekommen – so war zu erfahren –, um das letzte Überbleibsel des Kalten Krieges auf dem amerikanischen Kontinent zu Grabe zu tragen. Die Zukunft Kubas läge in der Hand der Kubaner. Wandel durch Annäherung, einmal ganz anders: »*Obama warb offensiv für die Demokratie. Er glaube, jeder Mensch müsse gleich vor dem Gesetz sein, freie Meinungsäußerung müsse so möglich sein wie öffentlicher Protest, freie öffentliche Glaubensausübung, freie Wahlen gehörten ebenfalls dazu. Menschenrechte seien universell.*«

Verblüffend! Barack Obama, dessen Geheimdienste seit Jahrzehnten in Süd- und Mittelamerika wüten und gerade wieder dabei

---

[575] Vgl. Zeit Online: Obama ruft Kubaner zum Widerspruch auf, 22.3.2016, www.zeit.de/politik/ausland/2016-03/barack-obama-rede-kuba-usa-beziehung-raul-castro. Sowie: Spiegel Online, 21.3.2016, www.spiegel.de/politik/ausland/barack-obama-in-kuba-us-praesident-reicht-den-castros-die-hand-a-1083340.html
[576] www.tagesschau.de/ausland/obama-kuba-119.html (24.3.2016). Vgl. auch AFP: Obama in Cuba – Speech at El Grand Teatro de Havana, live übertragen am 22.3.2016, www.youtube.com/watch?v=tSyC5cZmvso (24.3.2016)

waren, Staaten wie Venezuela und Brasilien zu destabilisieren, wollte das letzte Überbleibsel des Kalten Krieges auf dem amerikanischen Kontinent zu Grabe tragen? Dieser Präsident, dessen NSA die Bevölkerung der ganzen Welt ausspähte und weiter ausspäht, dessen Militärs den Orient in Brand setzten, dessen CIA die Ukraine aufgemischt hat und dessen NATO-Obere ihre Militärmaschinerie an den Grenzen Russlands aufmarschieren ließen, dieser Präsident sprach von Gleichheit vor dem Gesetz, freier Meinungsäußerung und universellen Menschenrechten? Barack Obama, der fast täglich Drohnenmorde genehmigte, der Krieg in aller Welt führte, in dessen Land öffentliche Proteste niedergeknüppelt werden und Wahlen eine Farce sind, warb in Kuba für eine »Demokratie« à la USA? Und dies bei Millionen bettelarmen Menschen im eignen Land, beschämenden Indianerreservaten und fortwährender Apartheit im Süden der USA.

Erschreckend bei allem sind die naiven Reaktionen eines nicht geringen Teils der Bevölkerung, nicht nur in Kuba, die nicht wahrnimmt, dass sie belogen und betrogen wird – abgesehen von der massiven Gefährdung der gesamten Menschheit durch diese Politik. Für Kuba, das einmal das Spielkasino und Bordell der USA war, sind nicht einmal die Sanktionen aufgehoben worden, die das Land seit Anfang der 1960er-Jahre existenziell bedrohen.

Die Indoktrination schreitet voran, tagtäglich ist nun schon seit Jahren diese heuchlerische Propaganda in unterschiedlichster Weise zu lesen, zu hören und zu sehen. Viele glauben tatsächlich, was ihnen da geboten wird, denn es sind schließlich Spitzenpolitiker, die so agieren und Glaubwürdigkeit für sich beanspruchen. Aber welch eine Verhöhnung des gesunden Menschenverstands! Welch eine Verlotterung der politischen Kultur, unterstützt und vorangetrieben von den sogenannten Qualitätsmedien! Wer hätte noch vor einigen Jahren gedacht, dass es so weit kommen könnte? Die wichtigste Frage aber, die es dringendst zu beantworten gilt, lautet: Was kann dem entgegengesetzt werden? Reicht es aus, wenn alternative soziale Medien ein Gegengewicht bilden?

Die neuere Entwicklung

Europa - China - USA

Seit Beginn der Wirtschaftssanktionen ist das bilaterale Handelsvolumen zwischen Deutschland und Russland erheblich eingebrochen. Es entstehen irreversible Schäden, weil sich Russland immer mehr zu den BRICS-Staaten, insbesondere China, orientiert. An Maschinen und technischen Geräten steht nicht mehr »Made in Germany«, sondern »Made in China«. Namhafte Wirtschaftsanalysten beklagten zudem schon vor mehreren Jahren, dass sich die deutsche Wirtschaft nicht an dem »größten Wachstumsprojekt der neueren Geschichte« beteiligte, nämlich an dem Bau der »Neuen Seidenstraße«, auch One Belt, One Road (OBOR) oder Belt and Road Initiative (BRI) genannt.[577] Das hat jedoch erst mit großer Verzögerung in die Berliner Politik Eingang gefunden, nachdem sich die Mitglieder der Shanghai-Cooperation im Juni 2018 in Qingdao/China getroffen und sich ihrer Zusammenarbeit versichert haben, insbesondere Wladimir Putin und Xi Jinping. Worum geht es dabei?

Peking und Moskau planen im Rahmen der 2001 gegründeten Shanghai-Cooperation unter Einbeziehung der übrigen BRICS-Länder und weiterer Staaten den Aufbau eines interkontinentalen Infrastruktur-Netzes von China über Wladiwostok und Sibirien bis Moskau und Westeuropa, an das auch Indien, Afrika und der arabische Raum

---

[577] Vgl. Der Aktionär: Folker Hellmayer, interviewt von Thorsten Küfner, 5.4.2017, www.deraktionaer.de/aktie/chinas-mega-projekt---das-groesste-wirt schaftsprogramm-in-der-geschichte-der-menschheit--310350.htm

angeschlossen sind.[578] Dazu gehört die verkehrsmäßige und wirtschaftliche Erschließung bisher peripherer Regionen mit ihren Ressourcen. Gelingt dies, würde unabhängig von den Flugzeugträgern der USA ein gigantischer Binnenmarkt auf der größten zusammenhängenden Landfläche der Welt entstehen, und zwar mit der Folge, dass die Vereinigten Staaten nur noch eine übermäßig hochgerüstete Regionalmacht zwischen Pazifik und Atlantik wären. Von China wurde für dieses Vorhaben, das auch den Ausbau der ursprünglichen Seidenstraße umfasst, mehr als 1000 Milliarden Dollar zur Verfügung gestellt.

Die USA versuchen das Projekt Neue Seidenstraße mit allen Mitteln zu hintertreiben, unter anderem durch die allein dem eignen Vorteil dienende Abspaltung Westeuropas von Russland sowie durch die Entziehung von Wirtschaftskraft. Die Sanktionen, denen sich die europäischen Staaten auf Druck aus Washington angeschlossen haben, sind eine von zahlreichen Maßnahmen.

Demgegenüber schlug Italien selbstbewusst einen eigenen Weg ein, indem es als erstes Mitglied der führenden sieben Industriestaaten aus dem Boykott des Projekts ausscherte. Am 23. März 2019 unterzeichneten Ministerpräsident Giuseppe Conte und der chinesische Präsident Xi Jinping einen Vertrag über die Beteiligung Italiens an dem »*Infrastruktur- und Handelsprojekt Neue Seidenstraße*«.[579] Einwendungen dagegen erhob im – Sinne der USA – unverzüglich Außenminister Heiko Maas. Mit scharfen Worten kritisierte er den »*Alleingang Italiens*«. China verfolge die eigenen wirtschaftlichen Interessen »*global beinhart*«, und das könne für Italien bald zu einem »*bitteren Beigeschmack*« führen.[580]

Maas wird sich umorientieren müssen. Nachdem die deutsche Regierung das One-Belt-One-Road-Vorhaben jahrelang verschlafen

---

[578] Das One-Belt-One-Road-Projekt, jetzt auch »Neue Seidenstraße« genannt, ist bereits seit Jahren unter Wirtschafts- und Finanzanalysten sowie in alternativen Medien im Gespräch. Siehe Wolfgang Bittner: Die Eroberung Europas durch die USA, S. 133 f.

[579] Zeit Online, 23.3.2019, www.zeit.de/wirtschaft/2019-03/italien-china-neue-seidenstrasse-vertrag

[580] Zit. wie Tagesschau, 24.3.2019, www.tagesschau.de/inland/maas-china-italien-seidenstrasse-101.html

hat, vertrat Wirtschaftsminister Peter Altmaier Deutschland – in der zweiten Reihe – auf dem »Seidenstraßen-Gipfel« Ende April 2019 in Peking zu diesem schon längst in der Realisierungsphase befindlichen Megaprojekt. Vertreter aus mehr als hundert Staaten waren angereist, darunter 38 Staats- und Regierungschefs, Verträge über etwa 64 Milliarden Dollar wurden abgeschlossen.

Dem mochte nun selbst der Atlantiker Claus Kleber im *heute-journal* seinen Respekt nicht versagen, wenn auch zurückhaltend mit den gebotenen (»transatlantischen«) Einschränkungen: *»Bundeswirtschaftsminister Peter Altmaier sieht die Neue Seidenstraße zwiegespalten. Zum einen begrüßt er die Investitionen in die Infrastruktur. Zum anderen warnt er aber vor der Gefahr, dass diese Investitionen politische Entscheidungen beeinflussen.«*[581] Und während zuvor weitgehend Stillschweigen herrschte, tönte das Für und Wider plötzlich von allen Seiten.

Bei *Zeit Online* hieß es: *»Kritikerinnen und Kritiker warnen davor, dass finanziell verwundbare Länder in eine Schuldenfalle und wachsende Abhängigkeit von China geraten könnten … Deutschland steht dem chinesischen Prestigeprojekt skeptisch gegenüber – wie auch andere große EU-Staaten. Ein Vorwurf lautet, dass China Sozial-, Umwelt- und Menschenrechtsstandards nicht einhalte. Auch wird kritisiert, es kämen vor allem chinesische Staatsfirmen beim Bau von Brücken oder Straßen zum Zug. Die Initiative, die eigentlich verbinden soll, dürfe keine Einbahnstraße sein, verlangt die deutsche Industrie.«*[582]

Wirtschaftsminister Altmaier, von der chinesischen Initiative offensichtlich beeindruckt, hielt sich dennoch bedeckt, forderte China – berechtigt, aber heuchlerisch – auf, *»internationale Regeln wie Umwelt- und Sozialstandards einzuhalten«*, und rief zu einer *»geschlossenen Haltung der EU«* auf.[583] Nach jahrelanger Ignoranz wurden auf

[581] ZDF-heute-journal, 26.4.2019, www.zdf.de/nachrichten/heute-journal/heute-journal-vom-26-april-2019-100.html
[582] Zeit Online, 27.4.2019, www.zeit.de/wirtschaft/2019-04/neue-seidenstrasse-milliardenabschluesse-gipfel-xi-jinping
[583] Vgl. Spiegel Online, 26.4.2019, www.spiegel.de/wirtschaft/soziales/seidenstrassen-gipfel-altmaier-reagiert-vorsichtig-auf-chinas-transparenzversprechen-a-1264702.html

einmal Forderungen gestellt, Mängel benannt und Standards ange-
mahnt, aber immerhin bewegte sich etwas.

Natürlich ist die Dominanz Chinas mit seiner Überproduktion,
für die immer mehr Absatzmärkte benötigt werden, zu berücksichtigen, ebenso der militärisch-strategische Aspekt. Für Russland, das
an dem Projekt beteiligt ist, dürfte es nach der Trennung von Westeuropa schwer sein, dem chinesischen Übergewicht standzuhalten.
Damit könnte im Osten Russlands eine – von den USA offenbar
angestrebte – konfrontative Situation entstehen. Dem müsste eine
Neuorientierung der europäischen Politik Rechnung tragen, was jedoch sträflicherweise nicht geschieht. Insofern steht Wladimir Putin
mit dem Rücken zur Wand. Da die Außenpolitik Deutschlands und
der EU von Washington mitbestimmt wird, fehlt es an einer eigenen
wirtschaftspolitischen Strategie. Das gilt nicht nur für die Beziehungen zu Russland, sondern auch hinsichtlich des Neue-Seidenstraße-
Projekts.

Zu registrieren ist, dass die US-Wirtschaft im Handel mit Russland keine Einbußen verzeichnet. Die Vereinigten Staaten haben es
geschafft, Europa zu dessen Lasten und auf dessen Kosten wieder
zu spalten, die über Jahre hinweg sich verbessernden Verbindungen zwischen Russland und Deutschland zu unterbrechen und eine
akute Kriegsgefahr in Europa heraufzubeschwören. Zum Seidenstra-
ßengipfel in Peking schickten sie keinen Vertreter, und hinsichtlich
des Verhältnisses zu Russland wird sich voraussichtlich erst einmal
nichts ändern. Das Land soll sich den westlichen Kapitalinteressen
öffnen, was zwar vorteilhaft für den Westen wäre, aber – wenn man
sich die Verhältnisse in der Ukraine ansieht – nicht für die russische
Bevölkerung.

Zum Vorwand für die Aggressionspolitik gegen Russland wird
nach wie vor die angebliche Annexion der Krim genommen. Hinzu
kamen weitere Beschuldigungen. Deutlich wurde das noch einmal
in einer »Basisinformation« des Auswärtigen Amtes, die regelmäßig aktualisiert wird. Unter dem 14. Februar 2019 stand da: »*Die
völkerrechtswidrige Annexion der Krim durch Russland, das russische
Vorgehen im Osten der Ukraine und in Syrien, das russische Verhalten*

im Umgang mit dem Nervengiftanschlag auf Sergej und Julia Skripal in Salisbury im März 2018, auf russische Quellen zurückzuführende Cyber-Attacken in Deutschland, das Verhalten mit Blick auf die Verwendung von Chemiewaffen durch das Assad-Regime in Syrien sowie die russische Verletzung des INF-Vertrages überschatten die deutschrussischen Beziehungen und die Beziehungen Russlands zur EU und anderen westlichen Partnern. Als Reaktion auf das russische Vorgehen in der Ukraine hat die EU in mehreren Stufen Sanktionen verhängt (Konten- und Einreisesperren für einzelne Personen und Unternehmen, aber auch sektorale Wirtschafts- und Finanzsanktionen). Zuletzt wurden die Sanktionen Anfang August 2017 auf Betreiben Deutschlands wegen des durch die Verbringung von vier Gasturbinen auf die Krim vollzogenen Vertragsbruchs gegenüber Siemens noch einmal verschärft. In Reaktion auf den Skripal-Fall hat die Bundesregierung in Abstimmung mit den Partnerstaaten in EU und NATO Ende März 2018 vier russische Diplomaten zur persona non grata erklärt und ausgewiesen; die EU hat inzwischen vier Personen im Rahmen des neu geschaffenen horizontalen Chemiewaffen-Regimes mit Sanktionen belegt.«[584]

Danach folgte wieder das übliche scheinheilige und überhebliche Verständigungsgerede, als sei Deutschland ein wohlwollender Gönner Russlands: »*Zugleich hat die Bundesregierung immer wieder deutlich gemacht, dass die Tür für einen Dialog mit Russland offen steht und dass sie sich aktiv und mit Nachdruck dafür einsetzt, den Konflikt in der Ost-Ukraine zu überwinden. Insbesondere Deutschland und Frankreich setzen sich im Normandie-Format auf höchster Ebene für die Umsetzung der Minsker Vereinbarungen vom September 2014 und des Maßnahmenkatalogs zur Umsetzung dieser vom 12. Februar 2015 ein.*«

Letzteres ist eine Irreführung, denn Deutschland und Frankreich sehen sich auf Seiten der kriegführenden Kiewer Regierung und stärken gemeinsam mit den USA und der NATO deren rücksichtslos-aggressives Verhalten gegenüber Russland. Ein sinnvoller Vorschlag Wladimir Putins von 2017, zur Befriedung der Ostukraine

---

[584] Auswärtiges Amt: Deutschland und die russische Föderation: bilaterale Beziehungen, 14.2.2019, www.auswaertiges-amt.de/de/aussenpolitik/laender/russischefoederation-node/-/201542

Blauhelmsoldaten im Frontgebiet zu stationieren, wurde von dem Kriegsherrn Poroschenko offenbar im Einvernehmen mit den USA mit der Forderung boykottiert, den Blauhelmeinsatz auf das gesamte östliche Gebiet einschließlich der Städte Luhansk und Donezk auszudehnen.[585] Insofern beweist die »Basisinformation« des Auswärtigen Amtes vom 14. Februar 2019, die völlig an den Fakten vorbeigeht, auf bestürzende Weise, wie weit die deutsche Außenpolitik von Washington bestimmt ist.

Die EU und Deutschland zwischen den Stühlen

Bundeskanzlerin Angela Merkel steht unbelehrbar auf der Seite der Anti-Trump-Koalition, die von Hillary Clinton, Barack Obama und dem Multimilliardär George Soros angeführt wird. Entlarvend war, wie sie Obama, als dessen Freundin sie sich weiterhin wähnt, hofierte und trotz ständiger gravierender Verstöße gegen Moral und Völkerrecht sogar – kurz vor den Bundestagswahlen 2017 – zum Evangelischen Kirchentag nach Berlin einlud, wo er sich zusammen mit ihr propagandistisch als Heilsbringer produzieren durfte.[586] Dagegen opponierte Merkel im Chor mit anderen Apologeten der Aggressionspolitik US-amerikanischer Machteliten gegen die anfänglichen Bemühungen Trumps, mit Russland Frieden zu stiften.

Im Rückblick kann davon ausgegangen werden, dass Trump in die geheimen Aufrüstungs- und Kriegspläne, die unabhängig von der jeweiligen Präsidentschaft weiterentwickelt werden, längere Zeit nicht umfassend eingeweiht war – bis er auf diese Linie einschwenkte. Wie mächtig und gefährlich die US-Militärs sind, erwies sich wieder einmal, als am 19. Februar 2019 US-Luftwaffengeneral David Goldfein anlässlich eines Gesprächs in der Brookings Institution über die Entwicklung eines neuen Kriegsführungskonzepts mit der

---

[585] Vgl. Spiegel Online, 5.9.2017, www.spiegel.de/politik/ausland/russland-wladimir-putin-will-blauhelmmission-in-ostukraine-a-1166211.html
[586] Vgl. welt.de, 25.5.2017, www.welt.de/politik/deutschland/article164934115/Als-Merkel-ausgebuht-wird-springt-Obama-ihr-bei.html

Möglichkeit unbemerkten Eindringens in fremde Territorien (»penetrating capability«) informierte.[587] Zur Weiterentwicklung dieses Angriffskonzepts werden 135 Milliarden US-Dollar gefordert.[588] Im Zusammenwirken verschiedener Streitkräfte in der Luft, zu Wasser und zu Lande soll die gegnerische Abwehr ausgeschaltet und Krieg unmittelbar im Gebiet des Feindes geführt werden können.[589] Dennoch, gegen alle Widerstände trafen sich Trump und Putin zu längeren Gesprächen am 7. Juli 2017 während des G20-Gipfels in Hamburg[590] und am 16. Juli 2018 in Helsinki,[591] argwöhnisch und hämisch von westlichen Politikern und Medien beäugt.[592]

Vorübergehend schien es so, als bildeten sich neue Konstellationen heraus. Doch die Widerstände aus den USA und der EU – mit an führender Stelle die deutsche Bundeskanzlerin – waren offensichtlich zu groß. Angela Merkel blieb im Hintergrund und traf sich mit Obama. Dass Trump sie nach seiner Wahl längere Zeit nicht empfangen wollte und Putin sie als Feindin ansieht, ist ein offenes Geheimnis. Es sieht so aus, dass sie Deutschland und Westeuropa durch sträflich undiplomatisches Verhalten sowohl gegenüber dem US-Präsidenten Donald Trump als auch gegenüber dem russischen Präsidenten Wladimir Putin in eine Sackgasse manövriert hat.

Unfassbar, wie leichtfertig und geringschätzig die »Anführerin der freien Welt«, wie Merkel in den Obama und Clinton ergebenen Medien genannt wurde, den »mächtigsten Männern der Welt« entgegengetreten ist. Im August 2018 hat sie sich dann zwar mit

---

[587] Vgl. Brookings, 19.2.2019, www.brookings.edu/events/a-conversation-with-the-chief-of-staff-of-the-air-force/
[588] Vgl. South China Morning Post, 20.2.2019, www.scmp.com/news/china/diplomacy/article/2187006/us-military-plans-new-war-fighting-concept-response-threat
[589] Vgl. Telepolis, 21.2.2019, www.heise.de/tp/features/US-Streitkraefte-entwickeln-gegen-Russland-und-China-ein-Konzept-fuer-heimliches-Eindringen-4314180.html
[590] Vgl. Spiegel Online, 7.7.2017, www.spiegel.de/politik/ausland/g20-gipfel-in-hamburg-donald-trump-und-wladimir-putin-freuen-sich-a-1156548.html
[591] Vgl. Süddeutsche Zeitung, 16.7.2018, www.sueddeutsche.de/politik/treffen-in-helsinki-was-putin-und-trump-vereinbart-haben-1.4057591
[592] Vgl. Süddeutsche Zeitung 15.1.2019, www.sueddeutsche.de/politik/trump-putin-russland-1.4288222

Putin getroffen und Geheimverhandlungen geführt, in denen – wie durchgesickert ist – unter anderem über Syrien, die Sanktionen und die Nord-Stream-Pipeline gesprochen wurde, aber die Hoffnung auf Tauwetter war vergebens.

Albrecht Müller sieht zu Recht die Schuld für die fragile, völlig verfahrene Situation bei führenden westlichen Politikern und fällt ein vernichtendes Urteil über die politische Klasse: *»Die herausragenden Vertreter des Westens haben jeden Anstand verloren und jede Selbstachtung: Sie lügen ungerührt, sie übertreiben, sie sind perfekt in der Methode Haltet den Dieb ... Die Behauptung von der ›Russischen Aggression in Osteuropa‹ ist inzwischen propagandistisch so fest verankert, dass Frau von der Leyen dies nicht einmal in Gänsefüßchen setzen muss. Das ist ein Riesenerfolg der westlichen Propaganda. Noch vor nicht allzu langer Zeit wurde daran gearbeitet, in den Köpfen zu verankern, die Russen und der Westen seien in gleicher Weise schuld an der neuen Konfrontation.«*[593]

An anderer Stelle sagt Müller: *»Wir sind mit Riesenschritten auf dem Weg zurück in den Kalten Krieg und möglicherweise zum nächsten großen Krieg. Jedenfalls ist das Tempo der Veränderung unserer außen- und sicherheitspolitischen Situation in Europa atemberaubend. Die Risiken sind hoch und werden täglich vermehrt ... Wenn man die Entspannungspolitik von Beginn der Sechzigerjahre des letzten Jahrhunderts an beobachtet und dann ab 1968 aktiv mitbegleitet hat, dann steht man staunend vor dem Phänomen, mit welcher Dreistigkeit und Rücksichtslosigkeit heute die Konfrontation neu aufgebaut, Vertrauen zerstört und Misstrauen gesät wird.«*[594]

Ebenso hart urteilt der Ökonom und ehemalige stellvertretende US-Finanzminister Paul Craig Roberts im Dezember 2018: *»Die westlichen Staaten werden nicht mehr von starken Führungspersönlichkeiten regiert, sondern nur noch von Vasallen der Oligarchie und deren Knechten. Donald Trump wollte das nicht sein, und vielleicht schafft er es ja doch noch, aus dem Kurs auszubrechen, in den ihn der militärisch-*

---

[593] NachDenkSeiten, 4.2.2019, www.nachdenkseiten.de/?p=49026
[594] NachDenkSeiten, 8.2.2019, www.nachdenkseiten.de/?p=49179

sicherheitstechnische Komplex, die Demokratische Partei und die sich prostituierenden Medien zwingen wollen. Nur Putins Menschlichkeit und seiner Selbstdisziplin ist es zu verdanken, dass der Frieden trotz der Aggressivität Washingtons und der provozierenden Aktivitäten gegen Russland bisher noch gewahrt werden konnte. Immer wieder hat Putin Beleidigungen hingenommen, die in der Vergangenheit einen Krieg ausgelöst hätten.«[595]

Donald Trump trifft Wladimir Putin am 16. Juli 2018 in Helsinki

Eingehend auf die von US-Strategen verbreitete Einteilung der Welt in Gut und Böse sagt Roberts über Donald Trump und seine Beziehungen zu Russland: »*Weil im Westen das Böse herrscht, sind Friedensstifter nicht mehr gefragt. Die Absicht des Präsidenten Trump, die Beziehungen zu Russland zu verbessern, hat der ehemalige CIA-Direktor John Brennan als Verrat gebrandmarkt. Die Entscheidung Trumps, US-Truppen nach ihrem erfolglosen und illegalen Einsatz aus Syrien abzuziehen, hat Susan Rice, eine ehemalige Nationale Sicherheitsberaterin, veranlasst, Trump zum Sicherheitsrisiko für die USA*

---

[595] Luftpost, 21.1.1019, www.luftpost-kl.de/luftpost-archiv/LP_19/LP00919_210119.pdf

zu erklären. Keiner der Feinde Trumps ist hingegen der Meinung, die Verschlechterung der Beziehungen zu Russland könne die Sicherheit der USA gefährden. Der Frieden wird als bedrohlich empfunden. Die zurückhaltenden Reaktionen Putins auf Provokationen haben sich auch in Russland negativ auf seine Umfragewerte ausgewirkt.« Roberts Bilanz ist vernichtend: *»Dass der Frieden in einer Welt hyperschneller Atomraketen nichts mehr gilt, ist ein Zeichen für den Triumph des Bösen.«* Der erste Halbsatz trifft die Realität, der zweite sollte erst recht zum Widerstand ermutigen.

Resümee und Schlussfolgerungen

Die USA beanspruchen Westeuropa als ihr Einflussgebiet, das sich ihren wirtschaftlichen wie militärischen Interessen unterzuordnen hat. Sie beeinflussen die Medien und entkernen die Souveränität europäischer Staaten. Sie führen seit Jahren schon Interventionskriege, verhängen Sanktionen gegen andere Völker und mischen sich in deren innere Angelegenheiten ein. Insbesondere die hoch gefährliche Aggressionspolitik gegen Russland, in die europäische Staaten einbezogen sind, verursacht unabsehbare Schäden. An dieser egoistischen und verbrecherischen US-Politik wird sich auch durch einen Regierungswechsel nichts ändern, da es sich um eine Langzeitstrategie unabhängig von der jeweiligen Präsidentschaft handelt.

Wir leben in einer Zeit tiefster Restauration, schlimmster Rückschrittlichkeit. Was sich abspielt an Kriegshetze, Militarisierung, Zensur, Denunziation, Überwachung, Sozialabbau, politischer Verlogenheit und so weiter spottet jeder Beschreibung. In beängstigender Weise wird unter Einsatz ungeheurer Mittel immer weiter aufgerüstet, Soziales, Bildung und Kultur werden demgegenüber vernachlässigt. Auch das atomare Potenzial wird erhöht. Aus Kreisen der Bundesregierung kommt ungeachtet der Konsequenzen eines Atomkrieges für Europa die Empfehlung, den französischen Nuklearschild auf Deutschland auszudehnen und die Bundeswehr atomar zu bewaffnen.[596] In einem Washingtoner Report war zu lesen, begrenzte taktische Atomschläge seien möglich, ohne *»die ame-*

---

[596] Vgl. Deutschlandfunk Kultur: Maximilian Terhalle im Gespräch mit Liane von Billerbeck, 15.2.2019, www.deutschlandfunkkultur.de/deutschlands-sicher heitslage-politologe-terhalle-plaediert.1008.de.html?dram:article_id=441154

rikanische Heimat« zu gefährden.[597] Danach ist nicht auszuschließen, dass ein »begrenzter Atomkrieg« beispielsweise für Europa und den Nahen Osten – fern der amerikanischen Heimat – Realität werden könnte.

Wie der ehemalige Oberbefehlshaber der NATO Wesley Clark 2007 aufdeckte, steht der Iran seit dem Anschlag auf das World Trade Center als Letztes auf einer Liste von sieben Ländern des Nahen Ostens und Afrikas, die von den USA destabilisiert werden sollen.[598] In sechs Ländern ist das erfolgt, nur der Iran blieb noch – abgesehen von den massiven Wirtschaftssanktionen – verschont. Seit die Bellizisten Pence, Pompeo und Bolton ins Weiße Haus eingezogen waren, spitzte sich die Lage wieder zu, und Anfang Mai 2019 forcierten die USA ihre Konfrontationspolitik gegen den Iran, indem sie die Wirtschaftssanktionen nochmals exzessiv verschärften und eine Bomberstaffel, ein Patriot-Raketenabwehrsystem sowie Kriegsschiffe an den Persischen Golf entsandten, darunter den Flugzeugträger USS Abraham Lincoln.[599] Auch gegen Venezuela wurden erneut Drohungen gerichtet und der Wirtschaftskrieg – begleitet von militanter Propaganda – forciert.[600] Obwohl die Volkswirtschaften beider Länder stranguliert werden und die Bevölkerungen Mangel leiden (so hat die Kindersterblichkeit extrem zugenommen), erklärten die iranische und die venezolanische Regierung, dass sie sich nicht den USA unterwerfen würden. Der iranische Präsident Hassan Ruhani lehnte ein Gesprächsangebot Donald Trumps ab (Trump: *» Was sie tun sollten, ist, mich anzurufen ...«),* solange sich die USA nicht an das Atomabkommen hielten und die Sanktionen

---

[597] Vgl. Clark Murdock u.a.: CSIS, Project Atom, May 2015, http://csis.org/files/publication/150601_Murdock_ProjectAtom_Web.pdf, 16.8.2015. Dazu auch: Ulrich Gellermann, Rationalgalerie, 27.7.2015, www.rationalgalerie.de/home/die-irren-in-washington.html

[598] Vgl. Amy Goodman: Syriens Wahrheit, 6.3.2012, www.youtube.com/watch?v=kkE8Gp-nWEs (15.2.2019)

[599] Vgl. Spiegel Online, 11.5.2019, www.spiegel.de/politik/ausland/usa-iran-konflikt-pentagon-verlegt-kriegsschiff-und-patriot-raketen-in-nahen-osten-a-1266910.html

[600] Vgl. Handelsblatt, 11.5.2019, www.handelsblatt.com/politik/international/machtkampf-usa-weiten-venezuela-sanktionen-aus/24330442.html

gegen den Iran nicht zurücknähmen. Ruhani sagte: »*Kapitulation ist mit unserer Mentalität und Religion nicht vereinbar, und wir werden daher in dieser Situation auch nicht kapitulieren.*«[601] Nachdem US-Außenminister Pompeo die venezolanische Bevölkerung in einer Videobotschaft zur Auflehnung gegen Maduro aufgefordert hatte, rief der venezolanische Präsident die Streitkräfte seines Landes zur Verteidigungsbereitschaft gegen eine »*imperialistische Verschwörung*« auf.[602]

Akute Kriegsgefahr, sowohl im Nahen Osten als auch in Südamerika und nach wie vor in der Ukraine! Verursacht von den Kriegstreibern in den USA, die Krieg zur Aufrechterhaltung ihrer Machtpositionen brauchen. Über den Iran hatte Pompeo 2013 in seiner Eigenschaft als CIA-Direktor gesagt: »*Ich freue mich schon, diesen ganzen desaströsen Deal mit dem weltweit größten staatlichen Terrorsponsor wieder rückabzuwickeln.*« Besser, als zu verhandeln, wäre, »*mit nicht einmal 2000 Fliegerstarts alle iranischen Nuklearkapazitäten zu zerstören*«.[603] Über das Verhältnis zu Russland hatte er seinerzeit erklärt, die »*Softpolitik*« der USA gegenüber Russland sei vorbei.

Pompeo und ebenso Bolton und Pence, hinter denen Teile des Kongresses und mächtige gesellschaftliche Gruppen stehen, erweisen sich zurzeit als die größte Gefahr für den Weltfrieden, da sie offensichtlich in der Lage sind, die Außenpolitik der USA in ihrem Sinne zu steuern und Krieg zu veranlassen. Nach dem Abschuss einer US-Aufklärungsdrohne durch iranisches Militär und mehreren, vermutlich provokativen Attentaten auf Tanker im Persischen Golf scheint der langfristig geplante Krieg dort bevorzustehen.

Die Gestörtheit Trumps und die verbrecherische Intensität der US-Regierung präsentierte sich der Welt am 25. Juni 2019, als Trump dem Iran mit »Auslöschung« drohte: »*Der Iran ist sehr ignorant, und*

---

[601] Zit. wie Zeit Online, 12.5.2019, www.zeit.de/news/2019-05/12/irans-praesident-lehnt-trumps-gespraechsangebot-ab-190512-99-181448
[602] Vgl. Spiegel Online, 5.5.2019, www.spiegel.de/politik/ausland/venezuela-us-aussenminister-mike-pompeo-mischt-sich-in-machtkampf-ein-a-1265820.html
[603] Zit. wie russland.news, 12.4.2018, www.russland.news/mike-pompeo-schluss-mit-weicher-politik-gegenueber-russland/

die heute herausgegebene beleidigende Erklärung zeigt nur, dass sie nicht die Realität begreifen. Jeder Angriff des Irans auf irgendetwas Amerikanisches wird mit großer und überwältigender Stärke beantwortet werden, in einigen Bereichen bedeutet diese Antwort Auslöschung.«[604]

Der Redakteur der *NachDenkSeiten* Jens Berger stellte die Frage: *»Wo bleibt der Aufschrei? ... Ist Völkermord mittlerweile eine anerkannte ›diplomatische Option‹?«* Er konstatierte: *»Wer schweigt, scheint zuzustimmen. Und wenn die Bundesregierung permanent zu den völkerrechtswidrigen Aktionen und Drohungen der USA schweigt, macht sie sich zum Mittäter.«[605]*

Während Hassan Ruhani Strafmaßnahmen gegen den obersten iranischen Führer Ajatollah Ali Chamenei *»empörend und idiotisch«[606]* nannte, erwiesen sich die deutschen Medien wieder als ignorant und US-hörig, sie berichteten eher beiläufig und kritiklos. Indessen reiste US-Außenminister Pompeo in mehrere Staaten, um ein weltweites Kriegsbündnis gegen den Iran zu schmieden.[607] Wer bisher immer noch geglaubt hat, die USA verteidigten die »Werte der weltlichen Welt« – und das sind erstaunlicherweise nicht wenige –, muss sich eines Besseren belehren lassen.

Anstatt endlich Gegenpositionen einzunehmen, offenbaren die europäischen Politiker trotz allem Machtlosigkeit und Opportunismus. Vorsichtige Versuche, in einzelnen Bereichen eine von den Bevormundungen durch die USA unabhängige Politik durchzusetzen, werden unverzüglich sanktioniert, zunichte gemacht, oder sie laufen ins Leere. Aber aufgrund der zunehmenden Repressalien erscheint es für die Europäische Union unabdingbar, insbesondere die wirtschaftlichen Kontakte zu Russland und China zu intensivieren – eine Gratwanderung. Um in diesen Bemühungen erfolgreich zu

---

[604] Zit. wie welt.de, 25.6.2019, www.welt.de/politik/deutschland/article195895 099/Konflikt-Donald-Trump-droht-dem-Iran-jetzt-offen-mit-Ausloeschung.html
[605] Jens Berger, NachDenkSeiten, 26.6.2019, www.nachdenkseiten.de/?p=52794
[606] Zit. wie welt.de, 25.6.2019, www.welt.de/politik/deutschland/article195895 099/Konflikt-Donald-Trump-droht-dem-Iran-jetzt-offen-mit-Ausloeschung.html
[607] Vgl. Handelsblatt, 24.6.2019, www.handelsblatt.com/politik/international/ golf-krise-us-aussenminister-pompeo-will-weltweite-allianz-gegen-iran-schmie den/24486092.html?ticket=ST-6566098-CuJmmKgYhqYHHFoJXcNC-ap3

sein, bedürfte es einer konzertierten Aktion der europäischen Staatsführungen, doch danach sieht es zurzeit nicht aus.

Die Welt steht am Abgrund. Dennoch finden sich keine maßgeblichen Kräfte, die menschheitsgefährdende Konfrontationspolitik zu beenden und den Absturz zu verhindern. Da Politik und Medien offensichtlich versagen, müsste ein Impuls, ein Aufschrei aus dem sich als aufgeklärt betrachtenden Bürgertum kommen. Aber in weiten Teilen der einer permanenten Indoktrination ausgesetzten Bevölkerung scheint es an Erkenntnissen und auch an Leidensdruck zu fehlen. Die Abkehr von der Verständigungs- und Friedenspolitik Willy Brandts wurde nahezu widerspruchslos hingenommen.

Dwight D. Eisenhower sagte 1953: »*Jede produzierte Waffe, jedes auslaufende Kriegsschiff, jede abgefeuerte Rakete bedeutet letztendlich einen Diebstahl an denen, die hungern, und man gibt ihnen kein Essen, an denen, die frieren und keine Kleidung erhalten. Diese waffenstarrende Welt verschwendet nicht nur Geld, sie opfert auch den Schweiß ihrer Arbeiter, das Genie ihrer Wissenschaftler, die Hoffnungen ihrer Kinder. Ein einziger Zerstörer wird mit neuen Häusern bezahlt, in denen mehr als 8000 Menschen wohnen könnten. ... Dies ist nicht die Art, wie wir leben wollen, im wahrsten Sinne des Wortes. Unter der Wolke eines drohenden Krieges hängt die Menschheit am Eisernen Kreuz. Gibt es keine andere Art zu leben?*«[608]

Jeder weiß, dass es eine andere Art zu leben gibt. Aber die westliche Führungsmacht steuert dagegen. Präsidenten, Regierungsmitglieder und Beamte der USA begehen ein Kapitalverbrechen nach dem anderen, ein Völkerrechtsbruch folgt dem nächsten, und keiner von den gehirngewaschenen und opportunistischen europäischen Politikern steht dagegen auf. Eine Schande für die »abendländische Wertegemeinschaft«, auf die sie sich ständig berufen.

Dass es dagegen keine Massenbewegung gibt und die ehemals starke Friedensbewegung mehr und mehr geschwächt wurde, liegt

---

[608] Zit. wie NachDenkSeiten, 8.3.2018, www.nachdenkseiten.de/wp-print.php?p=42801

an einem geförderten Aktionismus in alle möglichen Richtungen. Dadurch werden Großkundgebungen und massenweise Proteste der politisch engagierten Bürger gegen Krieg und Unterdrückung systematisch verhindert. Dahinter stecken etablierte Kreise aus Politik, Wirtschaft und Medien, die nach dem Grundsatz »Teile und herrsche« eine Zersplitterung pazifistischer und antiimperialistischer Bewegungen, die ihnen suspekt sind oder gefährlich werden könnten, zum Ziel haben. Wichtig ist es, diese Strategien offenzulegen.

Um aber die dringend erforderlichen Veränderungen herbeizuführen, braucht es den Willen dazu, gesicherte Informationen und ein grundsätzliches Umdenken. Dazu wiederum bedarf es der Analyse und einer sich daraus ergebenden »Vision« – wie immer man zukunftsweisende Vorstellungen nennen will. Zu hoffen ist, dass die seit Anfang 2019 stattfindenden Demonstrationen für Umwelt- und Klimaschutz (unter anderem die Bewegung »Fridays for Future«) die Zerstörung der Umwelt durch das Militär und die Kriege der USA zu ihrem Thema machen.

Aufgefordert, sich in Fragen zu Krieg und Frieden endlich zu Wort zu melden und Druck auf die Politik auszuüben, sind vor allem die bisher überwiegend schweigenden Vertreter von Gewerkschaften, Universitäten, Kirchen und sonstigen demokratischen Organisationen. Eine erste Antwort auf die Zumutungen aus Politik und Medien wäre für Deutschland die Forderung nach einem Austritt aus der NATO und der Kündigung des Truppenstationierungsabkommens sowie rückhaltlose Aufklärung und Wiederaufnahme friedlicher, gutnachbarlicher Beziehungen zu Russland.

Dem stemmen sich die USA entgegen. Mit ihrer Wirtschafts-, Außen- und Militärpolitik verteidigen sie – in Westeuropa gestützt auf die NATO – ihre Weltherrschaft. Und wer sich dieser Hegemonie widersetzt, hat nur die Wahl, entweder als Feind wirtschaftlich, geheimdienstlich und gegebenenfalls militärisch bekämpft zu werden oder sich zu unterwerfen, wie es Deutschland und die EU vorexerzieren. Allein der Hegemon ist souverän, die Vasallen haben zu gehorchen und die wirtschaftlichen und militärischen Anweisungen zu befolgen. Wer Freund und wer Feind ist, wird vorgegeben.

Kein Staat wird sich der Umklammerung der USA allein entledigen können, Deutschland schon gar nicht.[609] Der Europäischen Gemeinschaft könnte es aber gelingen. Insofern wäre die Achse Berlin-Paris ein wegweisender Ansatz, wenn es Deutschland und Frankreich gelingen würde, sich von dem Joch der NATO, auf die sie kaum Einfluss nehmen können, zu befreien. Sie müssten zudem selbstbewusst auf eine strategische Friedenspartnerschaft mit Russland hinarbeiten (was unter Putin immer noch möglich wäre, jedoch nicht mit Merkel, Kramp-Karrenbauer, Merz und Macron), und zwar unter Beibehaltung gleichberechtigter Beziehungen zu den USA. Das dürfte nicht einfach sein, aber es erscheint als die einzige Lösung, auf Dauer einer unwürdigen, lebensbedrohlichen Situation zu entkommen.

Die Folgen der Kriegskatastrophen des 20. Jahrhunderts sollten die europäischen Politiker gelehrt haben, das deutsch-französische Verhältnis zu pflegen und auf allen Gebieten weiterzuentwickeln. Dazu bedarf es Offenheit und Wahrhaftigkeit auf beiden Seiten, damit schließlich die »Erblasten« in die Archive der Geschichte abgelegt werden können. Arc-de-Triomphe-Symbolik muss ebenso wie das Versailles-Trauma endgültig der Vergangenheit angehören. Nur dann wären Deutschland und Frankreich wirklich in der Lage, Zugpferde für eine funktionierende EU zu sein, das europäische Haus demokratischer Staaten neu zu festigen und zentrifugalen nationalistischen Kräften entgegenzuwirken.

Ob es sich dabei um eine Vision oder doch mehr um ein Jahrhundertwerk handelt, sei dahingestellt. Zuerst muss es gedacht werden, damit es geschehen kann. Hoffnung könnte geben, dass auch die »Erbfeindschaft« zu Frankreich und die deutsche Teilung überwunden wurden.

---

609 Siehe das Kapitel »Deutschland, Kolonie der USA: In der Nachkriegszeit wurden die Weichen gestellt«

Anhang

Karl-Wilhelm Lange

Ein Brief nach Wolgograd, ehemals Stalingrad[610]

Hann. Münden, 3. Februar 2018

Liebe Valentina,

heute vor 75 Jahren kapitulierten die Reste der 6. Armee unter General Paulus in Stalingrad nach monatelangen schweren Kämpfen, bei denen auf beiden Seiten fast 500 000 Soldaten, Zivilisten - auch viele Kinder unter ihnen - ihr Leben verloren. Ich wäre heute gern bei Euch, unter den Zehntausenden gewesen, die sich zum Trauern und Gedenken in Wolgograd versammelt haben. Denn ich weiß um die Gefühle der Veteranen und Veteraninnen, die an diesem Tage nicht nur einen Sieg über die deutschen Aggressoren feiern, sondern sich auch an das Leiden, an das Sterben und den Tod erinnern, der keinen Unterschied machte zwischen Soldaten und Zivilisten, zwischen Frauen und Kindern und auch nicht zwischen Russen und Deutschen.

---

[610] Erstveröffentlichung bei KenFM, 9.2.2018, https://kenfm.de/stalingrad. Karl-Wilhelm Lange war Stadtdirektor im südniedersächsischen Hann. Münden und Regierungspräsident in Braunschweig. Der ehemalige Präsident des Volksbundes Deutscher Kriegsgräberfürsorge hat aus Anlass des 75. Jahrestages der Befreiung von Stalingrad durch die Rote Armee einen berührenden Brief an die Direktorin des Wolga-Don-Kanal-Museums, Valentina Sorokoletova, in Wolgograd, geschrieben – ein Dokument des guten Willens und der Völkerverständigung. Karl-Wilhelm Lange pflegt intensive Beziehungen zu Russland, insbesondere zu den Veteranenorganisationen in Wolgograd, Rshew und St. Petersburg.

Du hast zahlreiche Briefe der jungen deutschen Soldaten aus dem Wolgograder Militärmuseum veröffentlicht, die, ihren sicheren Tod vor Augen, einen letzten Gruß an ihre Mutter richteten, Briefe, die die Heimat nicht mehr erreichten. Ihre Abschiedsworte klingen in ihrer Trauer, ihrem Mut und in ihrem Trost für ihre Mütter nicht anders als die Briefe ihrer russischen Kameraden, die ebenso unschuldig in diese Kämpfe gezogen waren und ihr Leben opferten, weil der militärische Befehl ihnen keine andere Wahl ließ.

Und ich erinnere mich an die vielen Gespräche mit russischen Generälen, Offizieren und einfachen Soldaten, die ihren deutschen Gegnern mit Respekt begegneten und ihnen die Hand zur Versöhnung reichten, weil sie sehr wohl zu unterscheiden wussten zwischen der faschistischen Führung unter Adolf Hitler und seiner Aggression gegen die Sowjetunion und den deutschen Soldaten und dem deutschen Volk.

Ich fühle mich an diesem Tag in tiefer Trauer Dir, den Wolgogradern und den Veteranen verbunden, erinnere mich an unsere Zusammenarbeit beim Bau der Soldatenfriedhöfe in Wolgograd/Rossoschka und bin dankbar für die Brücken der Versöhnung, die wir hier für unsere beiden Völker geschaffen haben, Brücken, auf denen wir uns – Alte und Junge – begegnen konnten, uns umarmten und gelobten, dass nichts und niemand uns jemals wieder von diesem Weg der Versöhnung, des Friedens und der Zusammenarbeit würde abbringen können.

Die Ansprache von Präsident Putin im Jahre 2001 vor dem Deutschen Bundestag, dessen Mitglieder ihm für diese große Rede zu den deutsch-russischen Beziehungen im gerade begonnenen 21. Jahrhundert stehend dankten, bildete den symbolischen Eckstein dieser neuen Friedensordnung zwischen unseren Völkern und für Europa. Für uns schien sich damals ein Traum zu erfüllen.

Doch heute, am 75. Jahrestag der Schlacht von Stalingrad, stehen wir vor den Trümmern dieses allzu kurzen Traums, mitten in einem neuen Kalten Krieg, der allein den Interessen der USA/NATO dient und die Kräfte der Versöhnung, des Friedens und der Zusammenarbeit zwischen Russland und Deutschland durch Hochrüstung, durch Manöver an der Grenze zu Russland sowie durch wirtschaftliche Sanktionen zu zerstören versucht.

Trotz alledem, liebe Valentina, wollen wir nicht verzweifeln, sondern an unserem Traum festhalten und mit allen Kräften dafür arbeiten, dass die Kräfte des Friedens und der Versöhnung den Sieg erringen werden über diese aus den Tiefen der Hölle wieder hervorgestiegenen Gespenster der Vergangenheit. Zu dieser beharrlichen Arbeit verpflichten uns die Erinnerung an die Schlacht und die Soldatenfriedhöfe in Stalingrad, das Gedenken an die Millionen Opfer des Großen Vaterländischen Krieges und unsere Verantwortung für die jungen Menschen in unseren Völkern, die unser politisches Wirken zu Recht eines Tages vor allem daran messen werden.

In Freundschaft und Verbundenheit sowie mit herzlichen Grüßen an alle Freunde in Wolgograd

Dein Karl-Wilhelm

Willy Wimmer

Brief an den Bundespräsidenten
Frank-Walter Steinmeier[611]

Jüchen, 13. Dez. 2018

Sehr geehrter Herr Bundespräsident,

am 7. Dezember 2018 berichtete dpa um 10.58 Uhr aus der chinesischen Metropole Chengdu, daß Sie sich vor Studenten für die Achtung der Menschenrechte und des Regelwerks der Vereinten Nationen eingesetzt hatten. Den chinesischen Zuhörern und ihrer Regierung wird ebenso wenig wie den Deutschen entgangen sein, daß wegen der erklärten und exekutierten Politik der jeweiligen Bundesregierungen seit dem völkerrechtswidrigen Krieg gegen die Bundesrepublik Jugoslawien derartige Aussagen aus dem Munde deutscher Amtsträger noch nicht einmal Schall und Rauch sind.

Der ehemalige deutsche Bundeskanzler, Herr Gerhard Schröder, hat öffentlich und freimütig eingeräumt, daß er mit seiner Zustimmung zum NATO-Krieg gegen die BR Jugoslawien Völkerrecht gebrochen habe. Das von Ihnen in China so hoch gepriesene Regelwerk der Vereinten Nationen hat durch die erklärte Politik einer Bundesregierung einen irreparablen Schaden davongetragen und die Welt dem »westlichen Faustrecht« ausgeliefert. Ein Blick in die eigene Verfassung, das deutsche Strafrecht und das Soldatengesetz hätte deutlich machen müssen, mit Maßregelungen anderer Völker und Staaten zurückhaltend zu sein.

---

[611] Erstveröffentlichung bei NachDenkSeiten: www.nachdenkseiten.de/?p=478
46, 14.12.2018

Diese »Politik der schiefen Ebene«, die unser Land abstürzen läßt, sehen wir ebenfalls in der Zerstörung der rechtsstaatlichen Ordnung durch Bundesregierungen, deren vornehmste Aufgabe eigentlich im Schutz dieser Ordnung bestehen müßte. Die Entscheidung der Bundeskanzlerin vom 4./5. September 2015, die deutschen Staatsgrenzen auf Dauer schutzlos zu stellen, hat unserem deutschen Rechtsstaat einen Stoß versetzt, von dem er sich nicht erholen wird.

Dagegen wenden sich Millionen Bürgerinnen und Bürger in unserem Land. Nicht, weil sie eine Abkehr von der grundgesetzlichen Ordnung wollen. Die Menschen im Lande treten dafür ein, daß der deutsche Staat selbst Achtung vor dem Recht zeigt und staatliches Handeln daran gebunden ist, die Zuständigkeit der Legislative nicht einseitig zur Durchsetzung von Interessen Dritter außer Kraft zu setzen. Diejenigen, die sich dafür einsetzen, die rechtsstaatliche Ordnung durch den Staat gewahrt zu sehen, werden durch die Spitzen unseres Staates bewußt unter Generalverdacht gestellt, um freie Meinungsäußerung erst gar nicht mehr möglich zu machen. Die Bundeskanzlerin läßt sich dazu verleiten, mit Begrifflichkeiten aus dem DDR-Strafrecht Bürgerinnen und Bürger in der Wahrung ihrer Freiheitsrechte zu kriminalisieren.

Man gewinnt mehr und mehr den Eindruck, daß unser Land jenseits der Regeln des demokratischen Rechtsstaates durch die Repräsentanten unseres Staates im Sinne einer anderen Ordnung »umgebaut« werden soll. Dazu wird der Deutsche Bundestag bewußt marginalisiert. Wer sich dem im Vertrauen und zur Wahrung der im Grundgesetz garantierten Rechte in den Weg stellt, wird von den »medialen Blockwarten«, die wie »Kettenhunde« unseligen Angedenkens den regierungs- und staatsseitig eingeschlagenen Weg absichern, nach Strich und Faden und in faschistisch bewährter Weise fertiggemacht. Für den Kunstbereich hat in diesen Tagen die Neue Zürcher Zeitung das deutsche Verhängnis auf den Punkt gebracht. Zahlreiche und öffentliche Hinweise machen deutlich, daß diese demokratiefeindlichen Elemente in den Medien sich staatlicher und damit finanzieller Unterstützung erfreuen. Erschwerend kommen zwei Aspekte hinzu, die unser Land völlig aus der Bahn zu werfen in der Lage sind. Mit Milliarden Euro deutscher und EU-europäischer Finanzmittel unterstützt Deutschland die Ukraine. Ein Land, wohlgemerkt, in dem bedeutende militärische Formationen, offen und mit präsidialem Wohlwollen versehen, sich auf eine eindeutig nationalsozialistische Vergangenheit berufen. Mit deutschen Steuermitteln unterstützt wird ein Land, das sich so der Feinde der Menschlichkeit und der Zivilisation bedient.

Mit den Überlegungen zur »EU-Armee« und der offen postulierten Beseitigung des sogenannten »Parlamentsvorbehaltes« geht Deutschland weiter den Weg ins Verhängnis. Die Bundeswehr gerät damit in eine Rolle in EU-Europa und in der NATO, wieder zur »zweiten Säule« des Staates zu werden. Das strebten Teile der Reichswehr auch mit und durch Adolf Hitler an. Dies ist eine Entwicklung, wie sie auch den 30. Januar 1933 und damit einen Kernbestand der nationalsozialistischen »Machtergreifung« ausgemacht hatte.

Mit diesem Schreiben, einem Offenen Brief, will ich Sie auf diese Fehlentwicklungen aufmerksam machen. Sie sind aus meiner Sicht so gravierend, daß Sie als Bundespräsident zur Wahrung des deutschen Rechtsstaates tätig werden sollten.

Mit freundlichen Grüßen

Willy Wimmer

Albrecht Müller

70 Jahre Bundesrepublik
Auf und ab. Und wie geht's weiter?[612]

Wir leben in einer verrückten Welt. Unsere Straßen sind voll von dicken, protzigen Autos, gleichzeitig suchen alte Menschen verschüchtert nach Pfandflaschen in den Abfalleimern unserer Städte. Die Leistungsfähigkeit der Gesetzlichen Rente, von der die Mehrheit der Menschen im Alter abhängt, wurde absichtlich beschnitten, um den Versicherungen das Geschäftsfeld der Privatvorsorge zu öffnen. Altersarmut wird hingenommen und produziert, damit andere Geschäfte machen. Im Namen von Demokratie und Freiheit werden Kriege in aller Welt geführt, die Millionen Tote und Verletzte fordern. Der Westen produziert so Terroristen und wundert sich dann, dass es Terrorismus gibt.

Die öffentliche Propaganda verkündet: Es geht uns so gut wie nie. Gleichzeitig stecken Hunderttausende in Leiharbeit und anderen prekären Arbeitsverhältnissen. In vielen Familien reicht ein Job allein nicht für das Leben, weil der Lohn zu niedrig ist und die Mieten zu hoch sind. Ein leibhaftiger Bundeskanzler hat sich dieses Zustands gerühmt; er verkündete stolz, den besten Niedriglohnsektor geschaffen zu haben. Der mächtigste Staat der Welt wird von einem Präsidenten geführt, der mit Twitter regiert. Seine »demokratische« Konkurrenz ist auch nicht besser. Oft weiß die Weltöffentlichkeit nicht, wer in den USA regiert. Eine verrückte Welt!

Das Durcheinander, die Enttäuschungen, die unverständlichen Entscheidungen und gefährlichen Entwicklungen sind nicht vom

---

[612] Erstveröffentlichung bei NachDenkSeiten: www.nachdenkseiten.de/?p=478 46, 17.5.2019

Himmel gefallen. Sie sind von Menschen gemacht. Und sie ließen sich korrigieren. Wenn wir ein bisschen aus Erfahrungen lernen würden. Wenn wir ein bisschen fragen, was vernünftig wäre. Das ist die Hoffnung, trotz Verrücktheit.

Wir könnten schon viel weiter sein: Wir könnten in Frieden leben, wenn wir, wie 1990 vereinbart, Konflikte friedlich zu lösen versuchen würden, statt uns in eine neue Konfrontation hineintreiben zu lassen. Wir könnten in viel humaneren und gerechteren Verhältnissen leben als heute, wenn wir uns dafür entschieden hätten, der neoliberalen Ideologie zu widersprechen und zu trotzen. Aber viele, viel zu viele, sind der Propaganda erlegen und haben in entscheidenden Phasen der jüngeren Geschichte jenen die Verantwortung überlassen bzw. übertragen, die ihr eigenes Wohl und nicht das unsere verfolgt haben. Die Mehrheit hat zum Beispiel jenen die Verantwortung überlassen, die den Konflikt zwischen West und Ost neu entfachen wollten. »Wir wollen ein Volk der guten Nachbarn sein und werden, im Innern und nach außen.« Das hatte der neu gewählte Bundeskanzler Willy Brandt 1969 versprochen und dann entsprechend dieser Devise versucht zu regieren. Aber dieses Versprechen wurde inzwischen entsorgt.

Das Versprechen hielt bis 1990. Wir haben seitdem gegen andere Völker, wie etwa gegen Russland, aufgerüstet. Wo »gemeinsame Sicherheit« geplant war und einander versprochen war, haben wir getrennt; wir haben das Feindbild gepflegt, und unsere wichtigsten Medien arbeiten eifrig am Aufbau des Feindbildes Russland weiter, statt wie verabredet die Nachbarschaft und Freundschaft zu pflegen. Eine wirklich verrückte Welt.

Mich erinnert der aggressive Feindbildaufbau gegenüber Russland, den wir heute erleben, an eine frühe Zeit der Bundesrepublik, an die ersten Jahre. Damals hätte es die Chance gegeben, sich mit unseren »Brüdern und Schwestern« in der DDR, wie es zugleich feierlich und verlogen hieß, zusammenzutun. Die erste große Aufwärtsbewegung jener Zeit lautete nämlich »Nie wieder Krieg«. Dieses Bekenntnis wurde zugleich von fortschrittlichen und konservativen Kräften in den ersten Jahren nach 1945 laut und deutlich formuliert. Das hängt mir aus Kindeszeit noch in den Ohren, und es hat gut geklungen. Dann kam Adenauer im Auftrag oder ohne Auftrag der Westalliierten mit dem Vorschlag und der Entscheidung zur »Wiederbewaffnung«, wie man damals sagte. Gemeint war die Gründung der Bundeswehr und ihre Integration in die NATO. Dagegen gab es eine ziemlich breite Bewegung. Selbst in meinem Dorf im Kraichgau haben wir damals eine Demonstration, einen Fackelzug, gegen die Wiederbewaffnung organisiert. Parallel dazu ist der Mitgründer der rheinischen CDU, Gustav Heinemann, aus Protest gegen die Wiederbewaffnung aus dieser Partei ausgeschieden und hat sein Amt als Bundesinnenminister niedergelegt. Er gründete eine Partei, die Gesamtdeutsche Volkspartei, GVP. Deren Hauptforderung war, die damaligen Angebote der Sowjetunion und des Warschauer Paktes wenigstens zu prüfen. Sie liefen darauf hinaus, Deutschland zu vereinigen unter der Bedingung, dass Deutschland zwischen Ost und West neutral bliebe und nicht bewaffnet würde. Das war eine angenehme Bedingung. Diese Idee fand auch ich damals einleuchtend. Aber die Gesamtdeutsche Partei und unsere Ideen wurden damals in einem großen Propagandafeldzug niedergemacht. Und der Kalte Krieg wurde gepflegt und propagandistisch aufgerüstet.

Über die Möglichkeit von damals, nämlich das ganze Elend der Teilung mit all dem Leid und Tod zu vermeiden, spricht heute niemand mehr, auch nicht bei den 70-Jahr-Feiern. Darauf würde ich Wetten abschließen.

Wir sind nicht da, wo wir sein könnten, wir sind nicht einmal da, wo wir schon waren, weil wir nicht Herr im eigenen Haus sind. Ich hatte 2014 in einem Text auf den NachDenkSeiten vom »Kolonie-Status« unseres Landes geschrieben. Darüber haben sich einige Leser furchtbar aufgeregt. Meines Erachtens zu Unrecht. Unsere

Freiheit zur Gestaltung unserer Gesellschaft und unserer Beziehungen mit anderen Völkern ist beschränkt. Die USA mischen sich über die NATO, über ihnen dienstbare Staaten in Europa, über ihren massenhaften Einfluss auf große deutsche Unternehmen sowie auf Politiker und Medien und mithilfe von einseitig verkündeten Sanktionen und Strafen in unsere ureigenen Entscheidungen ein. Das ist ein großes Problem. Darüber wird nachzudenken sein.

Die 81 Jahre meines Lebens fallen mit einer gesellschaftlichen und politischen Entwicklung zusammen, die man treffend als Kurve darstellen kann, als Auf und Ab: Es begann im Krieg und endet möglicherweise in einem neuen großen Krieg. Ein Horror für unsere Kinder und Enkel. Zwischen dem Zweiten Weltkrieg und den heute wieder aufgebrochenen neuen Konflikten und Kriegen lag eine Phase der Entspannung und des Sich-Vertragens, der Versöhnung zwischen verfeindeten Völkern – zumindest in Europa.

Ähnlich verlief die innere Entwicklung. Totaler staatlicher Terror in der Nazizeit, dann ein bisschen Hoffnung in der zweiten Hälfte der vierziger Jahre, aber noch unter dem Einfluss von Nationalsozialisten und von der Regierung Adenauer aus vermischt mit dem Drang zur Restauration und angefüllt vom Kalten Krieg. Dann die Öffnung in den sechziger und siebziger Jahren. Mehr Demokratie wagen, lautete die Parole der Politik. Die Entdeckung lebendigen demokratischen Streits und der Lust auf Reformen zugunsten der Mehrheit und der Benachteiligten: die Reform des Rechts zugunsten von Frauen und Familien, die Öffnung der weiterführenden Schulen und Hochschulen für die Kinder der Arbeiterschaft, getragen vom Geist der Solidarität und der Erkenntnis, dass Sozialstaatlichkeit eine gute gesellschaftliche Erfindung und die soziale Sicherung ein wichtiger Baustein und Bindemittel unseres Zusammenlebens ist. Getrübt von Erscheinungen wie dem Radikalenerlass. Wahrlich nicht perfekt. Keineswegs. Aber besser als alles andere.

Namhafte Politiker hatten damals den Mut, ein Stück geistige Führung zu übernehmen, so könnte man sagen. Despektierlich würde man sagen: Moral zu predigen. Brandt tat das bei einem Auftritt mitten im Wahlkampf im Oktober 1972. Da regte er an, mehr Mitgefühl zu zeigen und notfalls auch mit anderen Menschen mitzuleiden. Er sprach von Compassion. Das war das Kontrastprogramm zum zuvor gepflegten Wirtschaftswunder-Egoismus wie auch zur nachfolgenden neoliberalen Ideologie mit dem dann verbreiteten Glaubenssatz, jeder sei seines Glückes Schmied. Dieser Unterschied ist übrigens von großer Bedeutung bei der Beantwortung der Frage, wie wir unsere Gesellschaft künftig gestalten wollen. Auf der gängigen Formel »Jeder ist seines Glückes Schmied« können wir unsere Zukunft nicht aufbauen. Auf der Basis eines solchen Glaubens lässt sich die Zerstörung der Artenvielfalt und der Umwelt nicht stoppen und auch nicht der Rüstungswahnsinn und auch nicht solche Ideologien wie »America first«. Mit der Behauptung, jeder sei seines Glückes Schmied, können wir auch die Armut in der Welt und den Hunger nicht bekämpfen.

Nie haben sich zuvor und danach so viele Menschen an politischen Debatten und Entscheidungen und an der Entwicklung von Programmen zur Reform unserer Gesellschaft beteiligt wie in den sechziger und siebziger Jahren. Die Wahlbeteiligung erreichte mit 91,1 Prozent im Jahr 1972 einen Spitzenwert, genauso die Mitarbeit und Mitgliedschaft in Parteien. Die Vor-Achtundsechziger, zu denen ich gehörte, und die Achtundsechziger lockerten die Verkrustungen auf, mischten unser Land auf, entsorgten den »Muff von 1000 Jahren unter den Talaren« – jedenfalls versuchten sie es. Sie brachten neuen Wind an die Universitäten, an die Schulen und ins ganze Land.

»Nur Reiche können sich einen armen Staat leisten« – das war die Überschrift eines Flugblatts, das die SPD 1971 verbreitete und dessen Urheber ich war. Damals ist es gelungen, Mehrheiten für die Einsicht zu gewinnen, dass die Versorgung mit öffentlichen

Gütern des Grundbedarfs, also mit Wasser, öffentlichem Nahverkehr, Schulen und Universitäten, Energie, Telekom und auch das Fernsehen und der Hörfunk in öffentliche Verantwortung gehört. An der Huldigung für die »Schwarze Null« und ihre Vertreter kann man inzwischen erkennen, welchen geistigen und faktischen Verfall wir inzwischen erlebt haben.

Ich bin überzeugt, dass sich Mehrheiten auch heute für eine vernünftige und soziale Politik gewinnen ließen. Das ist die kleine Hoffnung – die Hoffnung, dass es nach dem Auf und dem Ab wieder ein Aufwärts geben könnte. Die Hoffnung beruht darauf, dass irgendwann Personen an die Hebel der politischen Gestaltung kommen, die den Mut haben, die Menschen bei ihren guten Tugenden zu packen: bei ihrer Bereitschaft zur Solidarität statt des heute mobilisierten Egoismus, bei ihrer Neigung, mit Nachbarn, auch mit anderen Völkern, und mit allen gut auszukommen, Freundschaften zu pflegen, statt gegeneinander aufzurüsten. Bei der Mehrheit der Menschen können die positiven Seiten des menschlichen Wesens angesprochen werden. Diese sind zurzeit verschüttet. Aber sie sind da. Ähnlich wie vor 50 Jahren, als schon einmal versucht wurde, das bessere Deutschland, das anständigere Deutschland, wie damals einer etwas vorwitzig formuliert hatte, zu mobilisieren.

Erklärung der NaturwissenschaftlerInnen-Initiative zum 74. Jahrestag des Atombombenabwurfes auf Hiroshima[613]

Berlin, 5. August 2019

Der 74. Jahrestag der verbrecherischen und verheerenden Atombombenabwürfe auf Hiroshima und Nagasaki ist Anlass, die Kernaussage zu erneuern: Entweder die Menschheit schafft die Atombombe ab oder die Atombombe die Menschheit.

Wenige Tage nachdem der INF-Vertrag zur Abrüstung von Mittelstreckenraketen beendet wurde, wird das nukleare Wettrüsten verschärft. Es geht um milliardenteure Modernisierungsprogramme in allen Atomwaffenstaaten, die Entwicklung neuer (Mini-) Atomwaffen in den USA und die vielfältigen Gefahren der weiteren Verbreitung von Atomwaffen, angeheizt durch Spekulationen über Atomwaffenprogramme Irans und Saudi-Arabiens.

Daher fordert die NaturwissenschaftlerInnen-Initiative:
- Verhandlungen über eine Nuklearwaffenkonvention zur Abschaffung aller Atomwaffen und als ersten Schritt die Unterzeichnung des Vertrages zum Verbot von Atomwaffen auch durch die Bundesregierung.

Die Aussage der Bundesregierung für eine Welt ohne Atomwaffen – zuletzt erneuert durch den Außenminister Maas – ist unglaub-

---

[613] http://natwiss.de/erklaerung-74-jahrestag-atombombenabwurfes-auf-hiroshima/

würdig und dient der Weißwaschung eigener Aufrüstungspolitik solange die Bundesregierung

- nicht den Abzug der US-Atomwaffen aus Büchel fordert und das entsprechende Abkommen mit der US-Regierung kündigt;
- die nukleare Teilhabe nicht sofort beendet, stattdessen sogar neue Flugzeuge für diese völkerrechtswidrige Teilhabe an Atomwaffen beschaffen will;
- den Ersteinsatz von Atomwaffen in der NATO-Doktrin nicht beenden will;
- sich weiter gegen den UN-Vertrag zum Atomwaffenverbot ausspricht;
- nicht ausschließt, gemeinsam mit der französischen Regierung perspektivisch über eine europäische Atombombe (mit) zu verfügen.

Wir sagen: Nukleare Abrüstung sieht anders aus! Wir fordern eine eigenständige Politik zur Abrüstung und Abschaffung aller Atomwaffen durch

- den Verzicht auf die nukleare Teilhabe und die Unterzeichnung des Atomwaffenverbotsvertrages;
- das Einbringen einer Resolution in die Vereinten Nationen, die alle Atomwaffenstaaten auffordert, auf die atomare Modernisierung zu verzichten und das Geld für die Realisierung der globalen Nachhaltigkeitsziele zur Verfügung zu stellen.

Die NaturwissenschaftlerInnen-Initiative wird sich in diesem Sinne gemeinsam mit allen Initiativen und Organisationen weiterhin aktiv und konkret für eine Welt ohne Atomwaffen einsetzen. Unser Ziel bleibt: Zum 75. Jahrestag von Hiroshima und Nagasaki 2020 müssen die Verhandlungen über eine Nuklearwaffenkonvention beginnen, die alle Atomwaffen verbietet und abschafft.

Bildquellen

Und immer wieder Versailles

Ein Jahrhundert im Brennglas.

Alexander Sosnowski im Gespräch mit Willy Wimmer

Gebunden, 216 Seiten, 29 Abb.
ISBN 978-3-943007-23-7

www.zeitgeist-online.de/
und-immer-wieder-versailles

Wiederkehr der Hasardeure

Schattenstrategen, Kriegstreiber,
stille Profiteure 1914 und heute

Von Wolfgang Effenberger
und Willy Wimmer

Gebunden mit Schutzumschlag, 640 Seiten, 150 Abb.
ISBN 978-3-943007-07-7

www.hasardeure.de

HOCHHUTH

Essays, Briefe, Gedichte

zeitgeist

Ausstieg aus der Nato
Katastrophen und Oasen.
Essays, Briefe, Gedichte

Von Rolf Hochhuth

Gebunden mit Schutzumschlag, 312 Seiten, über 30 Abb.
ISBN 978-3-943007-11-4

www.ausstieg-aus-der-nato.de